CHUIZHI ZHENDONGFA
SHUINI WENDING SUISHI SHEJI YU SHIGONG JISHU

垂直振动法
水泥稳定碎石设计与施工技术

蒋应军　乔怀玉◎著

内 容 提 要

本书以作者近年来的科研成果为基础,详细地阐述了垂直振动法水泥稳定碎石设计与施工技术。内容包括:水泥稳定碎石垂直振动法及其可靠性、基于垂直振动法水泥稳定碎石力学特性与路面结构设计参数、基于垂直振动法抗裂型水泥稳定碎石设计与施工技术等。

本书内容丰富新颖,系统全面,理论联系实际,具有较强的操作性,可供道路基层研究、设计及工程施工人员和相关专业师生参考使用。

图书在版编目(CIP)数据

垂直振动法水泥稳定碎石设计与施工技术 / 蒋应军,乔怀玉著. — 北京 : 人民交通出版社, 2012.1

ISBN 978-7-114-09513-9

Ⅰ. ①垂… Ⅱ. ①蒋… ②乔… Ⅲ. ①碎石-水泥混凝土路面-路面施工 Ⅳ. ①U416.214②U416.216

中国版本图书馆 CIP 数据核字(2011)第 246607 号

书　　名:垂直振动法水泥稳定碎石设计与施工技术
著 作 者:蒋应军　乔怀玉
责任编辑:赵瑞琴
出版发行:人民交通出版社
地　　址:(100011)北京市朝阳区安定门外外馆斜街 3 号
网　　址:http://www.ccpress.com.cn
销售电话:(010)59757969,59757973
总 经 销:人民交通出版社发行部
经　　销:各地新华书店
印　　刷:北京市密东印刷有限公司
开　　本:787×1092　1/16
印　　张:9.5
字　　数:226 千
版　　次:2012 年 1 月　第 1 版
印　　次:2012 年 1 月　第 1 次印刷
书　　号:ISBN 978-7-114-09513-9
印　　数:0001—3000 册
定　　价:28.00 元

前　言

改革开放以来,是我国公路事业发展最快、建设规模最大、最具活力的时期,期间我国公路建设实现了跨越式发展,取得了举世瞩目的成就。到2010年底,我国公路总里程达到398.4万km,高速公路7.4万km,居世界第二位,二级及以上公路里程44.73万km。进入"十二五"以来,我国的公路交通建设坚持适度超前的原则,继续保持交通运输基础设施建设的适度规模和速度。

按照"十二五"期间公路发展的具体目标,五年内我国公路总里程达到450万km,国家高速公路网基本建成,高速公路总里程达到10.8万km,二级及以上公路里程达到65万km,农村公路总里程达到390万km。由此可见,我国公路建设任务依然十分繁重。由于国产沥青质量差和数量缺乏,严重制约着公路沥青路面建设与发展,而交通量增长及车辆轴载增加又对路面承载力要求越来越高,半刚性基层沥青路面具有优良的工程性能(强度大、稳定性好、刚度大、板体性好,利于机械化施工等)和显著的经济效益,既满足了我国高等级公路建设快速发展的需求,又适应了现代交通发展的需求,而成为目前我国高等级公路的主要路面结构形式。可以预计,在今后的高等级公路建设中,半刚性基层沥青路面仍将是主要的路面结构形式,而水泥稳定碎石基层因其早期强度高、便于施工等特点,适应了公路建设快速发展的需要,必将在我国道路基层中占主导地位。

水泥稳定碎石基层虽然具有诸多优点,但是在建设使用过程中也遇到了一些棘手问题,其中最为突出的当属水泥稳定碎石基层收缩裂缝问题,影响着我国沥青路面耐久性。进入21世纪,随着国民经济持续高速增长,我国公路交通状况产生了明显变化,交通量增长很快,重载货车数量显著增加,超载车辆比较普遍,新交通状况下我国公路路面基层收缩裂缝问题更为严峻。多年来,国内许多单位都对水泥稳定碎石基层收缩裂缝及防治措施进行了研究,但始终未能得到较好地解决,也因此被国内绝大多数道路界同行们认为水泥稳定碎石基层开裂不可避免的。毫无疑问,水泥稳定碎石应具有足够力学特性以抵抗车辆荷载反复作用和良好抗裂性能以抵抗温湿循环作用。研究发现,水泥石具有比集料大得多的温缩和干缩系数,水泥稳定碎石抗裂性能很大程度上取决于水泥石多寡及其孔隙。一般来说,水泥石含量越大,水泥稳定碎石抗裂性能越差,力学强度越大;水泥石孔隙率越小,水泥稳定碎石抗裂性能与力学性能越好,而水泥石空隙率与级配类型、密实度和施工含水率有关。然而,传统水泥稳定碎石以强度为设计指标并以基层芯样完整性评价施工质量,使工程技术人员更加重视水泥稳定碎石力学强度,而忽视抗裂性能。重型击实方法和静压方法成型试件工程性质与现场钻芯试件工程性质的相关性平均不到36%,试验结果也使得工程技术人员陷入认识误区,认为提高水泥剂量是提高水泥稳定碎石强度和确保基层芯样完整性最有效也是唯一手段。顾此失彼,结果使得水泥稳定碎石基层具有很强抗疲劳断裂能力,但抗裂性能很差,易出现大量收缩裂缝,严重影响工程质量。这也就是为什么随着重载交通发展,水泥稳定碎石基层收缩裂缝越演越烈的原因。实际上,除水泥剂量之外,提高基层承载能力、防止基层疲劳断裂措施很多,如增加基层厚度、提高基层压实度、采用骨架密实级配等都是行之有效措施,且压实度提高和骨架密实级配,还有助于减少水泥石孔隙率、提高水泥稳定碎石抗裂性能。揭示水泥稳定碎石本质属性和内在规律,掌握水泥稳定碎石组成结构与力学强度、抗裂性能之间客观规律,结合荷载作用下路面力学响应，提出防止疲劳断裂的水泥稳定碎石强度设计标准，并采取各种措施确保强度满足设计标准前提下，尽可能降低水泥剂量以提高抗裂性能，这是解决水泥稳定碎石基层疲劳断裂和收缩裂缝基本思路。鉴于此，结合目前施工机械水平和性能，研究能准确预测力学性能的水泥稳定碎石振动试验方法，无论在科研领域还是在工程实践中都具有指导意义。

近年来，国内学术和工程界已开始进行水泥稳定碎石振动试验方法研究，并随着 JTG D50—2006《公路沥青路面设计规范》中振动法出现，在全国范围内掀起水泥稳定碎石振动试验方法工程应用的新高潮，积累了大量工程实践经验，水泥稳定碎石基层工程质量也有所提高。随着工程实践和科研的不断深入，水泥稳定碎石振动试验方法在工程应用中也出现许多热点和难点问题，影响着水泥稳定碎石振动试验方法的应用效果，如水泥稳定碎石振动仪选型标准问题、所采用振动试验方法成型试件工程性质与现场钻芯试件工程性质的相关性问题、振动试验方法成型试件 7d 无侧限抗压强度远大于现行水泥稳定碎石强度设计标准问题、基于振动试验方法如何设计与施工水泥稳定碎石基层，等等。这些问题存在致使一些工程项目盲目简单地认为采用振动仪的试验方法就是振动法，结果事与愿违，使得设计与施工水泥稳定碎石工程质量不但没得到提高，甚至降低了，由此也影响水泥稳定碎石振动试验方法声誉。针对上述这些具体问题，作者查阅了大量国内外有关资料，发现国内尚无一本系统论述水泥稳定碎石振动试验方法及设计与施工技术方面的书籍。同时，作者先后与陕西省交通厅基本建设工程质量监督站、陕西省交通建设集团、河南省公路管理局、濮阳市公路管理局、浙江交建路桥工程公司、廊沧高速公路廊坊建设管理处等多家单位合作，研发了力学性能测试准确度达 93% 以上水泥稳定碎石垂直振动法，提出一整套基于垂直振动法抗裂型水泥稳定碎石设计与施工技术，已在陕西、河北、河南和浙江等地成功推广应用，效果良好，成果已获国家发明专利 2 项、省级科技进步二等奖 2 项。多年的科研及工程实践为垂直振动法水泥稳定碎石设计与施工技术的大规模应用及本书的撰写提供了坚实的理论基础，同时积累了丰富的素材和宝贵的工程经验。

本书以作者近年来的科研成果为基础，详细阐述了水泥稳定碎石垂直振动法及其可靠性，介绍了基于垂直振动法水泥稳定碎石力学特性及其路面结构设计参数，探讨了基于垂直振动法水泥稳定碎石设计参数对路面结构设计的影响，深入研究了水泥稳定碎石基于疲劳断裂的强度设计标准、基于抗裂的强嵌挤骨架密实级配和基于垂直振动法抗裂型水泥稳定碎石设计技术。在依托实体工程基础上，研究了基于垂直振动法抗裂型水泥稳定碎石施工技术，介绍实体工程应用效果和经济及社会效益。本书力求为广大同行读者呈献一本全面、系统地介绍基于振动法水泥稳定碎石设计与施工技术的著作，以期为我国公路交通事业的可持续发展尽一点微薄之力。

本书是科研合作单位及科研参与者共同努力所取得的成果结晶，在此谨向所有参加项目研究的单位和研究人员表示衷心的感谢！长安大学博士生导师戴经梁教授对写作大纲及书稿进行了多次详细审阅，并亲笔进行了修正、补充和润色，在此表示衷心的感谢！

本书的出版，得到教育部新世纪优秀人才支持计划、交通运输部行业联合科技攻关项目和陕西交通科技项目经费联合资助，谨此致以衷心的感谢。本书引用了不限于本书已列出参考文献中有关内容，对被引用文献的原作者表示感谢。

限于作者水平，书中不当之处在所难免，敬请同行专家不吝赐教，不胜感激。

著　者

2011 年 10 月

目　录

第一章 绪 论

从20世纪70年代中期,我国公路建设中开始使用水泥稳定材料基层,到80年代初逐步推广应用。从20世纪90年代初开始,水泥稳定碎石因其早期强度高、便于施工等特点,适应了公路建设快速发展的需要,而成为我国使用最为广泛的公路基层材料,据不完全统计,已建成的高等级公路中75%以上采用水泥稳定碎石基层。而经过“六五”、“七五”和“八五”国家重点科技攻关项目的研究,逐渐形成的半刚性基层沥青路面结构设计与施工成套技术支撑了我国近20多年来高等级公路建设。然而,随着工程实践深入,也逐渐发现无论是我国南方还是北方,水泥稳定碎石基层沥青路面的开裂现象都比较普遍,这也一直困扰着我国道路工程界,影响着我国沥青路面耐久性,尽管对此国内外也进行了大量相关研究,但始终未能得到较好地解决。进入21世纪,随着国民经济持续高速增长,我国公路交通状况产生了明显变化,交通量增长很快,重载货车数量显著增加,超载车辆比较普遍,新交通状况对路面基层承载能力提出更高要求,这进一步加剧水泥稳定碎石基层收缩开裂。显然,目前的水泥稳定碎石设计与施工技术,已经跟不上公路建设和交通发展的需要,迫切需要更新水泥稳定碎石设计与施工技术,以提高水泥稳定碎石工程质量。本章分析水泥稳定碎石设计与施工技术现状,论述基于振动法水泥稳定碎石设计与施工技术的特点。

第一节 水泥稳定碎石基层裂缝机理及其影响因素

一、裂缝类型及其机理

裂缝是水泥稳定碎石基层工程实践中遇到的主要问题。在交通荷载作用下,这种裂缝极易扩展到面层形成沥青路面反射裂缝,加速路面的破坏,缩短路面使用寿命。

影响水泥稳定碎石基层开裂的原因和裂缝的形式是多种多样的。但就水泥稳定碎石基层开裂的主要原因而论,可分为两大类,即荷载型裂缝和非荷载型裂缝。

荷载型裂缝主要由于交通荷载作用而产生的疲劳裂缝。在交通荷载作用下,水泥稳定碎石基层底部产生拉应力,当此拉应力超过水泥稳定碎石基层材料的抗拉强度,则水泥稳定碎石基层底部就会产生开裂。在行车荷载反复作用下,底部裂缝会逐渐扩展到上部,并使沥青路面也开裂破坏。

非荷载型裂缝主要表现为干缩裂缝和温缩裂缝。如果能保持水泥稳定碎石基层在铺筑沥青面层前不开裂,则面层铺筑后其失水变得相当困难,一般情况下水泥稳定碎石基层不会先于沥青面层产生干缩裂缝。因此,非荷载裂缝主要是温度裂缝。温度裂缝包括低温收缩裂缝和温度疲劳裂缝。低温收缩裂缝是由于基层材料随着温度下降而收缩,而基层收缩受到路面结构的约束而产生拉应力,当基层材料中的拉应力或拉应变一旦超过材料的抗拉强度或极限抗拉应变就会引起基层的开裂。由于一般道路基层宽度都不很大,收缩所受约束小,所以温度收缩裂缝主要是横向的。而温度疲劳裂缝主要发生在太阳照射强烈、日温差大的地区。这种地区,基层白天温度与夜间温度之差相当大,在基层中产生较大温度应力,这种温度应力日复一日地反复作用在基层中,使基层产生疲劳开裂,由此产生的裂缝称为温度疲劳裂缝。

二、裂缝的影响因素

影响荷载型裂缝的外因主要有车辆荷载大小及其作用次数,内因主要是水泥稳定碎石力学性能及其路面结构与厚度。影响温缩裂缝的外因主要指外界温度变化,内因是水泥稳定碎石抗裂性能。因此,水泥稳定碎石基层力学性能和抗裂性能是影响裂缝的关键因素,足够的力学性能是确保水泥稳定碎石基层不产生荷载型裂缝前提,而良好抗裂性能是减少水泥稳定碎石基层非荷载型裂缝的关键。下面就水泥稳定碎石技术活动对其力学性能和抗裂性能进行分析。

1. 室内试验方法的影响

室内试验方法包括:水泥稳定碎石最大干密度和最佳含水率的确定方法、供物理力学性能测试用试件的成型方法(影响着矿料排列方式及其成型后试件级配),其决定了水泥稳定碎石试件结构,进而影响到水泥稳定碎石力学性能和抗裂性能室内测试结果。因此,室内试验方法能否充分模拟施工过程和实际压实效果,直接影响试验结果准确性和可靠性,进而影响到工程技术人员能否客观、真实地掌握水泥稳定碎石本质属性和内在规律,并对材料设计方法作出创新。同时,室内试验结果也是现场施工质量控制依据。

2. 材料组成与设计的影响

水泥稳定碎石力学性能和抗裂性能,取决于水泥稳定碎石组成与结构。水泥稳定碎石组成包括:原材料、矿料级配和水泥剂量。而水泥稳定碎石结构主要取决于最大干密度和最佳含水率、成型方式。在材料组成设计中,应采用能模拟现场实际效果的室内试验方法,研究水泥稳定碎石的力学性能、抗裂性能和施工性能等及其相关影响因素,然后确定水泥稳定碎石材料组成、最大干密度和最佳含水率,使其设计水泥稳定碎石具有抵抗交通荷载和环境因素反复作用而不破坏的能力。

3. 设计参数的影响

路面结构设计过程,应考虑基层层底弯拉应力、荷载作用次数和水泥稳定碎石材料抗拉强度及抗拉强度结构系数,根据基层层底弯拉应力不超过水泥稳定碎石容许抗拉强度进行路面结构厚度设计。水泥稳定碎石基层层底弯拉应力与荷载大小、结构层厚度和材料设计模量有关;水泥稳定碎石容许抗拉强度是指抗拉强度与抗拉强度结构系数比值,抗拉强度结构系数取决于水泥稳定碎石疲劳特性及荷载作用次数。因此,水泥稳定碎石路面结构设计参数(设计模量、抗拉强度和抗拉强度结构系数)直接影响路面设计厚度,路面设计厚度又决定水泥稳定碎石基层荷载型裂缝。水泥稳定碎石组成结构决定水泥稳定碎石设计模量、抗拉强度和抗拉强度结构系数,而水泥稳定碎石组成结构取决于设计与施工技术。

4. 施工质量控制的影响

施工前,矿料级配、水泥剂量、施工含水率的精确计量是前提;施工过程中,混合料离析控制和压实控制是保证工程质量的关键;施工结束后,科学、合理地养生与交通管制是基本外部环境。

第二节　水泥稳定碎石设计与施工技术现状

一、室内试验方法现状

最大干密度 ρ_{dmax} 和最佳含水率 w_0 是水泥稳定碎石材料设计的基本参数，也是施工质量控制的重要参数。目前广泛采用(JTG E51—2009)《公路工程无机结合料稳定材料试验规程》中的重型击实法(Heavy Compaction Test Method，简称 HCM)。而供物理力学测试用试件则广泛采用(JTG E51—2009)《公路工程无机结合料稳定材料试验规程》中的静力压实法(Static Pressure Producing Specimen Method，简称 SPSM)。

1. 重型击实试验方法

重型击实试验法建立于20世纪80年代后期，与当时压实机械相适应，也满足当时交通的需要，在我国已有30多年应用历史，也取得了相当成功的应用经验，具有较为广泛的应用基础和适用性。近年来，随着施工机械水平提高和现代交通发展，重型击实试验方法显示出不适应性。

(1)重型击实方法的规律与特点

重型击实试验的规律及特点见表1-2，试验采用柞水石灰岩碎石，矿料级配见表1-1。由表1-2和图1-1可知，骨架密实型水泥稳定碎石干密度普遍大于悬浮密实型水泥稳定碎石，这间接体现出骨架密实级配优越性；不论是骨架密实型还是悬浮密实型水泥稳定碎石，随着水泥剂量增大，水泥稳定碎石干密度都有所增大，显示出水泥具有填充空隙作用。

矿料级配　　表1-1

级配类型	下列筛孔(mm)通过质量百分率(%)						
	31.5	19.0	9.5	4.75	2.36	0.6	0.075
悬浮密实型(XM)	100	93.5	67.0	39.0	26.0	15.0	3.5
骨架密实型(GM)	100	67.0	47.0	33.0	23.0	14.0	3.0

重型击实试验结果　　表1-2

水泥剂量 P_S(%)	拌和含水率(%)	XM			GM		
		测试含水率(%)	含水率变化量(%)	干密度(g/cm^3)	测试含水率(%)	含水率变化量(%)	干密度(g/cm^3)
3.0	4.5	4.3	0.2	2.33	4.3	0.2	2.35
	5.0	4.6	0.4	2.35	4.7	0.3	2.37
	5.5	5.0	0.5	2.37	4.9	0.6	2.38
	6.0	5.3	0.7	2.36	5.2	0.8	2.37
	6.5	5.6	0.9	2.34	5.4	1.1	2.36
4.0	4.5	4.3	0.2	2.33	4.4	0.1	2.35
	5.0	4.8	0.2	2.36	4.7	0.3	2.37
	5.5	5.1	0.4	2.37	5.0	0.5	2.38
	6.0	5.3	0.7	2.36	5.4	0.6	2.37
	6.5	5.6	0.9	2.35	5.7	0.8	2.36

续上表

水泥剂量 P_S(%)	拌和含水率(%)	XM			GM		
		测试含水率(%)	含水率变化量(%)	干密度(g/cm³)	测试含水率(%)	含水率变化量(%)	干密度(g/cm³)
5.0	4.5	4.4	0.1	2.34	4.3	0.2	2.35
	5.0	4.9	0.2	2.36	4.7	0.3	2.38
	5.5	5.2	0.3	2.38	5.0	0.5	2.39
	6.0	5.4	0.6	2.37	5.4	0.6	2.38
	6.5	5.7	0.8	2.35	5.7	0.8	2.36

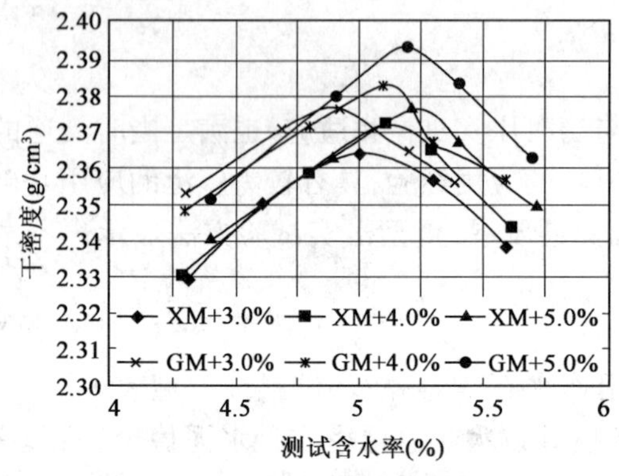

图 1-1 水泥稳定碎石重型击实试验结果

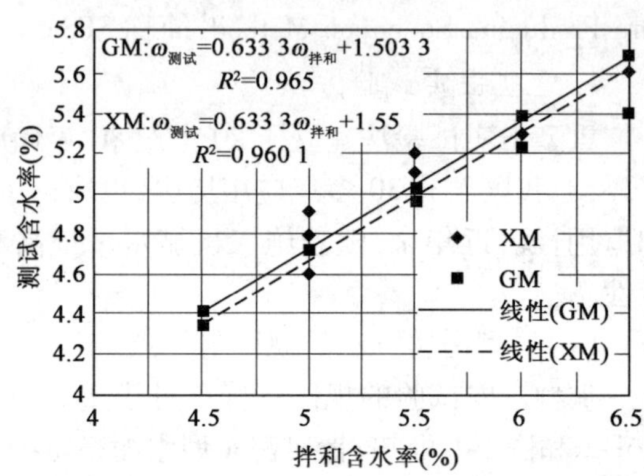

图 1-2 拌和含水率和测试含水率之间关系

如图 1-2 所示，测试含水率普遍比拌和含水率小，且随拌和含水率增大，拌和含水率和测试含水率之差 Δw 也增大；骨架密实级配水泥稳定碎石由于粗集料用量较多、细集料用量较少，总体比表面相对较小，润滑作用所需含水率也小，所以最佳含水率相对也小，并表现出 Δw 大于悬浮密实型级配。根据图 1-2 中测试含水率和拌和含水率之间回归关系，可得拌和含水率与测试含水率之差 Δw 与拌和含水率之间关系：

骨架密实型水泥稳定碎石：

$$\Delta w = 0.3667 \cdot w_{拌和} - 1.50 \tag{1-1}$$

悬浮密实型水泥稳定碎石：

$$\Delta w = 0.3667 \cdot w_{拌和} - 1.55 \tag{1-2}$$

(2)重型击实试验方法的不适应性

近 10 多年来，压路机一般已增加到 20t 以上，且还有更重的轮胎压路机以及效能很高的振动压路机。因此，用重型击实试验法得出的最大干密度往往较施工现场实际能达到的干密度小，工程实践中出现压实度易超百现象。根据模拟试验原理及压实规律，重型击实方法不适应性表现以下几方面。

①重型击实方式不能模拟现场振碾机理，室内击实法是通过施加冲击荷载对被压材料进行压实的，而现场振动压实是通过高频振动作用使材料液化压密的，致使试件矿料颗粒排列方式与实际碾压成型基层矿料排列方式有差异。

②重型击实功已落后与生产实际，重型击实功是根据 20 世纪 80 年代末普遍使用 12 ~ 15t 压路机提出的，而目前公路基层压实设备普遍采用 20t 以上可调频调幅振动压路机，致使重型

击实法确定 ρ_{dmax} 作为标准干密度用于生产控制，现场压实度易超百而忽视对基层充分碾压。

③含水率确定依据与实际施工不符。含水率是基层材料所含水分占干料的质量百分数。首先，在不断击实作用下击实筒内颗粒逐渐靠拢，颗粒孔隙间水分随着颗粒靠拢而逐渐被挤出，这样击实完毕后试料含水率比击实开始时拌和含水率要小；其次，击实完毕后，混合料烘干8～12h测试含水率过程中水化反应又消耗试样中部分水分，使得烘干后含水率又比击实后含水率要小。即重型击实试验开始时拌和含水率比试验结束烘干法测试含水率大，且拌和含水率越大，试验前后试样含水率变化幅度也越大，如试验时水泥稳定碎石拌和含水率6.0%，而烘干后含水率为5.3%左右。而工程实际施工过程中基层材料从碾压开始到碾压结束过程中，基层材料含水率是基本不变的，当含水率过大时，由于水分无处可挤而通常出现工程中"弹簧土"现象，反而影响压实效果。

④模拟效果差、试验重现性差和操作繁杂。首先，重型击实试验分3层装试样击实，这与实际现场生产过程中不吻合，模拟施工效果差；其次，分层装料及分层击实厚度、击实后拉毛处理以及击实后对试样表面整平处理会因试验人员的不同而影响击实效果，甚至同一试验员不同时间所做试验结果也存在较大差异，试验重现性差、试验结果离散性较大。

(3)重型击实试验方法的准确度

重型击实方法确定最大干密度 $\rho_{dmax(H)}$ 与现有碾压设备下现场碾压基层所能达到的最大干密度 $\rho_{dmax(X)}$ 见表1-3。表中准确度是指用试验方法测定的结果与真实值或参考值之比，S 是指 δ_h 的标准差。表中数据表明，采用重型击实试验方法准确度为95.8%～98.7%，平均96.9%，标准差为0.9%，说明重型击实试验方法已不适应当前压实机械，不能较好地指导生产。

HCM试验结果准确性 表1-3

项目名称	标段	现场参考值	HCM测试值	准确度 $\delta_h=\rho_{dmax(X)}/\rho_{dmax(H)}\times100$		
		$\rho_{dmax(X)}$ (g/cm³)	$\rho_{dmax(H)}$ (g/cm³)	δ_h (%)	$\bar{\delta}_h$ (%)	S (%)
柞小高速公路	32	2.406	2.331	96.9	96.9	0.90
	33	2.419	2.338	96.7		
	34	2.437	2.369	97.2		
	35	2.441	2.378	97.4		
宛坪高速公路	2	2.454	2.421	98.7		
	3	2.510	2.432	96.9		
	4	2.470	2.422	98.1		
	5	2.497	2.403	96.2		
	6	2.519	2.414	95.8		
	7	2.566	2.461	95.9		
	8	2.541	2.452	96.5		
	9	2.557	2.454	96.0		
	10	2.424	2.383	98.3		
	11	2.523	2.442	96.8		

2.静压成型试件方法

供分析测试用的样品，通常称试件或试样，其制作或成型是水泥稳定碎石材料设计中的关键环节。制作的试件是否具有真实性、可靠性和代表性,直接关系到水泥稳定碎石性能分析结果和由此得出设计结论是否正确的一个先决条件。随着压实机械水平提高,静力压实制备试件方法已显示出不适用性。

(1)静压法成型试件的规律与特点

重型击实试验方法确定的最大干密度和最佳含水率,见表1-4。静力压实成型试件成型前后,含水率变化规律及级配变化规律,分别见表1-5、表1-6。

重型击实试验法确定的最大干密度和最佳含水率 表1-4

级配类型	GM			XM		
P_S(%)	3	4	5	3	4	5
w_0(%)	4.9	5.0	5.0	5.0	5.1	5.2
ρ_{dmax}(g/cm^3)	2.38	2.38	2.39	2.37	2.37	2.38

静压法成型前后含水率变化规律 表1-5

水泥剂量(%)	GM				XM			
	最佳含水率(%)	成型后含水率(%)	含水率差值(%)	含水率损失率(%)	最佳含水率(%)	成型后含水率(%)	含水率差值(%)	含水率损失率(%)
3	4.9	4.1	0.8	16.3	5.0	4.4	0.6	12.0
4	5.0	4.3	0.7	14.0	5.1	4.3	0.8	15.7
5	5.0	4.4	0.6	12.0	5.2	4.3	0.9	17.3

静压法成型前后级配变化规律 表1-6

级配类型	水泥剂量 P_S(%)	下列筛孔(mm)通过质量百分率(%)						
		31.5	19.0	9.5	4.75	2.36	0.6	0.075
GM	3	100	83.5	55.7	40.1	28	18.1	7.2
	4	100	83.5	56.1	39.7	28.3	17.3	7.0
	5	100	84.2	56.0	39.8	29.0	17.6	7.6
	原级配	100	74	47	33	23	14	3.0
XM	3	100	96.0	72.3	49.1	34.8	19.2	7.0
	4	100	94.9	73.4	51.2	33.8	19.2	7.3
	5	100	94.8	72.2	50.0	34.0	18.0	5.8
	原级配	100	93.5	67	39	26	15	3.5

表1-5数据表明,静压法成型试件的成型后实际含水率比成型前拌和含水率小,含水率损失率约12%~16%。拌和含水率采用重型击实法确定的最佳含水率,这说明静力压实方法和重型击实方法不匹配,重型击实试验方法确定最佳含水率偏大;而成型后含水率的损失也必将导致试件内部实际水泥剂量变小,最终影响试件力学强度。从表1-6和图1-3可以看出,静压法成型试件对混合料级配影响较为显著,如骨架密实级配在19mm和9.5mm两个粒径上的通过率都有较大的增加,表明有粗集料被压碎,从而影响骨架结构的形成并导致力学强度的下降。

(2)静压成型试件方法的不适应性

其不适应性表现在下列几方面:

①重型击实方式与静力压实方式不相匹配。

②静力压实法制备试件与实际振动碾压成型(底)基层不符,制备的试件组成结构与实际碾压成型的(底)基层结构不符。

③试件制备过程中粗集料压碎情况较为严重,制备的试件级配与实际碾压成型的(底)基层级配不符。

④试件制备过程中含水率损失情况较为严重,含水率损失导致试件实际水泥剂量降低,这与现场实际碾压成型的(底)基层含水率和水泥剂量不符。

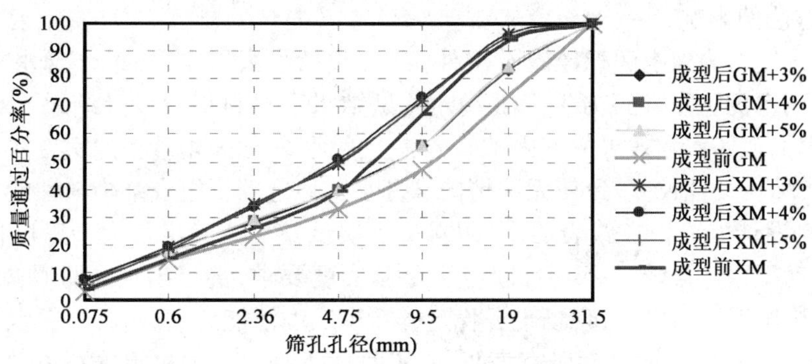

图 1-3 成型试件前后级配变化情况

(3)静压成型试件方法的准确度

现场芯样、静压成型法成型试件的 7d 无侧限抗压强度试验结果见表 1-7。表中数据表明,静压法成型的试件工程性质与现场钻芯试件工程性质的相关性较差,相关性平均不到 36%,不能准确预测水泥稳定碎石的力学性能。

SPSM 试验结果准确性 表 1-7

<table>
<tr><th rowspan="2">项目名称</th><th rowspan="2">标段</th><th>现场芯样测试值</th><th>SPSM 试件测试值</th><th colspan="3">准确度 $\delta_R=\overline{R}_{c0.95(S)}/\overline{R}_{c0.95(X)}\times100$</th></tr>
<tr><th>$\overline{R}_{c0.95(X)}$(MPa)</th><th>$\overline{R}_{c0.95(S)}$</th><th>δ_R(%)</th><th>$\overline{\delta}_R$(%)</th><th>S(%)</th></tr>
<tr><td rowspan="4">柞小高速公路</td><td>32</td><td>6.1</td><td>1.7</td><td>27.8</td><td rowspan="14">35.6</td><td rowspan="14">8.2</td></tr>
<tr><td>33</td><td>7.6</td><td>2.1</td><td>27.6</td></tr>
<tr><td>34</td><td>7.9</td><td>1.7</td><td>21.4</td></tr>
<tr><td>35</td><td>9.9</td><td>2.0</td><td>20.2</td></tr>
<tr><td rowspan="10">宛坪高速公路</td><td>2</td><td>9.0</td><td>3.8</td><td>42.3</td></tr>
<tr><td>3</td><td>9.2</td><td>3.3</td><td>35.9</td></tr>
<tr><td>4</td><td>9.1</td><td>3.3</td><td>36.4</td></tr>
<tr><td>5</td><td>8.5</td><td>3.4</td><td>39.9</td></tr>
<tr><td>6</td><td>8.7</td><td>4.0</td><td>46.1</td></tr>
<tr><td>7</td><td>8.4</td><td>3.4</td><td>40.3</td></tr>
<tr><td>8</td><td>8.5</td><td>3.6</td><td>42.3</td></tr>
<tr><td>9</td><td>8.7</td><td>3.6</td><td>41.3</td></tr>
<tr><td>10</td><td>8.8</td><td>3.7</td><td>42.2</td></tr>
<tr><td>11</td><td>8.8</td><td>3.1</td><td>35.2</td></tr>
</table>

二、水泥稳定碎石设计与施工技术

水泥稳定碎石材料设计目的是确定矿料级配、水泥剂量、最大干密度和最佳含水率，使得水泥稳定碎石具有抵抗荷载和环境破坏的能力。目前，我国的水泥稳定碎石设计方法是：采用重型击实试验方法确定最大干密度和最佳含水率、采用静力压实法按重型击实法确定ρ_{dmax}、w_0和规定压实度制备$\phi15\text{cm}\times h15\text{cm}$圆柱体试件，评价试件在规定温度条件下保湿养护6d、浸水1d后无侧限抗压强度是否满足强度标准，在此基础上进行材料组成设计。

(1)试验方法的影响

试验方法直接影响到水泥稳定碎石试件结构(包括最大干密度、最佳含水率和矿料排列方式)，进而影响水泥稳定碎石力学强度室内测试结果和材料组成设计结果。材料组成设计中，应采用能模拟现场实际效果的室内试验方法。然而，实际采用重型击实方法与静压法成型方法，与工程实际相关性较差，致使无法精确掌握水泥稳定碎石组成结构与性能之间的客观规律，而影响材料设计。工程实践表明，采用重型击实试验方法确定最大干密度作为标准干密度，20t以上振动压路机振碾2~3遍，即可满足压实度要求，甚至出现超百现象。实际上20t以上振动压路机振碾6遍以上，现场水泥稳定碎石密实度才能达到最大；与振碾2~3遍相比，压实度能提高3%~5%。而已有研究表明，压实度提高1%，水泥稳定碎石力学强度平均可提高11%左右。静压法成型试件因含水率损失率在12%~16%，而导致试件内部实际水泥剂量比拌和加入时水泥剂量至少降低了10%以上，且试件内部粗集料被压碎、排列方式不同于实际等，导致设计水泥剂量偏高(实际采用水泥剂量普遍在5%~6%)，而影响水泥稳定碎石抗裂性能，使得不少工程水泥稳定碎石基层在面层铺筑前出现较多裂缝现象。更为糟糕的是，工程技术人员对此现象司空见惯，因试验方法问题也无法从根源上去寻找问题所在以及解决措施。

(2)设计指标的影响

设计指标选取应能控制水泥稳定碎石荷载型裂缝和环境型裂缝。受材料抗裂性能测试手段制约，目前我国水泥稳定碎石采用抗压强度为设计指标，并没有考虑抗裂性能要求。实际上，路面力学分析表明，运营期间路面结构在荷载作用下基层底部拉应力水平为0.2~0.4MPa，而水泥稳定碎石弯拉强度普遍在1.0MPa以上，运营期荷载作用不足以引起路面基层产生疲劳断裂，大量工程实践也证明了这一点。但施工期间路面尚未完全成型且强度也未完全形成，较薄路面结构层和较低强度使得基层在施工车辆反复作用下容易产生疲劳断裂。因此，确保碾压成型水泥稳定碎石基层有足够养生时间和环境，使其具有足够早期强度以抵抗施工车辆荷载反复作用，这是防止水泥稳定碎石基层疲劳断裂关键。通常水泥稳定碎石基层养生7~10d以上，即可防止施工车辆产生疲劳断裂。也就是说，水泥稳定碎石基层承载能力不是问题，而更多的是水泥稳定碎石基层收缩裂缝问题。另外，强度标准制订依据是确保水泥稳定碎石基层有足够力学强度抵抗交通荷载反复作用而不产生疲劳断裂，显然与路面结构厚度有关，而目前水泥稳定碎石强度标准并没考虑到这一点。

在室内试验方法确定情况下，水泥稳定碎石力学强度和抗裂性能受水泥剂量影响显著，力学强度随水泥剂量增大而增大，而抗裂性能却随水泥剂量增大而降低。以力学强度为指标水泥稳定碎石设计方法中，水泥剂量选取以力学强度为依据，而忽略对抗裂性能的考虑，使得设计的水泥剂量普遍较高,结果尽管控制住荷载型疲劳裂缝的发生,但无法控制温度裂缝的发生,并且更为严重。

综上所述,尽管我国公路路面基层施工机械水平和性能有了大幅度提升,但目前我国的水泥稳定碎石设计与施工技术基本上停留20世纪80年代末水平,机械优异性能并没能得到充分发挥。同时,现有试验方法和设计与施工技术制约研究深度和广度,无法有效揭示水泥稳定碎石组成结构与性能之间客观规律,也误导工程技术人员对水泥稳定碎石的认识。如,对水泥稳定碎石基层在沥青面层铺筑前大量出现裂缝现象司空见惯;水泥剂量应达到5%~6%以上几乎成为共识;施工后的水泥稳定碎石基层表观密实、特别是光滑(级配不良)事实上已成为水泥稳定碎石基层质量控制的重要标准;工程中为达到设计强度指标及保证路面芯样完整,提高水泥剂量几乎成为最有效的手段;现场芯样无侧限抗压强度往往远大于室内静压法成型试件强度的原因很少被考虑;现有压实设备下,无需对施工工艺严格控制也能达到较高的压实度(压实度超百现象普遍存在,其实质是重型击实法确定的压实度标准偏低)已被接受,但正是在压实度容易达到的情况下,基层的压实反而被忽视等。因此,基于重型击实试验法和静压成型试件方法的水泥稳定碎石设计与施工技术已落后于生产实际,跟不上交通发展和公路建设的需要。

第三节 垂直振动法水泥稳定碎石设计与施工技术

重型击实试验方法与静压试件制备方法建立于20世纪80年代后期,那时的筑路机械相对较落后,压路机吨位一般在12~15t左右;汽车也主要是轻型的,载重8t以上算是重型的,且交通量也不大。因此,与当时压实机械相适应,满足当时交通的需要,也取得了相当成功的应用经验。随着工程实践的不断深入,尤其是近10多年来,水泥稳定碎石工程实践中暴露出一些新问题,如压实度超百、收缩裂缝严重等现象,而影响基层质量。与此同时,进入21世纪,随着国民经济持续高速增长,我国公路交通状况产生了明显变化,交通量增长很快,重载货车数量显著增加,超载车辆比较普遍,新交通状况对我国路面基层又进一步提出了更高的技术要求。

为了解决水泥稳定碎石试验方法、设计与施工技术问题,减少水泥稳定碎石基层裂缝,提高工程质量。近年来,国内学术和工程界已开始进行水泥稳定碎石振动试验方法研究,并随着JTG D50—2006《公路沥青路面设计规范》中振动法出现,在全国范围内掀起水泥稳定碎石振动试验方法工程应用的新高潮,也积累了大量工程实践经验,水泥稳定碎石基层工程质量也得到一定提高。然而,随着工程实践和科研不断深入,水泥稳定碎石振动试验方法工程应用中,也出现许多热点和难点问题,影响着水泥稳定碎石振动试验方法应用效果。如水泥稳定碎石振动仪选型标准问题、所采用振动试验方法成型试件工程性质与现场钻芯试件工程性质的相关性问题、振动试验方法成型试件7d无侧限抗压强度远大于现行水泥稳定碎石强度设计标准问题、基于振动试验方法如何设计与施工水泥稳定碎石基层,等等。这些问题存在致使一些工程项目盲目简单地认为采用振动仪的试验方法就是振动法,结果事与愿违,使得设计与施工水泥稳定碎石工程质量不但没得到提高反而降低了,也由此影响水泥稳定碎石振动试验方法声誉。

针对上述这些具体问题，近年来作者先后与陕西省交通厅基本建设工程质量监督站、陕西省交通建设集团、河南省公路管理局、河南省濮阳市公路管理局、浙江交建路桥工程公司等多家单位合作，研制能较好模拟实际碾压工况和效果、力学性能测试准确度达93%以上水泥稳定碎石垂直振动法（VTM）；基于VTM研究水泥稳定碎石力学特性和疲劳特性规律及其影响因素，揭示水泥稳定碎石组成结构与性能之间客观规律，提出水泥稳定碎石路面结构准确力学计算参数；研究基于VTM法的水泥稳定碎石材料设计标准和不易离析的强嵌挤骨架密实级配，对水泥稳定碎石材料设计方法进行创新，提出基于VTM法抗裂型水泥稳定碎石设计技术；并针对水泥稳定碎石VTM法设计特点，提出水泥稳定碎石施工技术。最终，形成基于VTM法的水泥稳定碎石设计与施工技术。

基于VTM法的水泥稳定碎石设计与施工技术其抗裂核心思想是：在不增加施工难度条件下，通过降低水泥剂量、提高压实度和采取强嵌挤骨架密实级配以及一些简单防离析等措施，提高水泥稳定碎石工程质量尤其是抗裂性能，缓解甚至解决传统方法设计与施工水泥稳定碎石易开裂的技术问题。该技术总体达到国际水平，并在陕西、河南、河北、浙江等地公路上推广应用已有5年，应用效果良好，至今未发现水泥稳定碎石基层收缩裂缝。

第二章　振动击实仪的选型标准

振动击实仪工作原理及其振动参数,直接影响振动试验方法模拟效果,是水泥稳定碎石振动试验方法研究的关键。本章分析表面垂直振动击实试验仪(Vertical Vibration Compaction Testing Machine,简称 VVTM)构造及原理,提出描述 VVTM 结构原理及性能的振动参数,并通过试验研究 VVTM 振动参数对水泥稳定碎石压实效果及振动压实前后级配的影响规律。在此基础上,提出振动击实仪选型标准。

第一节　振动击实仪构造

一、振动压路机结构特点

不论振动压路机在结构上有多大差异,任何振动压路机都装有振动器。振动器是由振动轴和安装在振动轴上的一组偏心块组成。当振动压路机作业时,振动轴带动偏心块高速旋转,此时偏心块产生的离心力形成了"压路机—被压材料"的振动系统的干扰力。在干扰力的作用下,振动压路机的工作部件(振动轮)将产生具有一定振幅和频率的强迫振动,强迫振动的频率等于干扰力的频率。此时,振动轮将其振动作用传递到被压材料上,被压材料逐渐密实。

根据振动器安装形式的差异,振动压路机有如下几种形式。

1. 定向振动压路机

定向振动压路机具有两个在垂直平面上对称布置的振动器。这两个振动器的偏心块转速相等但方向相反。当振动轴带动偏心块高速旋转时,两个偏心块产生的离心力的水平分量相互抵消,垂直分量相互叠加,从而形成纯垂直方向的干扰力,使"压路机—被压材料"的振动系统在理论上产生垂直振动。这种振动压路机的结构较为复杂,在实际压实作业中没有突出的优越性,所以很少采用。

2. 摆振式振动压路机

摆振式振动压路机具有两个振动器:一个安装在前轮中心上,另一个安装在后轮中心上。两个振动器的偏心块具有 180°相位差。工作时两个振动器由一根齿形带驱动,这样既保持两个振动器在工作时旋转方向相同,又可保持它们之间的相位差不变。由于两个振动器存在 180°相位差,一只振动器的离心力方向朝上时,另一只振动器的离心力方向朝下。因而在理论上,摆振式振动压路机总保持一个振动轮跳离地面,使整机在工作时除具有振动特性外,还具有前后摆动的特点,故称摆振式振动压路机。由于摆振式振动压路机始终有一只振动轮接触地面,因而它可以在相同质量的情况下,得到较高的线压力和较高的冲击能量。

3. 外振式振动压路机

外振式振动压路机具有两层机架,即上机架和下机架。上、下机架之间由减振器连接。振动器安装在下机架上,当振动轴带动偏心块高速旋转时,下机架连同安装在下机架上的振动轮一起振动。这种振动压路机的振动器结构简单,便于维修保养,所以很多手扶式振动压路机采用这种结构。

4. 内振式振动压路机

内振式振动压路机的振动器安装在振动轴上,而振动轴又是振动轮的回转轴。当振动压路机工作时,振动轴带动偏心块高速旋转而产生离心力,振动轮在这个离心力的作用下产生圆周振动。由于这种振动压路机的振动器在振动轮中,故称为内振式振动压路机。内振式振动压路机的结构紧凑,操作使用安全,因此绝大多数振动压路机的振动系统采用内振式结构。

二、振动击实仪构造及原理

为确保振动击实仪稳定性和垂直振动击实效果,基于定向振动压路机原理研制出表面垂直振动击实仪 VVTM,如图 2-1 所示。

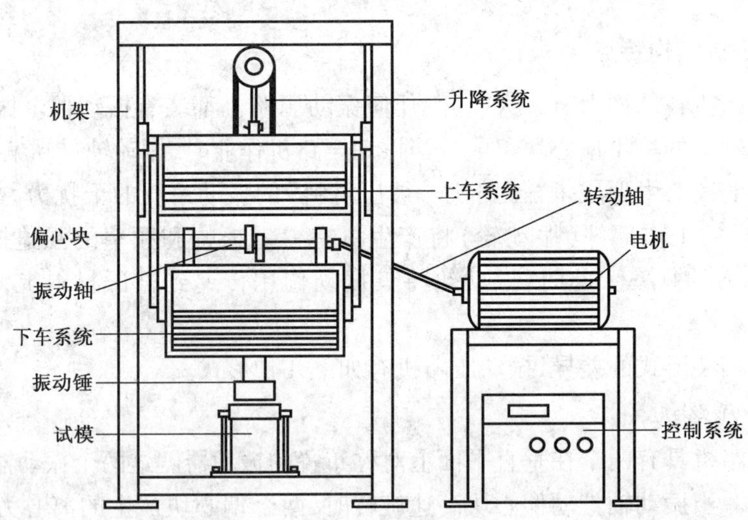

图 2-1 VVTM 的构造及原理图

VVTM 主要由 3 部分构成:控制平台、转动装置和振动系统。控制平台用于调节转动装置工作频率、控制振动时间以及振动系统升降;转动装置主要由电机和分动箱组成。振动系统是 VVTM 最重要的部分,主要由机架、振动实体和振动锤组成。其中振动实体仿照振动压路机的振动装置设计而成,又分为激振器、上车系统和下车系统。激振器是振动系统核心部件,由两平行振动轴和安装在其上的一组偏心块组成,两振动轴上的偏心块对称布置,每根轴上偏心块由固定偏心块和活动偏心块组成,以实现偏心矩可调的目的。上、下车系统通过减振块相连,并通过上车的束缚作用使下车得到有规律的振动。当电机工作时,电机单轴转动通过分动箱实现双轴同转速、反方向的转动,并带动振动器两组偏心块同速、反向转动,使偏心块产生离心力。由于两偏心块反向旋转,产生的离心力水平分量相互抵消、垂直分量相互叠加,结果只有垂直振动而没有水平振动,确保 VVTM 设备稳定性和垂直振动压实效果。

第二节　VVTM 动态响应及振动参数

一、VVTM 振动模型

为了便于数学处理，将"VVTM—被压材料"的系统简化为两个自由度的数学模型，并作如下假设：

①VVTM 上、下车质量简化为集中质量块。上车系统质量为 m_1，下车系统质量为 m_2。

②VVTM 振动工作时，振动锤保持与被压材料紧密接触。

如图 2-2 所示振动模型的运动方程为

$$F_0 = M_e\omega^2 \tag{2-1}$$

$$m_2\ddot{x}_2 + (C_1 + C_2)\dot{x}_2 + (K_1 + K_2)x_2 - C_1\dot{x}_1 - K_1x_1 = F_0\sin\omega t \tag{2-2}$$

$$m_1\ddot{x}_1 + C_1\dot{x}_1 + K_1x_1 - C_1\dot{x}_2 - K_1x_2 = 0 \tag{2-3}$$

式中：F_0——激振力；

M_e——偏心块静偏心矩；

ω——偏心块角速度；

K_1——减振器刚度；

K_2——被压材料刚度；

C_1——减振器阻尼；

C_2——被压材料阻尼；

x_1——上车瞬时位移；

x_2——下车瞬时位移。

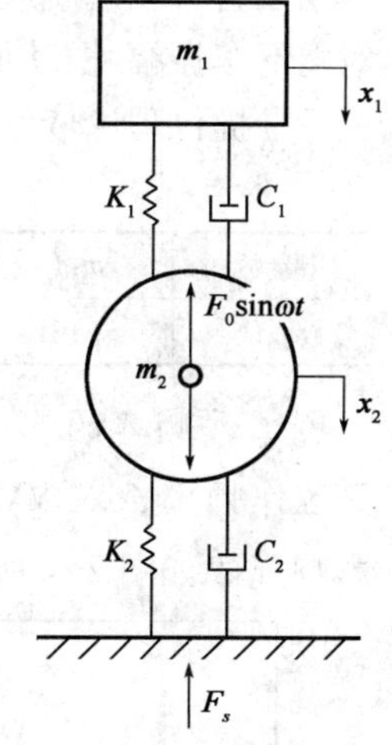

图 2-2　振动模型

微分方程式(2-2)和式(2-3)求解得

$$x_2 = F_0\left[\frac{(A_1^2 + B_1^2)}{(C^2 + D^2)}\right]^{\frac{1}{2}} \tag{2-4}$$

$$x_1 = F_0\left[\frac{(A_2^2 + B_2^2)}{(C^2 + D^2)}\right]^{\frac{1}{2}} \tag{2-5}$$

$$\Phi_1 = \tan^{-1}\frac{B_1}{A_1} - \tan^{-1}\frac{D}{C} \tag{2-6}$$

$$\Phi_2 = \tan^{-1}\frac{B_2}{A_2} - \tan^{-1}\frac{D}{C} \tag{2-7}$$

$$A_1 = K_1 - m_1\omega^2 \tag{2-8}$$

$$B_1 = C_1\omega \tag{2-9}$$

$$A_2 = K_1 \tag{2-10}$$

$$B_2 = C_2\omega \tag{2-11}$$

$$C = m_2m_1\omega^4 - m_2K_1\omega^2 - m_1K_2\omega^2 - C_1C_2\omega^2 + K_1K_2 - m_1K_1\omega^2 \tag{2-12}$$

$$D = K_2C_1\omega - C_2K_1\omega^2 - m_2C_1\omega^3 - m_1C_2\omega^3 - m_1C_1\omega^3 \tag{2-13}$$

式中：Φ_1——激振力 F_0 与上车位移之间的相位角；

Φ_2——激振力 F_0 与下车位移之间的相位角。

无阻尼状态下振动系统的一阶、二阶固有频率 ω_1、ω_2 分别为

$$\omega_1 = \left\{ \left[(m_2K_1 + m_1K_2 + m_1K_1) - \sqrt{(m_2K_1 + m_1K_2 + m_1K_1)^2 - 4m_1m_2K_1K_2} \right] / 2m_1m_2 \right\}^{\frac{1}{2}}$$

$$\omega_2 = \left\{ \left[(m_2K_1 + m_1K_2 + m_1K_1) + \sqrt{(m_2K_1 + m_1K_2 + m_1K_1)^2 - 4m_1m_2K_1K_2} \right] / 2m_1m_2 \right\}^{\frac{1}{2}}$$

VVTM 的 F_s 大小不仅与 VVTM 振动参数有关，而且也与被压材料 K_2 和 C_2 有关。F_s 可表示为

$$F_s = \left[(K_2x_2)^2 + (C_2\dot{x}_2)^2 \right]^{\frac{1}{2}} \tag{2-14}$$

式中：F_s——下车对被压材料作用力；

其他符号意义同前。

二、VVTM 动态响应

绘制各种动态响应曲线进行模型参数影响分析，揭示 VVTM 工作频率、上下车质量等模型参数对上下车振幅、振动加速度、激振力和被压材料作用力的变化规律，为振动参数优化和 VVTM 选型标准提供理论依据。动态响应曲线分析所用“VVTM—被压材料”系统的基本参数见表 2-1。

“VVTM—被压材料”的模型参数 表 2-1

模型参数	m_1(kg)	m_2(kg)	K_1(kN/cm)	K_2(kN/cm)	C_1(N·s/cm)	C_2(N·s/cm)
参数取值	1814	2903	52.5	140.1	52.5	700.5

1. 工作频率的影响

工作频率 ω 对 VVTM 上、下车振幅和振动加速度影响规律如图 2-3 所示。ω 对 F_0 和 F_s 的影响规律如图 2-4 所示。由于 $F_0 = M_e\omega^2$，所以 ω—F_0 曲线呈抛物线形状。

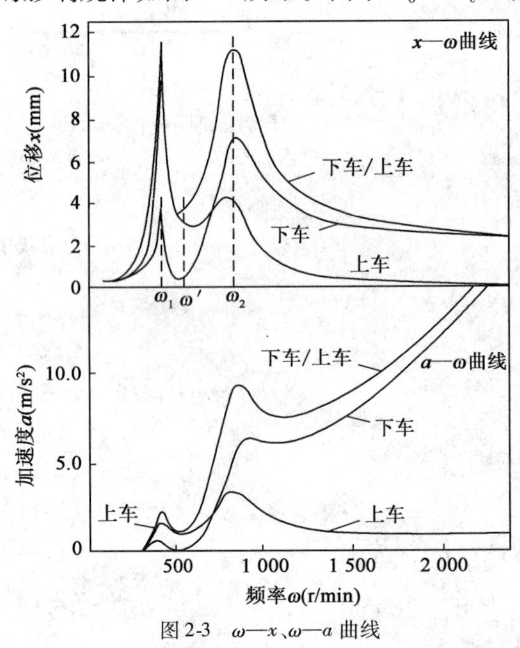

图 2-3 ω—x、ω—a 曲线

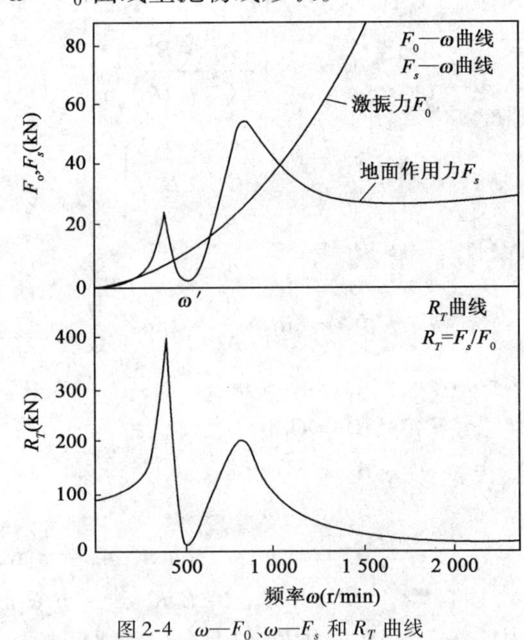

图 2-4 ω—F_0、ω—F_s 和 R_T 曲线

如图 2-3 所示,“VVTM—被压材料”的振动系统有 2 个固有频率,分别为 ω_1 和 ω_2。当 VVTM 的工作频率为 ω_1 或 ω_2 时,振动系统处于共振状态。工作频率为 ω_1 时称为一阶共振;工作频率为 ω_2 时称为二阶共振。在共振状态下工作的“VVTM—被压材料”的振动系统的 ω—x 曲线出现有两个峰值,称为共振峰。图中左侧的峰值对应于 ω_1 而产生的,称一阶共振峰。其形状又尖又细,主要受上车参数 K_1、C_1、m_1 的影响。图中右侧的峰值对应于 ω_2 而产生的,称为二阶共振峰。它的形状高而平缓,与下车参数 K_2、C_2、m_2 有关。当 $\omega \geqslant \omega_2$ 时,上下车振幅都将急剧下降,下车振动加速度却急剧增大。

如图 2-4 所示,ω 对 F_0 和 F_s 的影响规律完全不同,表明 F_0 和 F_s 是性质不同的两种力;F_s 和 x 与 VVTM 的振动参数、被压材料的参数与物理性能有关,VVTM 的振幅是重要影响参数;当 $\omega \geqslant \omega_2$ 时,F_s 随之下降,这时 F_s/F_0 将急剧下降,因此,为充分发挥 F_0 的效率,希望 VVTM 的 ω 尽量接近于 ω_2。当 $\omega_2 \geqslant \omega \geqslant \omega_1$ 时,F_s 出现波谷,VVTM 几乎丧失了对被压材料的动态作用力,振动压实效果很差。

2. 下车质量的影响

以表 2-1 中所给参数为基准,上下车系统总工作质量不变,下车质量变化为 $0.8\mathrm{m}_2$、m_2 和 $1.2\mathrm{m}_2$,绘制 ω—x 曲线、ω—F_0 曲线、ω—F_s 曲线,如图 2-5 所示。图中曲线表明,m_2 的变化对振动系统的一阶固有频率影响很小,甚至可以忽略不计;其他条件保持不变时,降低 m_2,可以增大 F_s,从而增加 VVTM 对被压材料的动作用力 F_s。但下车质量过小,会降低 VVTM 对被压材料的冲击能力,对压实不利。

3. 减振器刚度的影响

减振器刚度 K_1 的变化对 ω—x 曲线的影响如图 2-6 所示。K_1 增加,振动系统一阶固有频率变化不大,而二阶固有频率有所提高;上车振幅明显地增大;VVTM 对被压材料的作用力 F_s 将有所增加。

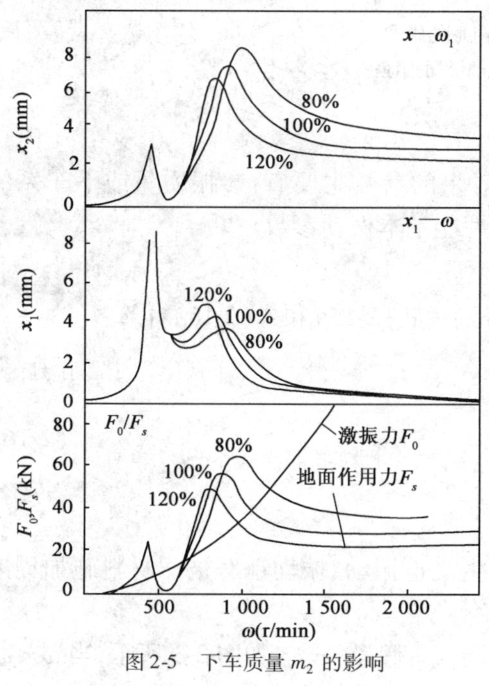

图 2-5　下车质量 m_2 的影响

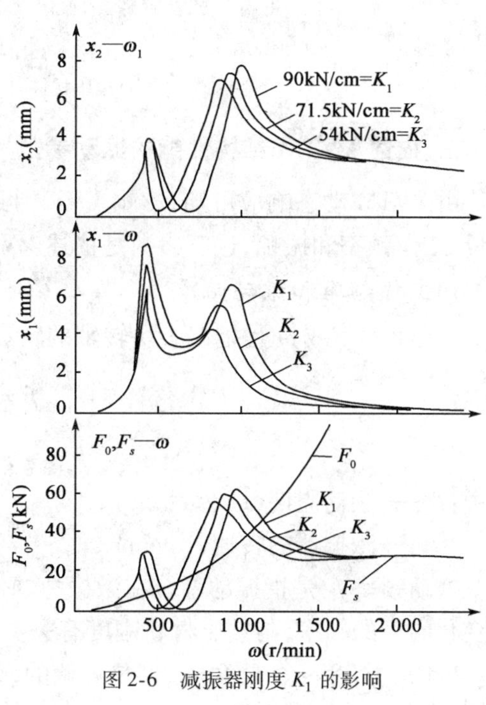

图 2-6　减振器刚度 K_1 的影响

4. 被压材料刚度和阻尼的影响

被压材料刚度和阻尼的变化对 $\omega—x$ 曲线的影响如图 2-7 所示。当 VVTM 的工作频率高于振动系统的二阶固有频率时，被压材料的阻尼对 F_s 影响较大。这时，被压材料的阻尼 C_2 增大，F_s 也随之增大。

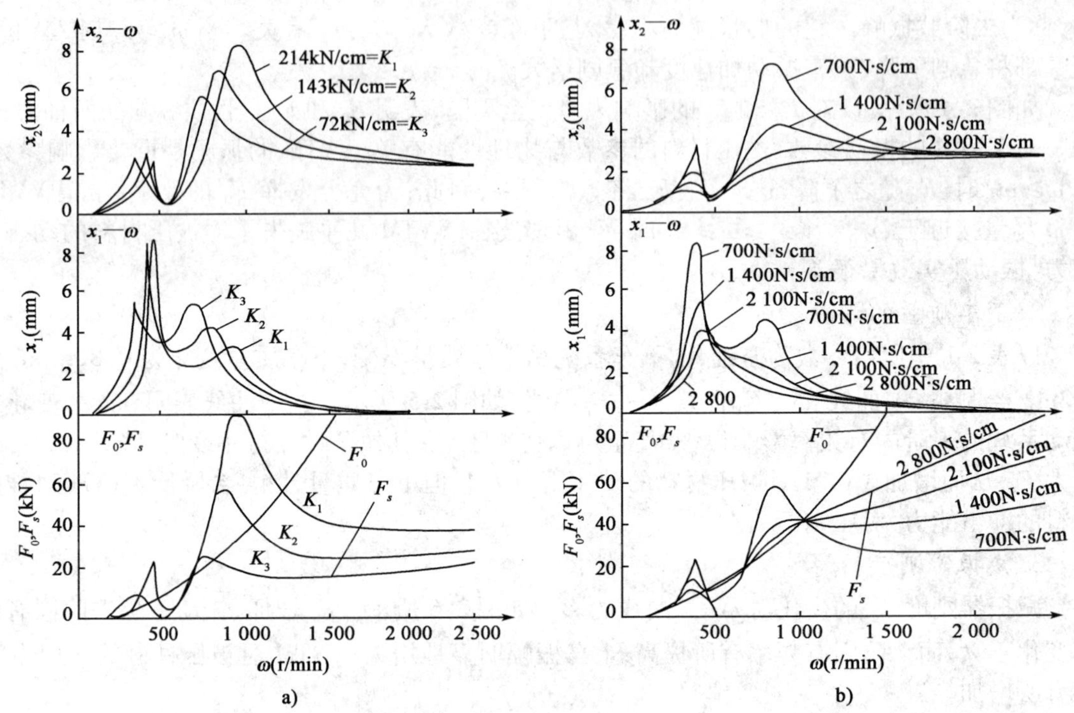

图 2-7　被压材料刚度和阻尼的影响

a）被压材料的刚度；b）被压材料的阻尼

三、描述 VVTM 结构性能的振动参数

由 VVTM 动态响应可知，影响 VVTM 振动压实效果的参数主要有：参振质量或下车系统质量、工作频率和振幅，这三参数是描述 VVTM 工作性能基本振动参数。

1. 工作频率和振动频率

工作频率 f 或 ω 是指偏心块转轴的转动频率，分别按式（2-15）和式（2-16）计算：

$$f = \frac{1}{T} = \frac{n}{60} \tag{2-15}$$

$$\omega = 2\pi f \tag{2-16}$$

式中：T——振动周期（s）；

n——激振器的转速（r/min）。

振动频率 f_0 是指振动系统在激振力的作用下产生受迫振动，振动锤对被压材料施加周期性变化的力的频率，与被压材料刚度有关。

f 和 f_0 并不一致，且 $f \geqslant f_0$。f 是可调的，f_0 是不可调的。假设 $f = f_0$，如图 2-3 所示，当 $\omega < \omega_2$

时,曲线呈大起大落的状态。这说明在这一频段中,ω 每一个微小变化,都将引起 VVTM 工作振幅的大幅度变化,因而 VVTM 工作频率的非稳定区也随之增大。因此,在讨论 VVTM 工作频率 ω 的选择时,规定了这个工作频率是以 VVTM 在压实接近终了时的"VVTM-被压材料"的振动系统的特性为依据。只有这样才能保证在任何情况下 VVTM 的工作频率都不可能进入非稳定频率区,且非稳定频率区内存在 2 个共振峰值,即一阶共振峰和二阶共振峰。在这两个共振峰之间还存在一个波谷。当 $\omega \approx \omega'$ 时,VVTM 下车振幅几乎为零,而上车的振幅反而很大,这时不仅不能起到振动压实的作用,反而会使上车产生剧烈振动,造成整机寿命下降。所以,频率的非稳定区是 VVTM 工作的"禁区"。合理的工作频率应略高于"VVTM—被压材料"振动系统的二阶固有频率 ω_2。

2. 工作振幅与名义振幅

VVTM 在振动作业时,振动系统的实际振幅 A 称为工作振幅。如图 2-7 所示,VVTM 的工作振幅是一个随机参数,并不是一个直接可控的设备参数。

为了便于评价和比较不同型号振动压实仪的振动性能,引入"名义振幅"的概念。名义振幅的大小只与参振质量及激振器的静偏心矩有关,而不受外部工况条件的约束。名义振幅 A_0 计算式为

$$A_0 = \frac{M_e}{m_d} \tag{2-17}$$

式中:M_e——激振器的静偏心矩,$M_e = m_0 r_0$;

m_d——振动压实仪的参振质量(或下车系统质量)。

通常,工作振幅比名义振幅大,两者的差值与被压材料的刚度有关。一般名义振幅增大时工作振幅也增大。研究表明,振幅增大,压实效果明显提高。为了取得更好的压实效果,需要提高 VVTM 的振幅。

3. 激振力和振动作用力

激振力 F_0 是由偏心块高速旋转时的离心力形成的。它仅和偏心块的静偏心矩 M_e 及角频率 ω 有关,计算式为

$$F_0 = M_e \omega^2 \tag{2-18}$$

将式(2-16)和式(2-17)代入式(2-18),可得

$$F_0 = m_d A_0 (2\pi f)^2 \tag{2-19}$$

由式(2-19)可知,激振力随频率的平方成正比增长,但过高的频率将导致振动轮跳离地面而"失偶",从而降低了 VVTM 对被压实材料的"振动作用力"。

由式(2-14)可知,VVTM 对被压实材料的"振动作用力"F_s 计算式为

$$F_s = [(K_2 x_2)^2 + (C_2 \dot{x}_2)^2]^{\frac{1}{2}} \tag{2-20}$$

式中:K_2——被压材料的刚度;

C_2——被压材料的阻尼;

x_2——下车瞬时位移(瞬时振幅)。

从式(2-20)可以看出,VVTM 对被压材料的作用力 F_s 是被压材料的弹性变形量 $K_2 x_2$ 和

阻尼力 $C_2\dot{x}_2$ 的矢量和。前者与 VVTM 的瞬时振幅和被压材料的刚度有关，后者与 VVTM 振动速度、被压材料的阻尼有关。由于被压材料的物理特性的随机性，因而 F_s 也同样具有随机性。由此可知，激振力 F_0 不同于对被压材料的作用力 F_s，当激振力 F_0 很大，但它并没有完全作用在被压材料上，因而其压实效果并不一定好，只有对被压材料作用力 F_s 时，才能获得较好的压实效果。那种认为激振力越大，动作用力就越大，压实效果会更好，乃是一种误解。

四、VVTM 振动参数可调的实现

VVTM 可直接调控的参数有 4 个：工作频率、静偏心矩、上车系统质量和下车系统质量。

VVTM 工作频率通过电机输出频率实现可调，可调范围在 0 ~ 50Hz 内。

VVTM 偏心矩通过改变固定偏心块和活动偏心块夹角实现有级可调，并改变工作频率实现激振力可调，改变下车系统质量实现名义振幅可调，见表 2-2。

VVTM 的激振力和名义振幅 表 2-2

振动参数	不同偏心块夹角(°)对应的振动参数						
	0	30	60	90	120	150	180
M_e(kg·m)	0.215	0.207	0.186	0.153	0.109	0.045	0.025
F_0(N)	$8.48f^2$	$8.19f^2$	$7.36f^2$	$6.03f^2$	$4.32f^2$	$1.76f^2$	$0.97f^2$
A_0(mm)	$215/m_d$	$208/m_d$	$186/m_d$	$153/m_d$	$109/m_d$	$60/m_d$	$25/m_d$

VVTM 上下车系统质量通过改变配重块数实现振幅和静面压力可调，见表 2-3。用"S 上车配重块数 X 下车配重块数"区分工作质量的大小。兼顾 VVTM 对被压实材料的动作用力和冲击能量，结合振动压路机设计原理，上、下车质量之比值取为 0.6 ~ 1。

VVTM 的上下车系统重力 表 2-3

下车系统		上车系统		上下车系统总重力(N)
配重块数	重力(N)	配重块数	重力(N)	
0	1 376.9	0	791.8	2 168.7
1	1 420.0	1	859.5	2 279.5
2	1 463.1	1	859.5	2 322.6
3	1 506.3	2	928.1	2 434.3
4	1 549.4	2	928.1	2 477.4
5	1 592.5	3	995.7	2 588.2
6	1 635.6	4	1 064.3	2 699.9
7	1 678.7	4	1 064.3	2 743.0
8	1 721.9	5	1 131.9	2 853.8
9	1 765.0	6	1 200.5	2 965.5
10	1 809.1	6	1 200.5	3 009.6
11	1 852.2	7	1 268.1	3 120.3
12	1 895.3	8	1 336.7	3 232.0
13	1 938.4	8	1 336.7	3 275.2
14	1 981.6	9	1 404.3	3 385.9
15	2 024.7	10	1 472.9	3 497.6

第三节　VVTM 选型标准

一、振动参数优化原则与方案

1. 原材料及矿料级配

(1)原材料

航天牌 P. O32.5 水泥,技术指标略,符合规范要求。

石灰岩集料,技术指标略,符合规范要求。

(2)混合料级配

采用表 2-4 骨架密实型级配。

骨架密实型级配范围　　表 2-4

筛孔尺寸(mm)	31.5	19	9.5	4.75	2.36	0.6	0.075
通过率(%)	90~100	62~72	40~54	28~38	18~28	10~18	2~6

2. 振动参数优化指标选取

图 2-8 根据水泥稳定碎石振动试验数据绘制出 ρ_d—f 与 F_0—f 关系图,图 2-9 根据振动模型动态响应绘制出 F_s—ω 和 F_0—ω 响应曲线。

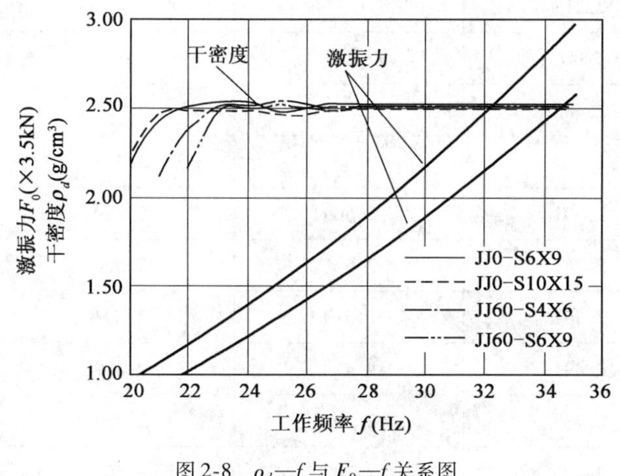

图 2-8　ρ_d—f 与 F_0—f 关系图

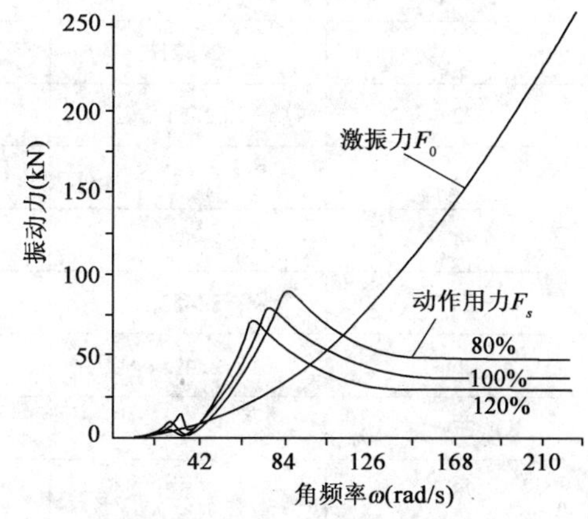

图 2-9　F_s—ω 和 F_0—ω 响应曲线

图 2-8 中压实效果理解成振动作用力 F_s,则与图 2-9 中 VVTM 振动作用力 F_s 变化规律比较吻合,即振动压实效果或振动作用力 F_s 随工作频率增大都存在峰值,继续增大工作频率,则振动压实效果或振动作用力 F_s 基本不再随之变化,而激振力 F_0 却成二次抛物线不断增大。图 2-9 中 F_s 存在明显峰值,之后随着频率增大 F_s 明显减少,当频率超过一定值时,F_s 基本稳定;而图 2-8 中当干密度达到峰值后,随着频率增大,干密度没有明显变化,这表明动态响应分析中振动模型有关假设与实际有出入,实际振动压实试验过程中振动锤无法保持与被压材料的紧密接触。同时,考虑到振动模型参数 K_1、K_2、C_1 和 C_2 较难获取,尤其是 K_2 和 C_2 随着被压材料密度变化而变化。因此,采用干密度比振动作用力 F_s 评价振动压实效果,更具实际意义。

为确保与现场碾压对级配影响规律基本一致,确保优化得到振动参数在振动压实过程中对混合料级配影响最小。因此,振动参数优化过程中还需考察振动前后混合料级配变化。

3. 振动参数优化原则

①尽量接近于振动压路机技术参数工作范围,并对 VVTM 使用寿命影响最小,确保 VVTM 经久耐用。压实基层时,振动压路机名义振幅、工作频率取值范围分别为 0.8 ~ 2.0mm、25 ~ 40Hz。

②尽量使混合料在最短振动时间作用下达到最大干密度,且对混合料级配影响最小,确保试验方法操作简便、快速以及与现场碾压对级配影响规律基本一致。

二、振动参数对水泥稳定碎石密度的影响

1. 工作频率的影响

变化工作频率对采用相同含水率的水泥稳定碎石进行振动试验,结果见表 2-5 和图 2-10、图 2-11,振动时间 2min。

工作频率、名义振幅和静压力对压实效果影响 表 2-5

工作频率 (Hz)	水泥稳定碎石干密度 ρ_d (g/cm³)			
	JJ0-S6X9 A_0 = 1.19mm p_0 = 171.2kPa	JJ0-S10X15 A_0 = 1.04mm p_0 = 202kPa	JJ60-S4X6 A_0 = 1.29mm p_0 = 155.9kPa	JJ60-S6X9 A_0 = 1.19mm p_0 = 171.2kPa
20	2.191	2.215	—	—
21	2.421	2.47	2.102	—
22	2.51	2.486	2.378	2.162
23	2.521	2.494	2.506	2.481
24	2.527	2.491	2.509	2.499
25	2.481	2.461	2.521	2.506
26	2.495	2.457	2.518	2.503
27	2.52	2.491	2.473	2.479
28	2.52	2.488	2.508	2.499
29	2.514	2.495	2.509	2.503
30	2.52	2.497	2.514	2.499
31	2.523	2.494	2.509	2.506
32	2.523	2.493	2.5	2.508
33	2.522	2.501	2.507	2.501
34	2.524	2.494	2.502	2.504
35	2.521	2.521	2.506	2.509

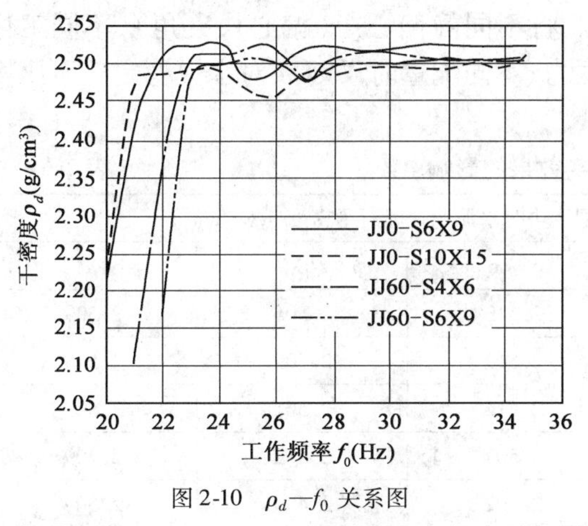

图 2-10　ρ_d—f_0 关系图

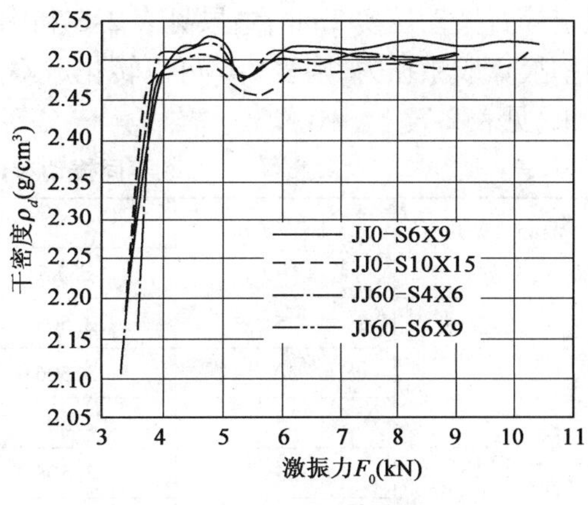

图 2-11　ρ_d—F_0 关系图

由表 2-5 和图 2-10 知，偏心块夹角为 0°时，工作频率从 20Hz 变化到 22Hz 时，水泥稳定碎石干密度急剧增大，增大了约 13% ~15%。这是由于在该频率段内工作振幅发生了很大的改变。从试验现象来看，当工作频率为 20Hz 时振动的激振力较小，不足以使振动系统振动锤起跳，振动锤贴着试件表面振动，振实效果较差；当工作频率为 21Hz 时，振动一段时间后伴有间歇式的起跳现象；当工作频率到 22Hz 时，振动一开始就有起跳现象。从脱模后试件的外观情况来看，20Hz 工作频率下试件整体都较松散；21Hz 工作频率下有一种明显的视觉感受就是从侧壁上可以看到试件上半部分比下半部分密实，明显存在不同密实度的分界线，该试件分界线在 1/2 高度位置，试件上半部分干密度 2.46g/cm³、试件下半部分 2.38g/cm³；22Hz 工作频率成型的试件外观整体均匀密实，试件上半部分干密度 2.514g/cm³，试件下半部分 2.509g/cm³。便于后续述说方便，针对此条件下，称引起振动系统起跳的 22Hz 工作频率为"起跳频率"。工作频率从 22Hz 继续增大到 24Hz，水泥稳定碎石干密度有所增大，但增大幅度非常有限（约 0.2% ~0.7%）。工作频率在 24 ~27Hz，出现了"波谷频率"（约 25Hz），在"波谷频率"作用下水泥稳定碎石干密度最小。当工作频率大于 27Hz 后，水泥稳定碎石干密度不再变化，该阶段频率称为"稳态频率"。小于"稳态频率"的工作频率区域统称为工作频率非稳定区，大于"稳态频率"的工作频率区域统称为工作频率稳定区。偏心块夹角为 60°时，水泥稳定碎石干密度随工作频率变化规律与偏心块夹角为 0°时的规律基本相似，只是"起跳频率"、"波谷频率"和"稳态频率"不同而已，相应于偏心块夹角为 60°时约增大 1 ~2Hz，这表明工作频率非稳定区并不是固定的，当 VVTM 的其他振动参数变化时，非稳定区也随之发生变化。从图 2-11 可以看出，水泥稳定碎石干密度随激振力变化规律与随工作频率变化规律相似，当激振力小于 3kN 时，VVTM 对水泥稳定碎石振动压实效果随激振力增大而增大；当激振力大于 6.5kN 之后，VVTM 对水泥稳定碎石振动压实效果不再随激振力增大而继续增大。

试验和已有研究表明，当工作频率太低时，不仅压实效果差，而且会引起机身上的紧固螺栓和减振器达到共振，使机器上的零件也因共振而松动或损坏。因此，工作频率绝不能低于 20Hz。所以，上述特定参数条件下，工作频率大于 28Hz 时，VVTM 对水泥稳定碎石压实效果基本趋于稳定。

2. 激振力的影响

VVTM 在不同静偏心矩（偏心块夹角）、不同工作频率和不同配重时对相同含水率的水泥稳定碎石振动压实 2min，结果见表 2-6 和图 2-12。将不同静偏心矩（偏心块夹角）、不同工作频率换算成激振力，则表 2-6 可以转化成不同激振力、不同配重时 VVTM 对水泥稳定碎石压实效果，见表 2-7。

不同振动参数对压实效果的影响 表 2-6

偏心块夹角（°）	工作频率（Hz）	下列配重块时水泥稳定碎石干密度 ρ_d（g/cm^3）			
		S3X5	S4X6	S6X9	S8X12
0	25	2.508	2.513	2.506	2.509
	30	2.506	2.519	2.509	2.513
	35	2.503	2.514	2.501	2.509
60	25	2.508	2.502	2.482	2.509
	30	2.499	2.502	2.499	2.509
	35	2.504	2.507	2.501	2.506
120	25	2.367	2.338	—	—
	30	2.450	2.437	2.420	2.398
	35	2.470	2.463	2.458	2.456

不同激振力对压实效果的影响 表 2-7

激振力（kN）	下列配重块时水泥稳定碎石干密度 ρ_d（g/cm^3）			
	S3X5	S4X6	S6X9	S8X12
2.7	2.367	2.338	—	—
3.888	2.45	2.437	2.42	2.398
4.6	2.508	2.509	2.502	2.482
5.292	2.470	2.463	2.458	2.456
5.3	2.508	2.509	2.513	2.506
6.624	2.499	2.509	2.502	2.499
7.632	2.506	2.513	2.519	2.509
9.016	2.504	2.506	2.507	2.501
10.388	2.503	2.509	2.514	2.501

从图 2-12 可以看出，工作频率在 25～35Hz 范围内，当偏心块夹角为 0°（激振力 $8.48f^2$）时，总体上表现出工作频率在 30Hz 作用时 VVTM 对水泥稳定碎石压实效果较好；偏心块夹角为 60°（激振力 $7.36f^2$）时图 2-12b）规律性似乎不强；偏心块夹角为 120°（激振力 $4.32f^2$）时，图 2-12c）表明随工作频率增大，干密度继续增大。从图 2-12a）、b）、c）还可以看出，在相同工作频率下，随着偏心块夹角增大，偏心矩减小，VVTM 对水泥稳定碎石压实效果减弱。

从图 2-12d）可以看出，不同配重下，激振力小于 4.5kN 时，VVTM 对水泥稳定碎石压实效果随着激振力增大而急剧增大；激振力在 4.5～5.3kN 时，VVTM 对水泥稳定碎石压实效果随着激振力增大而急剧减小，并在 5.3kN 附近达到最低；激振力略大于 5.3kN 时，压实效果又急剧恢复到 4.5kN 时的水平；再继续增大激振力，VVTM 对水泥稳定碎石的压实效果不再提高，处于相对稳定区。这说明激振力不是影响压实效果的唯一因素，激振力大并不表示压实效果一定好。综上所述,结合图 2-11 和图 2-12d),拟选取 VVTM 的激振力大于 7kN。

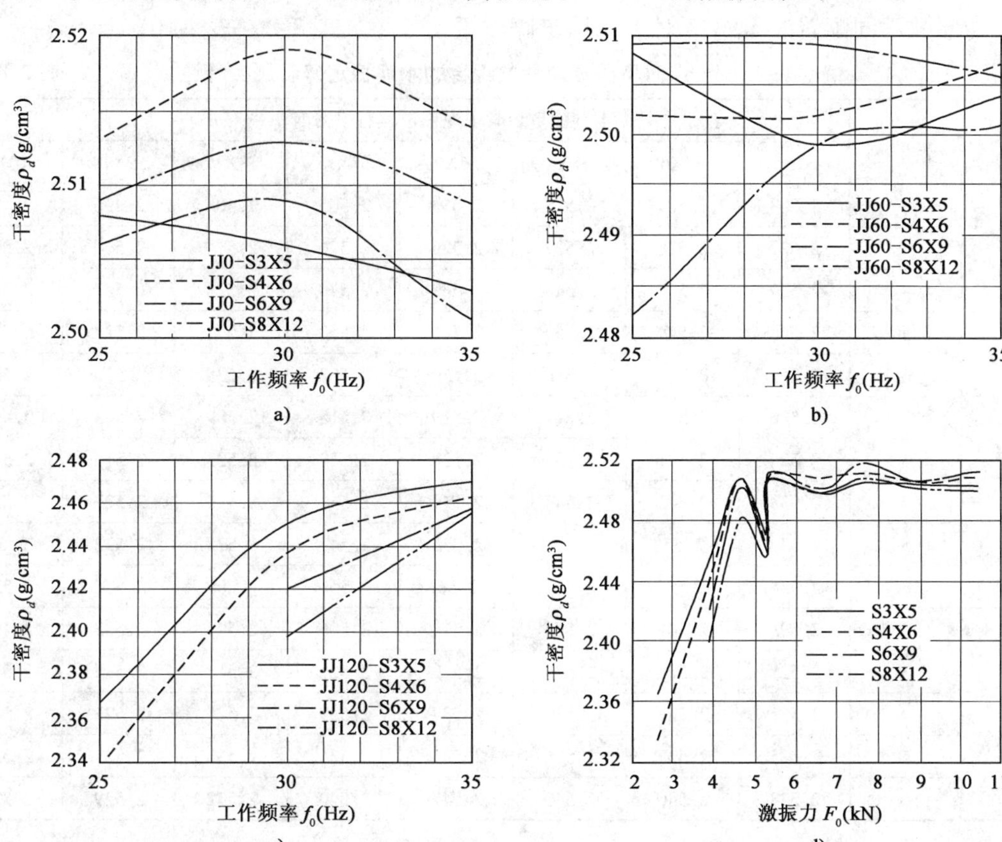

图 2-12　VVTM 的不同振动参数配置对压实效果的影响

a)偏心块夹角 0°时 ρ_d—f_0 关系图;b)偏心块夹角 60°时 ρ_d—f_0 关系图;c)偏心块夹角 120°时 ρ_d—f_0 关系图;d)不同配重时 ρ_d—F_0 关系图

3. 静偏心矩的影响

工作频率在 25 ~35Hz、不同配重条件下,改变 VVTM 静偏心矩对水泥稳定碎石振动压实 2min,结果如图 2-13 所示。由图可知,偏心块夹角在 0° ~60°(偏心矩为 0.215 ~0.186kg · m)时 VVTM 对水泥稳定碎石压实效果较好,且在其他振动参数配置不同时,压实效果差异不大;偏心块夹角在 60° ~120°(偏心矩为 0.186 ~0.109kg · m)时,VVTM 对水泥稳定碎石压实效果逐渐变差,而且在其他振动参数配置不同时,压实效果出现较为明显差异。因此,拟选取偏心块夹角范围在 0° ~60°(偏心矩为 0.215 ~0.186kg · m)。

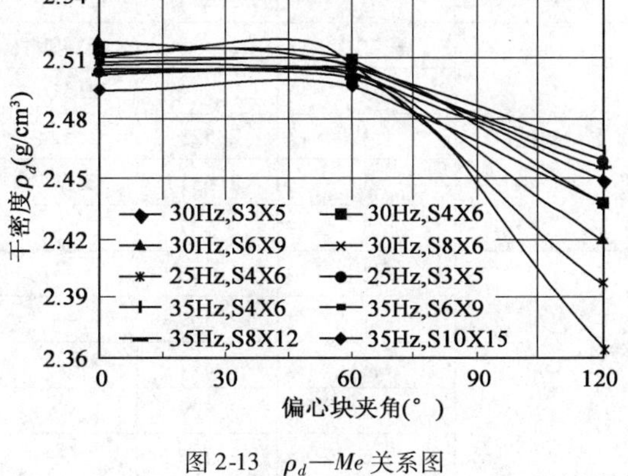

图 2-13　ρ_d—Me 关系图

4. 名义振幅、工作质量的影响

试验采用 3 种工作频率分别为 25Hz、30Hz 和 35Hz,3 种偏心块夹角(偏心矩)分别为 0°、60°和

120°,上下车配重按重力比0.6~1原则逐级加载。

振动参数不同配置时VVTM对水泥稳定碎石振动效果见表2-8~表2-10。

偏心块夹角为0°时不同振动参数组合的水泥稳定碎石压实特性 表2-8

工作频率(Hz)	振动时间(min)	下列配重块时水泥稳定碎石干密度 ρ_d(g/cm³)							
		S3X5	S4X6	S5X8	S6X9	S7X11	S8X12	S9X14	S10X15
25	2	2.508	2.509	2.518	2.513	2.505	2.506	2.496	2.491
	3	2.527	2.528	2.537	2.529	2.526	2.514	2.510	2.506
	4	2.539	2.537	2.548	2.539	2.540	2.524	2.521	2.515
	5	2.546	2.544	2.552	2.546	2.550	2.532	2.527	2.522
	6	2.551	2.549	2.556	2.550	2.552	2.535	2.530	2.525
30	2	2.506	2.513	2.514	2.519	2.515	2.509	2.503	2.496
	3	2.523	2.531	2.533	2.538	2.532	2.523	2.516	2.512
	4	2.533	2.542	2.543	2.549	2.541	2.533	2.527	2.523
	5	2.542	2.55	2.55	2.556	2.547	2.538	2.532	2.53
	6	2.546	2.555	2.552	2.56	2.551	2.54	2.535	2.532
35	2	2.503	2.509	2.503	2.514	2.506	2.501	2.503	2.493
	3	2.521	2.524	2.520	2.529	2.521	2.517	2.515	2.510
	4	2.531	2.533	2.530	2.537	2.529	2.525	2.521	2.519
	5	2.535	2.537	2.536	2.543	2.536	2.530	2.527	2.523
	6	2.538	2.540	2.540	2.547	2.540	2.532	2.529	2.525

偏心块夹角为60°时不同振动参数组合的水泥稳定碎石压实特性 表2-9

工作频率(Hz)	振动时间(min)	下列配重块时水泥稳定碎石干密度 ρ_d(g/cm³)						
		S2X3	S3X5	S4X6	S5X8	S6X9	S8X12	S10X15
25	2	2.502	2.508	2.509	2.504	2.502	2.482	2.473
	3	2.519	2.525	2.524	2.521	2.518	2.498	2.493
	4	2.53	2.533	2.533	2.53	2.53	2.51	2.506
	5	2.539	2.542	2.544	2.537	2.541	2.518	2.514
	6	2.544	2.551	2.551	2.542	2.547	2.525	2.522
30	2	2.495	2.499	2.509	2.495	2.502	2.499	2.490
	3	2.512	2.516	2.522	2.509	2.517	2.511	2.504
	4	2.523	2.524	2.532	2.521	2.530	2.522	2.514
	5	2.531	2.535	2.541	2.529	2.538	2.530	2.521
	6	2.537	2.541	2.547	2.534	2.542	2.535	2.527
35	2	2.496	—	2.506	2.511	2.507	2.501	2.495
	3	2.509	—	2.520	2.523	2.522	2.511	2.508
	4	2.517	—	2.530	2.533	2.531	2.521	2.519
	5	2.529	—	2.536	2.539	2.538	2.528	2.527
	6	2.535	—	2.541	2.545	2.543	2.533	2.534

偏心块夹角为120°时不同振动参数组合的水泥稳定碎石压实特性　　表2-10

工作频率(Hz)	振动时间(min)	下列配重块时水泥稳定碎石干密度 ρ_d(g/cm³)						
		S0X0	S1X1	S2X3	S3X5	S4X6	S6X9	S8X12
25	2	2.501	—	2.457	2.367	2.138	—	—
	3	2.519	—	2.480	2.401	2.164	—	—
	4	2.529	—	2.497	2.422	2.194	—	—
	5	2.537	—	2.512	2.439	2.265	—	—
	6	2.543	—	2.525	2.456	2.333	—	—
30	2	2.459	2.475	2.468	2.450	2.437	2.420	2.398
	3	2.479	2.495	2.487	2.471	2.469	2.450	2.429
	4	2.490	2.507	2.498	2.481	2.487	2.470	2.454
	5	2.506	2.515	2.511	2.501	2.496	2.485	2.469
	6	2.515	2.528	2.521	2.511	2.502	2.493	2.484
35	2	2.469	2.478	2.485	2.470	2.463	2.458	2.456
	3	2.488	2.499	2.507	2.491	2.482	2.487	2.476
	4	2.507	2.511	2.520	2.509	2.495	2.503	2.490
	5	2.517	2.523	2.529	2.521	2.504	2.514	2.504
	6	2.525	2.533	2.537	2.530	2.512	2.520	2.512

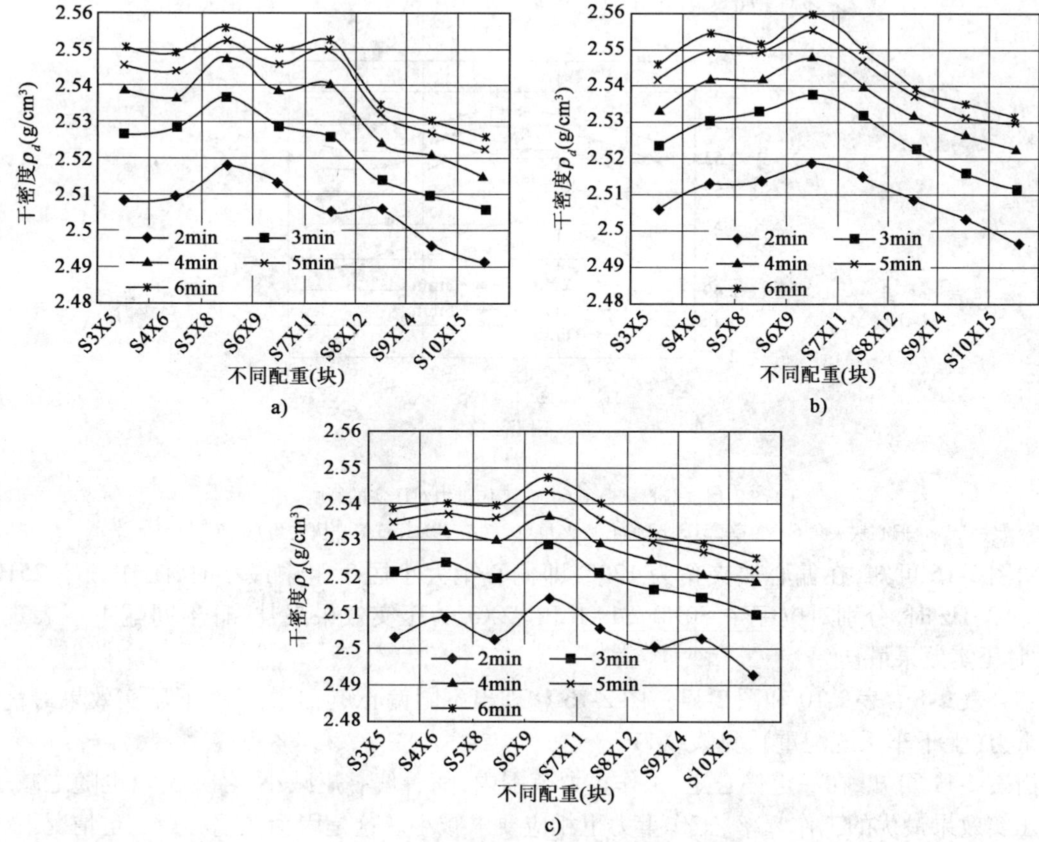

图2-14　偏心块夹角0°时工作重力对压实的影响

a)偏心块夹角0°频率25Hz;b)偏心块夹角0°频率30Hz;c)偏心块夹角0°频率35Hz

由图 2-14 可知，在偏心块夹角为 0°，即偏心矩最大时，工作频率 25Hz 时，配重 S5X8 对应压实效果最佳，工作频率 30Hz、35Hz 时，配重 S6X9 对应压实效果最佳，且不同配重下表现出 30Hz 时压实效果最佳。

由图 2-15 可知，在偏心块夹角为 60°，即偏心矩大小居 3 组中值时，工作频率 25Hz、30Hz 和 35Hz 时，分别对应配重 S4X6、S4X6 和 S5X8 的压实效果最佳，且不同配重下表现出 25Hz 时压实效果最佳。

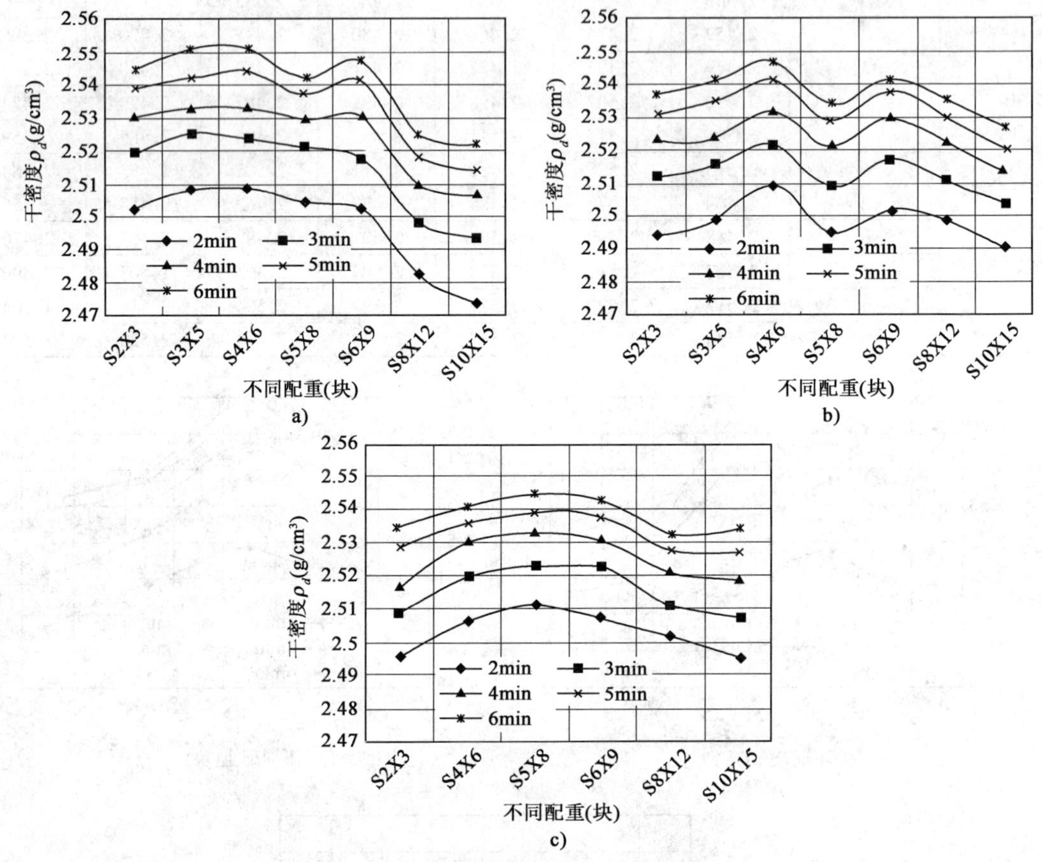

图 2-15　偏心块夹角 60°时工作重力对压实的影响

a）偏心块夹角 60°频率 25Hz；b）偏心块夹角 60°频率 30Hz；c）偏心块夹角 60°频率 35Hz

由图 2-16 可知，在偏心块夹角为 120°，即偏心矩大小居 3 组中最小时，工作频率 25Hz、30Hz 和 35Hz 时，分别对应配重 S0X0、S1X1 和 S2X3 的压实效果最佳，且不同配重下表现出 25Hz 时压实效果最佳。

结合表 2-8 ~ 表 2-10 和图 2-14 ~ 图 2-16 整理出不同偏心矩、不同频率下压实效果最优的工作重力（上下车系统配重），见表 2-11。

由表 2-11 可知，在一定偏心矩、工作重力范围内，随着偏心矩减小，名义振幅也随之减小，对应压实效果最优的工作频率、工作重力也相应要求减小。这是因为在偏心矩一定情况下，激振力随频率的平方成正比增长，过高的频率将导致振动锤会跳离被压实试件表面而“失偶”，从而降低了对被压实材料的“动作用力”，反而影响压实效果；而在激振力一定情况下，工作重

不同偏心矩、不同频率下压实效果最优的工作重力　　表 2-11

偏心块夹角(°)		0			60			120		
频率(Hz)		25	30	35	25	30	35	25	30	35
配重		S5X8	S6X9	S6X9	S4X6	S4X6	S5X8	S0X0	S1X1	S2X3
激振力 F_0(kN)		5.3	7.632	10.388	4.6	6.624	9.016	2.7	3.888	5.292
工作重力(kN)		2.912	3.026	3.026	2.755	2.755	2.912	2.213	2.326	2.484
名义振幅 A_0(mm)		1.365	1.194	1.194	1.114	1.114	1.059	0.776	0.752	0.709
不同振动时间(min)干密度 ρ_d(g/cm³)	2	2.518	2.519	2.514	2.509	2.509	2.511	2.501	2.475	2.485
	3	2.537	2.538	2.529	2.524	2.522	2.523	2.519	2.495	2.507
	4	2.548	2.549	2.537	2.533	2.532	2.533	2.529	2.507	2.520
	5	2.552	2.556	2.543	2.544	2.541	2.539	2.537	2.515	2.529
	6	2.556	2.560	2.547	2.551	2.547	2.545	2.543	2.528	2.537

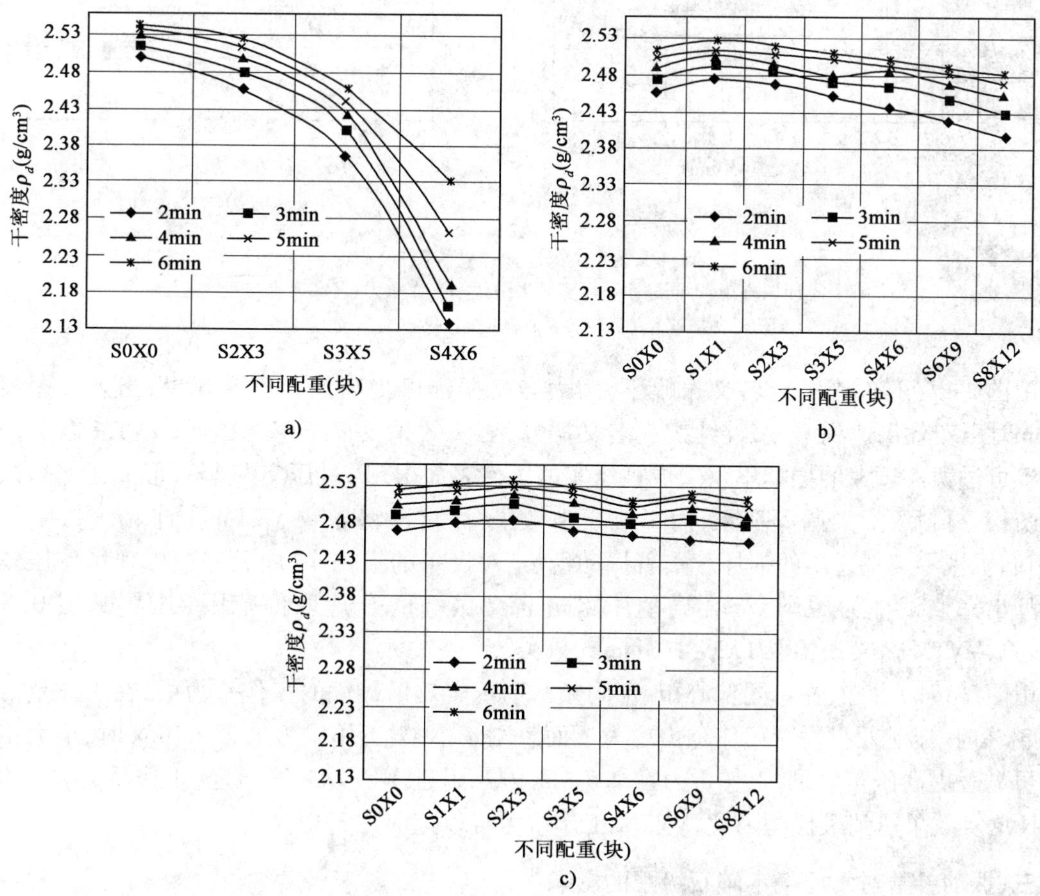

图 2-16　偏心块夹角 120°时工作重力对压实的影响

a)偏心块夹角 120°频率 25Hz；b)偏心块夹角 120°频率 30Hz；c)偏心块夹角 120°频率 35Hz

力过大将使 VVTM 工作振幅变小，VVTM 对被压材料作用的冲击能量减小，振动冲击波往被压材料中传播距离缩短，因而压实效果也变差。试验时因频率和配重配置不当，曾多次出现“失偶”现象，且振动锤跳离试件表面最大距离曾达到 10cm 左右，这不仅成型不出表面平整的试件，而且对仪器的损坏也很大。

根据表 2-11 中数据，不同偏心矩、不同频率下压实效果最优的工作重力、名义振幅与压实效果关系，如图 2-17 所示。

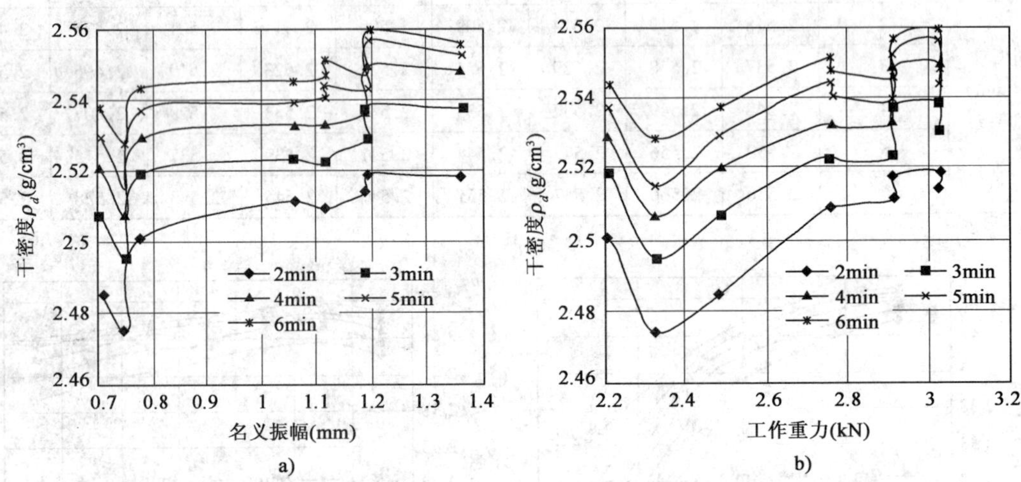

图 2-17　不同偏心矩、不同频率下压实效果最优的工作重力、名义振幅与压实效果

a)压实效果与名义振幅关系；b)压实效果与工作重力关系

由图 2-17 可知，在一定名义振幅下，增大名义振幅可提高振动压实效果，当名义振幅在 1.2mm时压实效果达到最大，继续增大名义振幅，压实效果反而下降。因此，VVTM 名义振幅取值不可过大。过大的振幅不仅造成被压实的试件表面出现“过压实”现象，形成压实后试件表面疏松、材料级配失调等现象，而影响模拟效果，而且还将导致 VVTM 上车系统振幅的增加，引起机械零部件过早的损坏。本着振动稳定、对设备的损伤小，能较好模拟现场碾压效果并成型出完整试件为原则，结合振动压路机名义振幅的合理取值范围（压实基层 0.8 ~ 2.0mm），VVTM 名义振幅取 1.2 ~ 1.3mm。

由图 2-17b）可知，在不同偏心矩、不同频率下压实效果最优的工作重力中，在工作重力小于 2.3kN 时，压实效果随着工作重力增大反而急剧减小；当工作重力大于 2.3kN 时，增大工作重力可显著提高压实效果；工作重力在 2.7 ~ 2.9kN 附近压实效果不稳定，工作重力在 2.9 ~ 3.0kN 压实效果达到最佳。因此，VVTM 工作重力可以选取在 3.0kN 左右。

三、振动参数对水泥稳定碎石级配的影响

变化不同振动参数对含水率相同水泥稳定碎石进行振动，振动前后级配变化规律结果见表 2-12。将表 2-12 中振动 1min 后级配及原级配绘制成图 2-18。

振动参数对级配衰退的影响 表2-12

振动参数	工作频率(Hz)	振动时间(min)	通过下列筛孔尺寸(mm)质量百分率(%)						
			31.5	26.5	19	9.5	4.75	2.36	0.6
JJ0-S5X8	25	1	100	96.9	82.78	55.78	39.64	29.46	18.64
		2	100	97.68	84.02	57.02	40.62	30.08	19.78
		3	100	98.12	84.88	57.5	41.04	30.52	20.04
	30	1	100	96.82	84.56	57.66	40.14	29.32	17.58
		2	100	96.9	85.28	58.82	41.58	31.06	19.46
		3	100	97.24	85.87	59.42	42.66	32.46	20.8
	35	1	100	95.26	84.68	59.06	40.98	30.06	18.68
		2	100	96.86	85.84	59.56	43.06	32.28	21.3
		3	100	97.36	86.18	60.54	43.24	32.36	21.48
JJ0-S6X9	25	1	100	96.48	83.12	57.02	39.96	28.64	18.46
		2	100	97.94	83.24	57.98	41.02	29.9	19.18
		3	100	98.36	85.34	58.56	40.98	30.2	19.66
	30	1	100	95.86	83.32	57.90	40.50	29.63	18.68
		2	100	97.52	85.12	58.98	42.4	30.6	19.24
		3	100	97.86	86.08	59.86	41.72	31.18	20.02
	35	1	100	95.52	83.66	58.54	41.50	30.50	19.30
		2	100	96.84	84.46	58.38	41.38	30.88	19.82
		3	100	97.90	85.56	60.68	42.88	32.10	21.82
JJ0-S8X12	25	1	100	95.52	83.1	56.68	39.9	28.82	18.3
		2	100	96.12	83.64	57.3	40.36	29.04	18.94
		3	100	97.58	84.98	58.02	41.26	30.18	20.32
	30	1	100	96.02	83.94	58.34	40.82	29.22	18.52
		2	100	97.56	84.12	58.96	40.94	29.84	19.42
		3	100	97.98	85.56	59.04	42.14	31.26	20.94
	35	1	100	97.1	83.36	58.06	40.64	29.44	19.1
		2	100	96.42	84.76	59.28	41.68	30.26	17.96
		3	100	97.34	84.96	61.42	42.84	32.34	21.86
JJ0-S10X15	25	1	100	95.42	79.3	54.78	38.04	27.6	17.4
		2	100	96.02	81.82	54.44	37.7	27.18	17.54
		3	100	96.3	82.9	57.22	41.22	30.06	19.58
	30	1	100	95.52	82.06	55.64	38.34	27.8	18.26
		2	100	96.98	81.76	56.72	39.16	27.78	17.66
		3	100	97.06	81.8	57.46	40.24	28.92	18.38
	35	1	100	96.84	83.96	57.94	39.98	28.82	18.26
		2	100	97.2	83.98	58.08	40.76	30.3	18.86
		3	100	97.3	83.96	58.16	41.06	30.6	19.62
原材料级配			100	95	78.5	49	33	23	14

由图 2-18 可以清楚看出，不同振动参数配置下 VVTM 振动对水泥稳定碎石级配影响，表现最为显著的是筛孔 4.75mm 和 9.5mm 通过率变大，通过率增大最小在 6%，最大近 10%。但不同振动参数之间表现出对级配变化影响不大，一般不超过 4%，这表明应该以振动压实效果作为选取振动参数原则。

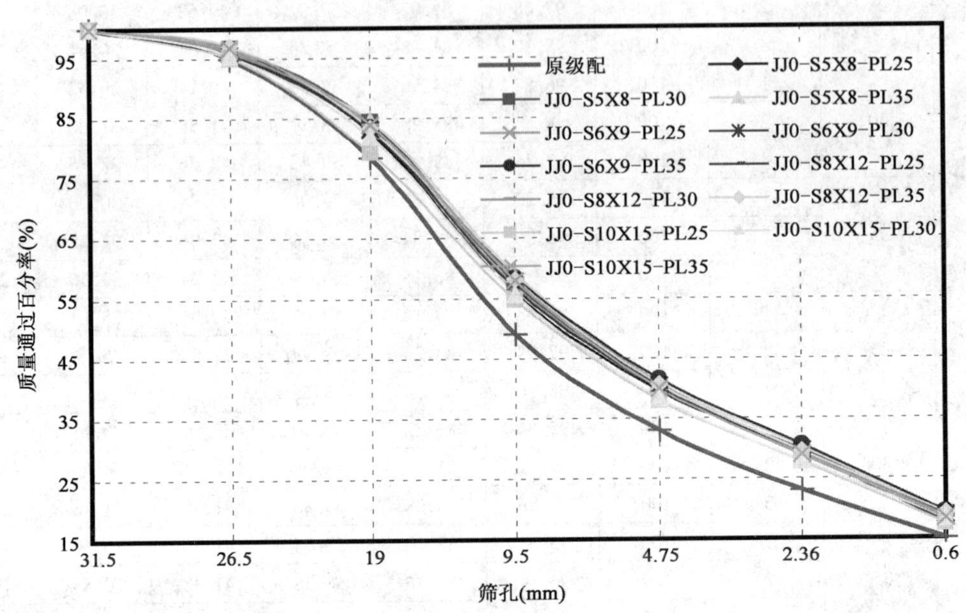

图 2-18 原级配及振动 1min 后级配对比图

四、VVTM 选型标准

结合振动参数对水泥稳定碎石压实效果和振动成型前后级配变化规律，推荐 VVTM 振动参数配置标准见表 2-13。

振动参数配置标准 表 2-13

工作频率(Hz)	名义振幅(mm)	工作重力(kN)		
		上车系统	下车系统	总重力
30	1.2	1.80	1.20	3.0

第三章　垂直振动法(VTM)及压实标准

充分模拟水泥稳定碎石基层实际工况,确保制备的水泥稳定碎石试件更接近于现场实际,并使其力学性能测试结果具有代表性和真实性,这是检验水泥稳定碎石振动试验方法优劣的标准。本章结合水泥稳定碎石基层现场振碾特性和室内振动压实特性,提出充分模拟现场施工过程和碾压效果的水泥稳定碎石垂直振动法(Vibrocompression Testing Method,简写 VTM)及压实标准,并通过实体工程予以验证。

第一节　垂直振动击实法及压实标准

最大干密度和最佳含水率是水泥稳定碎石设计的基础数据,也是施工质量控制的依据。水泥稳定碎石最大干密度和最佳含水率是压实功的函数,随着压实机械发展,现场所能达到的干密度也随之变化。目前,我国压实工艺已发展为以 20t 以上调频调幅式振动压路机为主,轮胎压路机吨位也不断增长,重型压实标准已不能适应目前压实机械发展,也不能适应现代交通大流量、重轴载发展的需要。在这样背景下,重新提出振动压实标准,具有实际意义。振动压实标准包括两方面:一是确定最大干密度和最佳含水率的垂直振动击实法(Vibrating Compaction Test Method,简称 VCM),二是要求的压实度。

一、垂直振动击实法

1. 水泥稳定碎石现场碾压特性

在工地碾压水泥稳定碎石时,影响其所能达到的压实度的主要因素有:集料特性、材料组成、含水率、下承层的强度、碾压层厚度、压实机械类型和功能以及碾压遍数等。目前,基层碾压层厚度一般为 15~20cm,对于给定水泥稳定碎石,关键影响因素是压实机械类型和功能以及碾压遍数。目前,压实工艺已经发展到调频调幅式的振动压路机,且工地上普遍采用 20t 以上振动压路机。研究现有施工机械水平和施工工艺下碾压遍数与水泥稳定碎石压实效果之间规律,这是确定振动试验方法与压实标准的理论依据。

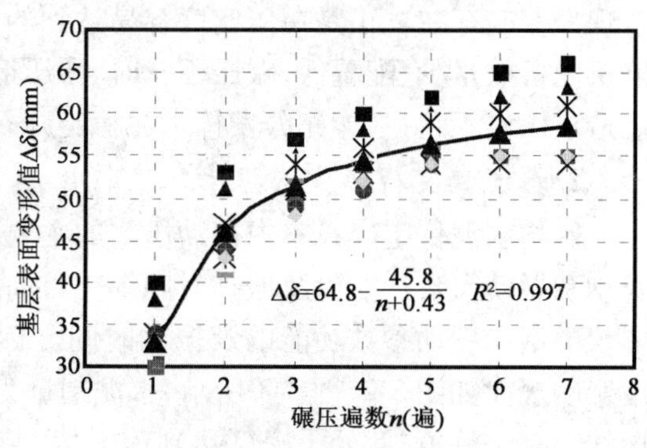

图 3-1　碾压遍数与基层表面变形值

考虑到压实度测试费时及对路面损坏,通过碾压前后高程差观测压实效果,以减少压实度检测次数。碾压遍数与基层表面变形值规律见表 3-1 及图 3-1,基层表面的变形值是指碾压 i 遍后高程与摊铺后碾压前高程之差。碾压层厚度 20cm,碾压工艺为:先静压 1 遍,振动压实若干遍,直到振动压实基层表面高程几乎不再变化为止,最后静压1次收面。

碾压遍数与基层表面的变形值　　表3-1

阶段	遍　数	不同测点变形值(mm)								
		1	2	3	4	5	6	7	8	9
初压	第1遍(静压前进)	30	38	34	28	34	31	27	33	40
复压	第2遍(弱振前进)	46	51	47	43	44	43	41	43	53
	第3遍(弱振后退)	50	55	51	54	49	49	52	48	57
	第4遍(强振前进)	54	58	53	56	51	52	54	52	60
	第5遍(强振后退)	55	60	54	59	54	55	56	54	62
	第6遍(强振前进)	55	62	54	60	55	57	57	55	65
	第7遍(强振后退)	55	63	54	61	55	58	58	55	66

由表3-1及图3-1可知,初压1遍后基层高程变化很大,即密实度提高很大,起到稳压作用。在振动碾压前几遍尤其是前2遍作用下,密实度提高非常快;当振动碾压5遍后,继续振动碾压基层表面高程几乎不再变化,即振动碾压6遍后,即使继续碾压,干密度也不再提高或提高有限。当前后两遍碾压高程差不大于1mm时,用灌砂法测试干密度,各测点结果见表3-2。其中重型击实法确定的水泥稳定碎石最佳含水率为5.3%、最大干密度为2.44g/cm^3。

现场实测干密度和压实度　　表3-2

测点	1	2	3	4	5	6	7	8	9
湿密度(g/cm^3)	2.56	2.57	2.61	2.56	2.61	2.59	2.56	2.59	2.56
含水率(%)	4.0	4.0	4.7	4.2	4.5	4.4	4.2	5.0	4.2
干密度(g/cm^3)	2.46	2.47	2.49	2.46	2.5	2.48	2.46	2.47	2.46
压实度(%)	101.2	101.6	102.5	101.6	102.9	102.1	101.2	101.6	101.2

表3-2数据表明,在现有施工机械水平和施工工艺下,静压1~2遍、振碾6~8遍、静压1~2遍收面后,基层基本上能达到最大干密度。而表3-2数据表明,采用重型击实法确定的最大干密度控制现场压实,则压实度均出现超百现象。这表明在现有压实设备下,采用重型击实试验方法确定最大干密度控制压实,无需对施工工艺严格控制也能获得较高压实度,压实度超百现象普遍存在。正是在压实度容易达到的情况下,施工过程中基层的压实通常被忽视,如压路机配备数量少、配置低,碾压不及时、碾压遍数少等,没有充分发挥压路机的作业效率,实际上造成压实不足,不能充分发挥水泥稳定碎石力学强度和稳定性。

2. 水泥稳定碎石室内振动压实特性

影响水泥稳定碎石室内振动压实的主要因素有:集料特性、材料组成、含水率、振动压实仪类型和振动参数功能以及振动时间等。目前,对于给定水泥稳定碎石,关键影响因素是振动压实仪类型和振动参数功能以及振动时间。标准配置的VVTM振动时间对水泥稳定碎石干密度影响规律如图3-2、图3-3所示,水泥剂量为4.0%。图3-2表明,不同振动时间下,振动击实曲线上有一峰值,此处干密度达到最大值,与之对应的含水率为最佳含水率,约4.2%。水泥稳定碎石含水率小于或大于最佳含水率时,所得干密度均小于最大值,这表明水泥稳定碎石的压实效果与压实时的含水率有关,在最佳含水率时压实水泥稳定碎石,可以获取最经济的压实效果和达到最大密实度。图 3-3 表明,在相同含水率下,干密度随着振动时间增加而增大,尤其是在振动时间前 100s 内,干密度增加幅度最大;继续振动击实,干密度提高幅度逐渐减小,这规律与图 3-1 规律基本上一致。

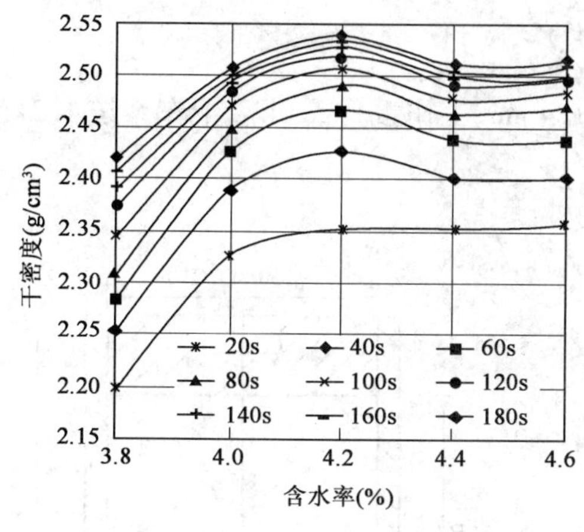

图 3-2　干密度与含水率关系

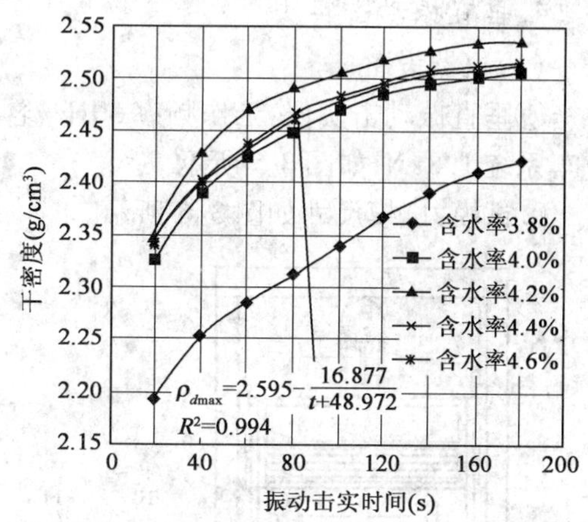

图 3-3　干密度与振动时间关系

3. 最佳含水率和最大干密度确定原理

压实过程是向被压材料加载,克服松散多相材料中固体颗粒间的摩擦力、黏着力,排除固体颗粒间的空气和水分,使各个颗粒发生位移、互相靠近的过程。水泥稳定碎石经压实,密度增加,强度和稳定性得到提高。

影响水泥稳定碎石压实效果的因素有内因和外因两方面,内因指材料组成及含水率,外因指压实功及压实时的外界自然和人为的其他因素等。如图 3-4 所示,对于特定组成的水泥稳定碎石,压实功对压实效果的影响,是除含水率之外的另一重要因素。

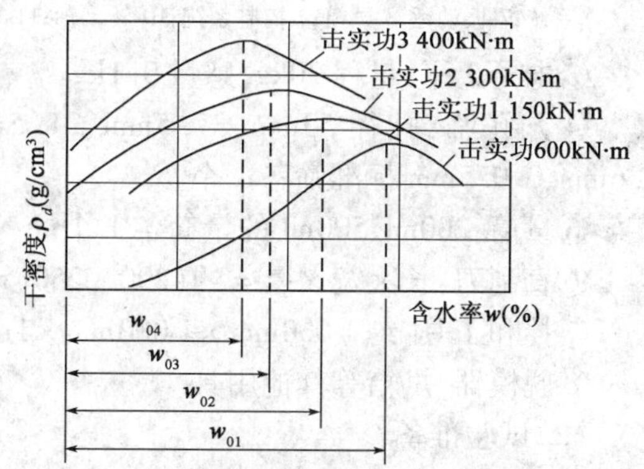

图 3-4　水泥稳定碎石压实特性曲线

图 3-4 压实功与压实效果的关系曲线表明:最佳含水率 w_0 是指在一定的压实条件下水泥稳定碎石可获得的最大干密度 $\rho_{d\max}$ 的含水率。在同等条件下,当 $w \leqslant w_0$ 时,水的润滑作用使颗粒间摩阻力减小,施加外力后,孔隙减小,颗粒易于被挤密,因而,ρ_d 随 w 增加而提高;当 ρ_d 值至最大值后,w 再继续增大,颗粒孔隙被水分占据,而水一般不为外力所压缩,因而 w 增大,ρ_d 随之降低。同一种材料的 w_0 随压实功的增大而减小,$\rho_{d\max}$ 则随压实功增大而提高,这是因为随着外力增大,即使水的润滑作用较小,颗粒也能重新排列,反而减少水的阻碍颗粒靠拢作用,达到提高最大干密度的目的。因此,最佳含水率可理解为试模内材料含水率在一定击实功作用下处于被挤出而又没有挤出的临界状态。

基于上述原理,试验之前烘干混合料,加入预设含水率拌和均匀并一次性装入试模内,采用 VVTM 振动击实规定时间,振动完毕后考察试模底部是否有水挤出,若没有水挤出,表明预设含水率小于材料最佳含水率，则增大预设含水率拌和混合料，重新进行振动击实试验；若试模底部有水挤出，表明预设含水率大于材料最佳含水率，则减小预设含水率拌和混合料，重新进行振动击实试验；重复上述试验不少于5次，每次拌和含水率不应相同，绘制拌和含水率—干密度曲线，曲线峰值为最大干密度，对应拌和含水率为最佳含水率。

4.垂直振动击实法

(1)仪器设备

①垂直振动击实仪：工作频率30Hz、名义振幅1.4mm、工作重力3.0kN、上车系统1.2kN、下车系统1.8kN，如图3-5所示。

②试模：试模尺寸如图3-6所示。

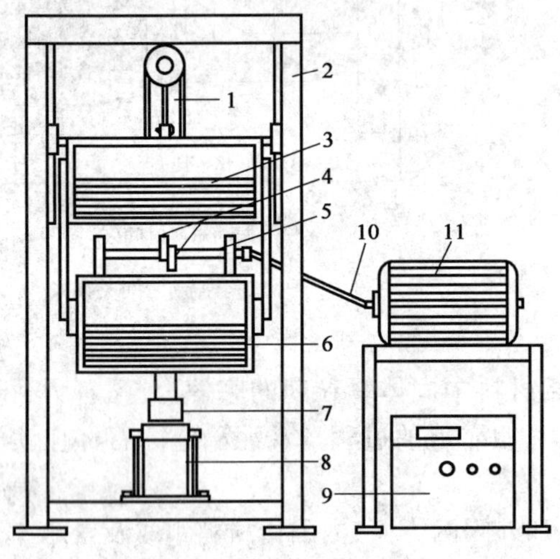

图3-5　VVTM的构造及原理图

1-升降系统；2-机架；3-上车系统；4-偏心块；5-转动轴；6-下车系统；7-振动锤；8-试模；9-控制系统；10-转动轴；11-电机

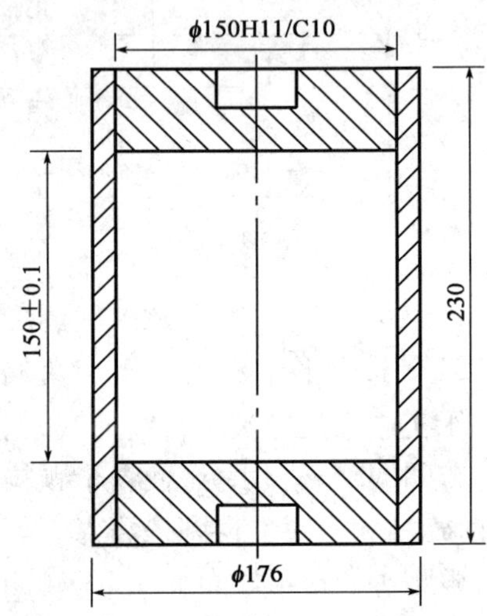

图3-6　圆柱形试模和垫块设计尺寸

（注：H11/C10表示垫块和试模的配合精度）

③电子天平：量程30kg，感量0.1kg。

④方孔筛：孔径53mm、37.5mm、31.5mm、26.5mm、19mm、9.5mm、4.75mm、2.36mm、0.6mm、0.075mm标准筛各1个。

⑤量筒：200ml、500ml的量筒各1个。

⑥直刮刀：长×宽×厚=约(200~250)mm×30mm×3mm，一侧开口的直刮刀1把。

⑦拌和工具：约1 000mm×1 000mm×1mm长方形铁皮，平头小铲等。

⑧脱模器、烘箱等其他用具。

(2)试验准备

为确保拌和时加入含水率即为试样内部实际含水率，试验前将各种规格集料置烘箱中烘干至恒重，烘箱温度为105℃±5℃，时间为4~6h。

(3)试验步骤

①将烘干后的各种规格集料按照预定矿料级配配制5~6份，每份试料的干质量m_s，约为5 000~5 500g。

②取烘干试料1份，平铺于长方形铁皮上，用小铲将试料充分拌和均匀，然后按预定剂量

加入质量为 m_j 水泥，再次拌和均匀，得到干混合料。

③将质量 $(m_s + m_j) \times w_i$ 的水加入制备好的干混合料中拌和均匀，得到湿混合料；其中，w_i 为第 i 次试验时加入干混合料中的拌和含水率(%)，$i = 1, 2, 3, 4, 5$；通常，$w_1 = 4\% \sim 5\%$。

④将试模垫块放入试模下部并使底部齐平，取制备好的湿混合料一份，均匀地装入试模中。

⑤将整个试模(连同垫块)固定在振动仪底板上，放下振动器使振动锤与被压材料接触，振动击实规定时间(根据目前压实机械水平，振动时间为 100～120s)。

⑥吊起振动器，取下试模并放到脱模器上将试模内混合料顶出，即为试验用试样。试样高度控制在 120mm ± 10mm，当试样高度超出该范围时应作废，并视试样高度，适当增加或减少 m_s，并按照上述步骤②～⑤重新制备试样。

⑦计算第 i 次试验所得的试样干密度 $\rho_{d(i)}$：

$$\rho_{d(i)} = \frac{m_{2(i)} - m_0}{V_{(i)}} \cdot \frac{1}{1 + 0.01 \cdot w_i}$$

式中：$m_{2(i)}$——第 i 次试验时的试样质量(g)；

m_0——试模质量(g)；

w_i——第 i 次试验时加入干混合料中的拌和含水率(%)；

$V_{(i)}$——第 i 次试验时的试样体积(cm^3)。

⑧计算第 $i+1$ 次试验时所需的拌和含水率：计算振动击实前后湿混合料质量差 $m_{1(i)} - m_{2(i)}$，确定第 $i+1$ 次试验时加入混合料的拌和含水率 w_{i+1}(%)；其中 $m_{1(i)}$ 第 i 次试验时装入试模中的湿混合料质量，当 $m_{1(i)} - m_{2(i)} < 50g$，$w_{i+1} = w_i + 0.5\%$，当 $m_{1(i)} - m_{2(i)} \geqslant 50g$，$w_{i+1} = w_i - 0.7\%$。

⑨根据上述步骤①～⑧重复 5 次以上试验，确保 5 组试样高度有效，并计算相应干密度。以拌和含水率为横坐标、干密度为纵坐标，绘制干密度—含水率关系曲线，驼峰形曲线顶点的纵横坐标分别为最大干密度和最佳含水率。

二、振动压实标准

自 20 世纪 90 年代以来，重型压实标准作为我国基层材料设计和施工质量控制标准已被科研和工程技术人员所接受，大家已熟知基层要求压实度≥98%。因此，振动压实标准仍旧要求基层压实度≥98%。

垂直振动击实法必须结合现有压实机械和工艺下工地现场基层所能达到最大干密度进行确定。而在 VVTM 振动参数确定情况下，主要确定振动时间。图 3-2 曲线表明，在现有施工机械水平和施工工艺下，静压 1～2 遍、振碾 6～8 遍、静压 1～2 遍收面后，继续碾压对提高基层干密度作用甚微，也非常不经济。表 3-1 资料显示，现场实际所能达到的干密度为 2.46～2.50g/cm³。保守考虑，现场实际能达到的干密度取 2.46g/cm³，压实度要求 98%，则室内振动击实方法得到的最大干密度应为 2.51g/cm³。采用现场水泥稳定碎石进行室内振动击实试验，得到振动击实时间—干密度曲线，如图 3-3 所示。结合图 3-3 可知，最大干密度为 2.51g/cm³，所需振动击实时间为 100～120s。由此，拟定水泥稳定碎石振动压实标准为：压实度 98%、VVTM 振动击实时间为 100～120s。

三、振动压实标准的可行性

1. 压实机械与压实方案

本项目在宛坪高速公路5个路面标段现场验证，各标段压实机械与压实方案见表3-3，采用骨架密实级配水泥稳定碎石，水泥剂量4%。

不同路面标段的压实机械与压实方案　　表3-3

路面标段	压实机械与压实方案
LM-1	胶轮压路机排压1遍+双钢轮压路机排压1遍+宝马振动压路机高振幅振碾1遍+双钢轮压路机高振幅振动碾压1遍+宝马振动压路机低振幅振动碾压1遍+双钢轮压路机低振幅振动碾压1遍+光轮压路机静碾2遍，共碾压8遍
LM-2	30T胶轮压路机稳压1遍+英格索兰SD176D50T振动压路机碾压4遍+18－21T三光轮压路机碾压1遍，共碾压6遍
LM-3	胶轮压路机稳压1遍+宝马振动压路机稳压1遍+宝马振动压路机振压2遍+18/21T光轮压路机静压2遍，共碾压6遍
LM-4	胶轮压路机碾压1遍+徐工220振动压路机弱振4遍+三轮静碾碾压1遍+胶轮压路机碾压1遍，共碾压7遍
LM-5	YZ18灭振稳压1遍+YZ18强振1遍+YZ18强振1遍+YZ18弱振1遍+YL20轮胎压路机碾压2遍，共碾压6遍

2. 压实标准的可行性

按表3-3方案压实水泥稳定碎石，基本上达到现场最大干密度，见表3-4。表中列出相应重型击实方法和振动击实方法测得最大干密度及对应的压实度。

HCM和VCM法最大干密度和现场所能达到最大干密度比较　　表3-4

路面标段	HCM		VCM		现场实测		压实度 K(%)	
	$\omega_{0(H)}$ (%)	$\rho_{d\max(H)}$ (g/cm^3)	$\omega_{0(V)}$ (%)	$\rho_{d\max(V)}$ (g/cm^3)	ω (%)	ρ_d (g/cm^3)	$\frac{100\cdot\rho_d}{\rho_{d\max(H)}}$	$\frac{100\cdot\rho_d}{\rho_{d\max(V)}}$
LM-1	5.6	2.42	4.6	2.46	4.5	2.43	100.4	98.8
					4.8	2.43	100.4	98.8
					5.2	2.45	101.2	99.6
LM-2	4.4	2.43	4.0	2.52	4.2	2.48	102.1	98.4
					4.5	2.47	101.6	98.0
					4.3	2.50	102.9	99.2
LM-3	5.4	2.42	4.6	2.46	5.0	2.45	101.2	99.6
					4.8	2.42	100.0	98.4
					4.4	2.43	100.4	98.8
LM-4	5.3	2.40	4.2	2.49	4.8	2.46	102.5	98.8
					4.7	2.47	102.9	99.2
					4.2	2.44	101.7	98.0

续上表

路面标段	HCM		VCM		现场实测		压实度 K(%)	
	$\omega_{0(H)}$ (%)	$\rho_{d\max(H)}$ (g/cm^3)	$\omega_{0(V)}$ (%)	$\rho_{d\max(V)}$ (g/cm^3)	ω (%)	ρ_d (g/cm^3)	$\frac{100 \cdot \rho_d}{\rho_{d\max(H)}}$	$\frac{100 \cdot \rho_d}{\rho_{d\max(V)}}$
LM-5	5.0	2.41	4.4	2.52	5.0	2.48	102.9	98.4
					4.6	2.48	102.1	98.4
					4.5	2.47	102.5	98.0

表3-4数据说明，在工地不同施工水平、不同压实机械基本上都能达到振动压实标准，压实度在98%～100%，证明上述拟定振动压实标准是可行的。若以重型击实方法为标准干密度确定方法，则压实度100%～102.9%，均出现超百。

垂直振动击实法和振动压实标准在陕西、河南、河北和浙江等多条公路上得到推广应用，效果显著。表3-5列出其中3条高速公路应用效果，这再次证明振动压实标准是可行的，而重型压实标准与当前现代压实机械不相适应。

HCM和VCM法最大干密度和现场所能达到最大干密度比较　　表3-5

项目名称	标段	层位	现场实测	VCM		HCM	
			ρ_d (g/cm^3)	$\rho_{d\max(V)}$ (g/cm^3)	K (%)	$\rho_{d\max(H)}$ (g/cm^3)	K (%)
陕西柞小高速公路	LM-32	底基层	2.37	2.41	98.3	2.33	101.7
		基层	2.37	2.41	98.3	2.34	101.3
	LM-33	底基层	2.39	2.44	98.0	2.37	100.8
		基层	2.40	2.44	98.4	2.38	100.8
河南宛坪高速公路	A-2	基层	2.42	2.46	98.4	2.42	100.0
	A-3	基层	2.48	2.52	98.4	2.43	102.1
	A-4	基层	2.43	2.46	98.8	2.42	100.4
	A-5	基层	2.46	2.49	98.8	2.4	102.5
	A-6	基层	2.48	2.52	98.4	2.41	102.9
浙江绍诸高速公路	B-1	基层	2.51	2.56	98.2	2.46	102.2
	B-2	基层	2.49	2.54	98.0	2.45	101.6
	B-3	基层	2.54	2.56	99.2	2.45	103.7
	B-4	基层	2.40	2.42	99.2	2.38	100.8
	B-5	基层	2.49	2.52	98.8	2.44	102.0

第二节　试件垂直振动成型法及其可靠性

成型试件目的在于测试水泥稳定碎石力学性能，揭示水泥稳定碎石组成结构与力学性能之间规律，为材料优化设计提供理论基础，为路面设计提供准确参数。试件垂直振动成型法(Vibrating Pressure Producing Specimen Method，简称VPSM)较好地模拟现场施工工艺及振动压实对被压材料相互作用,成型的试件组成结构能与现场碾压成型水泥稳定碎石组成结构吻合较好,具有代表性和可靠性。

一、试件垂直振动成型法

1. 仪器设备

同“垂直振动击实法”。

2. 试验准备

试验前,将各种规格集料置烘箱中烘干至恒重,烘箱温度为105℃ ±5℃,时间为4 ~6h。

3. 试验步骤

①称取制备一个试件所需的干燥试料质量 m_d:

$$m_d = \rho_{dmax(V)} \times 2\,655 \times (1 - 0.01 \times P)$$

称取制备一个试件所需水泥的质量 m_c:

$$m_c = \rho_{dmax(V)} \times 2\,655 \times 0.01 \times P$$

量取制备一个试件所需水的质量 m_w:

$$m_w = \rho_{dmax(V)} \times 2\,655 \times 0.01 \times w_{0(v)}$$

式中:$\rho_{dmax(V)}$——垂直振动击实法确定的最大干密度(g/cm^3);

$w_{0(v)}$——垂直振动击实法确定的最佳含水率(%);

P——预设水泥剂量(%)。

②取一份质量为 m_d 干燥试料,加入质量为 m_c 的水泥,拌和均匀得到干混合料,然后加入质量为 m_w 的水到干混合料中,拌和均匀得到一份湿混合料。

③将试模垫块放入试模下部并使底部齐平。称取质量为 m_s 的湿混合料均匀装入试模中,装料时用夯棒轻轻均匀插捣。m_s 按下式计算:

$$m_s = V\rho_{dmax(V)}K(1 + 0.01w_{0(v)})$$

式中:V——试件的体积,试件尺寸 $\phi15cm \times h15cm$,$V = \pi \times 7.5^2 \times 15 = 2\,651cm^3$;

K——试件的预定压实度(%)。

④将装有湿混合料的整个试模(连同垫块)固定在振动仪底板上,放下振动器使振动锤与被压材料接触,振动击实至试件高度15cm ±0.5cm。事先可通过3 ~5 组试验建立振动时间与试件高度关系,求取试件高度达到15cm 时所需振动时间,并以此时间作为振动压实。

⑤吊起振动器,取下试模并放到脱模器上将试模内混合料顶出,即为圆柱体试件。在脱模器上取试件时,应用双手抱住试件侧面的中下部,然后沿水平方向轻轻旋转,待感觉到试件移动后,再将试件轻轻捧起,放置到试验台上。切勿直接将试件向上捧起。

⑥称试件的质量,精确至0.1g。然后用游标卡尺测量试件的高度 h,精确至0.1mm。检查试件的高度和质量,不满足成型标准的试件作为废件。

⑦试件称量后应立即移放至标准养生室进行养生。

二、试件垂直振动成型法的可靠性

1. 验证方案

试件垂直振动成型法目的是为力学性能测试提供与工地基层实际性能相近的试件,使得室内试验结果能反映基层材料本质属性和客观规律。力学强度是水泥稳定碎石本质属性之一,也是材料设计和施工质量控制基本指标之一,且测试简便。因此,采用力学强度指标来验证垂直振动法成型试件可靠性和准确性。

为尽量接近工地基层实际材料及养生条件,采用摊铺机后摊铺好的混合料在室内用垂直振动法按98%压实度成型 $\phi15\text{cm} \times h15\text{cm}$ 圆柱体试件,并将成型试件运送至工地现场埋入石屑,与现场碾压成型水泥稳定碎石基层同步覆盖土工布养生至规定龄期,测试相应力学强度,包括抗压强度 $R_{c(n)}$ 和劈裂强度 $R_{i(n)}$。依托工程为青兰高速公路和西商高速公路,涉及富县砂岩、铜川石灰岩、蓝田花岗岩。

2. 可靠性

水泥稳定碎石垂直振动法成型试件和现场芯样抗压强度和劈裂强度见表3-6、表3-7,表中 $R_{c(x)0.95}$ 和 $R_{i(x)0.95}$ 分别指现场芯样抗压强度和劈裂强度代表值。水泥稳定碎石垂直振动法成型试件强度与现场芯样强度比值见表3-8、表3-9。表中 $\delta_c = \frac{R_{c(n)0.95}}{R_{c(x)0.95}}$,$\delta_i = \frac{R_{c(n)0.95}}{R_{c(x)0.95}}$。

垂直振动法成型试件与现场芯样抗压强度 表3-6

项目名称	集料岩性	层位	P_S(%)	强度来源	下列龄期(d)水泥稳定碎石抗压强度(MPa)						
					7	14	28	60	90	120	180
青兰高速LM-4标	砂岩	底基层	4.0	$R_{c(n)0.95}$	3.5	4.1	4.5	4.9	5.2	5.5	5.7
				$R_{c(x)0.95}$	3.8	4.4	4.8	5.3	5.7	5.8	5.9
	石灰岩	基层	4.2	$R_{c(n)0.95}$	7.9	9.9	11.1	14.2	15.5	15.8	16.4
				$R_{c(x)0.95}$	8.4	10.9	12.3	15.6	16.2	16.9	17.4
西商高速LM-34标	花岗岩	底基层	3.8	$R_{c(n)0.95}$	6.5	8.0	9.2	10.0	10.9	—	—
				$R_{c(x)0.95}$	6.8	8.1	10.1	11.1	12.1	—	—
		基层	4.2	$R_{c(n)0.95}$	6.9	8.2	9	11.2	11.9	—	—
				$R_{c(x)0.95}$	7.5	8.8	9.8	12.1	13.0	—	—

垂直振动法成型试件与现场芯样劈裂强度 表3-7

项目名称	集料岩性	层位	P_S(%)	强度来源	下列龄期(d)水泥稳定碎石劈裂强度(MPa)						
					7	14	28	60	90	120	180
青兰高速LM-4标	砂岩	底基层	4.0	$R_{i(n)0.95}$	0.3	0.38	0.42	0.5	0.49	0.51	0.58
				$R_{i(x)0.95}$	0.32	0.41	0.45	0.53	0.55	0.55	0.61
	石灰岩	基层	4.2	$R_{i(n)0.95}$	0.69	0.98	1.18	1.52	1.61	1.74	1.77
				$R_{i(x)0.95}$	0.72	1.07	1.29	1.64	1.76	1.92	1.95
西商高速LM-34标	花岗岩	底基层	3.8	$R_{i(n)0.95}$	0.62	0.76	0.94	1.09	1.20	—	—
				$R_{i(x)0.95}$	0.65	0.82	0.98	1.17	1.23	—	—
		基层	4.2	$R_{i(n)0.95}$	0.67	0.86	1.05	1.19	1.32	—	—
				$R_{i(x)0.95}$	0.75	0.94	1.09	1.32	1.40	—	—

垂直振动法成型试件与现场芯样抗压强度比值 表3-8

集料类型	层位	水泥剂量(%)	下列龄期(d)水泥稳定碎石 δ_c(%)							$\overline{\delta_c}$(%)	$\overline{\overline{\delta_c}}$(%)
			7	14	28	60	90	120	180		
砂岩	底基层	4.0	92.1	93.2	93.8	92.5	91.2	94.8	96.6	93.5	92.9
石灰岩	基层	4.2	94.0	90.8	90.2	91.0	95.7	93.5	94.3	92.8	
花岗岩	底基层	3.8	95.6	98.8	91.1	90.1	90.1	—	—	93.1	
	基层	4.2	92.0	93.2	91.8	92.6	91.5	—	—	92.2	

垂直振动法成型试件与现场芯样劈裂强度比值 表3-9

集料类型	层位	水泥剂量(%)	下列龄期(d)水泥稳定碎石 δ_i(%)							$\overline{\delta_i}$(%)	$\overline{\overline{\delta_i}}$(%)
			7	14	28	60	90	120	180		
砂岩	底基层	4.0	93.8	92.7	93.3	94.3	89.1	92.7	95.1	93.0	93.1
石灰岩	基层	4.2	95.8	91.6	91.5	92.7	91.5	90.6	90.8	92.1	
花岗岩	底基层	3.8	95.4	92.7	95.9	93.2	97.6	—	—	94.9	
	基 层	4.2	89.3	91.5	96.3	90.2	94.3	—	—	92.3	

表3-8、表3-9中数据表明，不同岩性集料、不同水泥剂量、不同施工水平、不同龄期水泥稳定碎石垂直振动法成型试件强度是工地基层芯样强度的0.891～0.988倍，平均为0.93倍。工地基层芯样强度普遍高于垂直振动法成型试件强度主要原因：一是养生条件的影响，埋入石屑的室内试件与工地基层在温度、湿度等因素基本相近，但无法模拟取芯前工地基层整体性效应，即芯样界面处水泥稳定碎石水化放热过程与芯样交互作用，提高基层强度；二是试模尺寸效应的影响，受室内刚性试模尺寸影响致使振动成型试件过程中颗粒得不到充分移动排列而影响内部结构，振碾过程中工地水泥稳定碎石颗粒可得到较为充分排列，从而提高工地水泥稳定碎石基层强度。若不计入养生条件的影响，则振动法成型试件强度更接近于工地基层芯样强度，证明试件垂直振动成型法是可靠的。

第三节 垂直振动法与旧方法的比较

一、与规范中振动试验方法比较

表3-10列出规范与本项目振动试验方法对比情况。

规范与本项目振动试验方法对比 表3-10

项目		规范振动方法	本项目VTM	优缺点
振动参数	工作频率(Hz)	28～30	30±2	①仅有工作频率、激振力和静面压力无法描述振动仪工作状态。 ②本项目规定振动压实仪选型标准，具有唯一性。 ③本项目规定参数与实际施工效果相匹配
	激振力(kN)	6.8	7.6±0.2	
	静面压力(MPa)	0.1	—	
	名义振幅(mm)	—	1.4±0.2	
	工作重力(kN)	—	3.0±0.4	
	上车系统(kN)	—	1.2±0.2	
	下车系统(kN)	—	1.8±0.2	

续上表

项目		规范振动方法	本项目 VTM	优缺点
试验过程	装料过程	2 层	1 层	与实际施工不吻合
压实状态	确定最大干密度	振动压头回弹起跳时	振动时间 90~120s	振动压实过程中,振动压头回弹起跳和达到仪器标尺指定位置的判断有较大困难,而控制时间比较容易掌握
	成型试件	达到仪器标尺指定位置	振动时间 70~90s	
脱模时间(h)		2 以上	立即	

二、与重型击实方法和静压成型试件方法比较

1. 最大干密度和最佳含水率

部分实体工程采用重型击实试验方法与振动击实法确定水泥稳定碎石最大干密度 $\rho_{d\max}$ 和最佳含水率 ω_0,见表 3-11。表中数据表明,垂直振动法确定的水泥稳定碎石最佳含水率为重型击实法的 0.69~0.92 倍,平均为 0.84 倍;最大干密度显著提高,为重型击实法的 1.014~1.045 倍,平均为 1.028 倍,即振动压实标准比重型压实标准提高了 1.028 倍。

最大干密度和最佳含水率　　表 3-11

项目名称	标段	P_S (%)	HCM		VCM		$\frac{\omega_{0(V)}}{\omega_{0(H)}}$	$\frac{\rho_{d\max(V)}}{\rho_{d\max(H)}}$
			$\omega_{0(H)}$ (%)	$\rho_{d\max(H)}$ (g/cm^3)	$\omega_{0(V)}$ (%)	$\rho_{d\max(V)}$ (g/cm^3)		
河北廊沧高速公路	LM-1	4.0	4.8	2.375	4.1	2.435	0.85	1.025
	LM-2	4.0	4.9	2.352	4.3	2.410	0.88	1.025
	LM-3	4.0	5.0	2.348	4.1	2.418	0.82	1.030
	LM-4	4.0	4.8	2.358	4.1	2.430	0.85	1.031
	LM-5	4.0	5.0	2.358	4.3	2.405	0.86	1.020
	LM-6	4.0	4.9	2.395	4.2	2.440	0.86	1.019
陕西柞小高速公路	LM-32	3.0	4.9	2.365	4.0	2.424	0.82	1.025
		3.5	5.1	2.371	4.0	2.421	0.78	1.021
	LM-33	3.5	5.0	2.36	4.6	2.436	0.92	1.032
		4.0	5.1	2.36	4.6	2.441	0.90	1.034
河南宛坪高速公路	A-2	3.5	5.6	2.421	4.6	2.461	0.82	1.017
	A-3	3.5	4.4	2.432	4.0	2.523	0.91	1.037
	A-4	3.5	5.4	2.422	4.6	2.462	0.85	1.017
	A-5	3.5	5.3	2.403	4.2	2.494	0.79	1.038
	A-6	3.5	5.0	2.414	4.4	2.522	0.88	1.045
浙江绍诸高速公路	B-1	3.5	5.0	2.461	4.2	2.563	0.84	1.041
	B-2	3.5	4.6	2.452	4.2	2.541	0.91	1.036
	B-3	3.5	4.6	2.454	3.8	2.564	0.83	1.045
	B-4	3.5	5.2	2.383	4.4	2.417	0.85	1.014
	B-5	3.5	4.8	2.442	4.0	2.521	0.83	1.032
平均值							0.84	1.028

2. 试验前后含水率和矿料级配变化规律

(1)原材料及矿料级配

重型击实方法和垂直振动击实法确定的水泥稳定碎石最大干密度和最佳含水率结果见表3-12,采用柞水石灰岩碎石和尧柏 P. O42.5 水泥,矿料级配见表1-1。

最大干密度和最佳含水率 表3-12

级配类型	P_S(%)	HCM		VCM	
		$\omega_{0(H)}$ (%)	$\rho_{d\max(H)}$ (g/cm^3)	$\omega_{0(V)}$ (%)	$\rho_{d\max(V)}$ (g/cm^3)
XM	3.0	5.0	2.365	4.2	2.429
	4.0	5.1	2.372	4.2	2.431
	5.0	5.2	2.377	4.2	2.433
GM	3.0	4.9	2.376	4.0	2.438
	4.0	5.0	2.383	4.2	2.440
	5.0	5.0	2.394	4.2	4.443

静压法和振动法分别采用表3-12中重型击实和振动击实结果成型试件,试件压实度均为98%。研究两种方法试件成型前后含水率和矿料级配变化规律以及力学强度之间规律。

(2)试件成型前后含水率变化规律

两种方法试件成型前后含水率变化规律见表3-13。

两种方法试件成型前后含水率变化规律 表3-13

试验方法	P_S (%)	GM				XM			
		最佳含水率(%)	成型后含水率(%)	含水率差值(%)	含水率损失率(%)	最佳含水率(%)	成型后含水率(%)	含水率差值(%)	含水率损失率(%)
SPSM	3	4.9	4.1	0.8	16.3	5.0	4.4	0.6	12.0
	4	5.0	4.3	0.7	14.0	5.1	4.3	0.8	15.7
	5	5.0	4.4	0.6	12.0	5.2	4.3	0.9	17.3
VPSM	3	4.0	3.96	0.04	1.00	4.2	4.16	0.04	0.95
	4	4.2	4.16	0.04	0.95	4.2	4.17	0.03	0.71
	5	4.2	4.17	0.03	0.71	4.2	4.17	0.03	0.71

表3-13中数据表明,根据重型击实试验方法确定的最佳含水率静压成型试件,成型前后试件内部含水率减少了0.6%~0.9%,损失率达12%~18%。这是因为重型击实试验方法确定最佳含水率偏大,静压法成型试件过程中,随着静压力增大,混合料颗粒靠拢、孔隙减少而逐渐挤压混合料中水并导致流失。成型前后混合料水的挤出,势必影响成型前后试件内部水泥剂量和路用性能测试结果。而振动法试件成型前后含水率损失0.03%~0.04%,含水率损失率不到1.0%,可以忽略对成型前后试件内部水泥剂量影响和路用性能测试结果。这证明重型击实试验方法与静压成型试件方法不匹配,而垂直振动击实法与试件垂直振动成型法的一致性。另外,静压法成型试件后含水率接近于垂直振动击实法确定的最佳含水率,这也间接证

明垂直振动击实法确定最佳含水率的合理性。

(3)试件成型前后矿料级配变化规律

两种方法试件成型前后矿料级配变化规律见表3-14及图3-7。表3-14中数据和图3-7中曲线均可以明显看出,不管什么级配类型和水泥剂量,静压法成型试件前后矿料级配变化较大,而垂直振动法成型试件前后矿料级配变化较小。这表明两种试件成型方法对被压材料作用机理不同,静压方式成型试件,矿料颗粒之间的静摩擦力使得颗粒无法大范围的运动,随着静压力的增加,颗粒间摩擦力和挤压力也增加,出现试件内部部分集料压碎现象,最终影响路用性能测试结果;而垂直振动法成型试件是通过高频振动作用使被压材料液化压密的,这种压实方式有利于减少矿料压碎,较好地模拟现场振碾与被压材料相互作用机理,确保试件具有代表性、可靠性和性能测试准确性。

试件成型后混合料级配变化情况　　表3-14

级配类型	成型方法	P_S(%)	下列筛孔(mm)通过质量百分率(%)						
			31.5	19.0	9.5	4.75	2.36	0.6	0.075
GM	成型前	0	100	74	47	33	23	14	3
	SPSM成型后	3	100	85.5	56.7	41.1	29	19.1	8.2
		4	100	85.7	57.1	40.7	29.3	18.3	8
		5	100	86.2	57.0	40.8	30	18.6	8.6
	VPSM成型后	3	100	77.4	49.2	34.9	24.5	15.3	5.2
		4	100	78.8	49	35.7	25.1	15	5.1
		5	100	78.4	48.8	35.6	24.8	15.1	6
XM	成型前	0	100	93.5	67	39	26	15	3.5
	SPSM成型后	3	100	97	74.3	49.1	34.8	19.2	7
		4	100	96.9	75.4	51.2	33.8	19.8	7.3
		5	100	97.8	75.2	50	34	20	5.8
	VPSM成型后	3	100	94.6	69.3	42.3	27.8	16.9	5.3
		4	100	93.8	68.5	40.1	27.3	15.3	5.6
		5	100	94.2	68.4	41.6	28.6	16.3	6.5

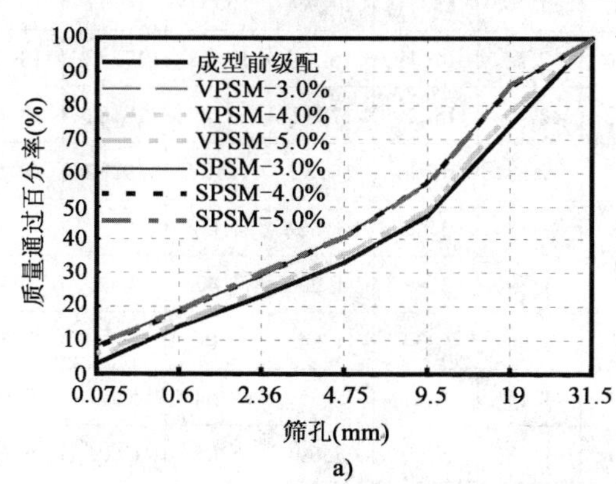

a)

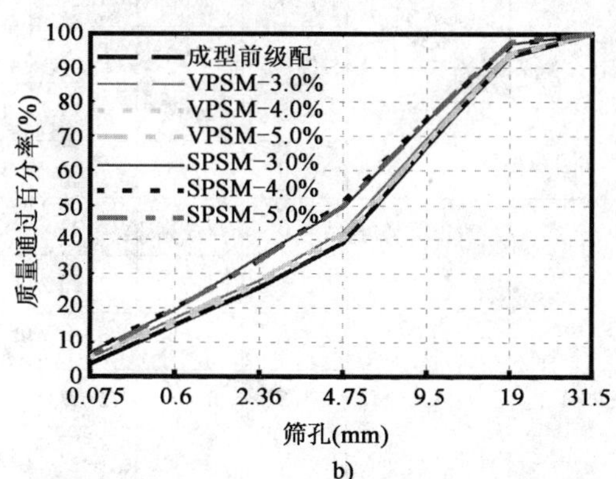

b)

图3-7　试件成型前后矿料级配变化规律

a)骨架密实级配;b)悬浮密实级配

3. 力学强度

(1)无侧限抗压强度

垂直振动法和静压法成型试件的无侧限抗压强度代表值 $R_{c0.95}$ 见表 3-15。两种方式成型试件无侧限抗压强度比值 r_c 见表 3-16、表 3-17 和图 3-8，$r_c = \frac{R_{c(v)0.95}}{R_{c(s)0.95}}$，$R_{c(v)0.95}$ 和 $R_{c(s)0.95}$ 分别指 95% 保证率下垂直振动法成型试件和静压法成型试件的无侧限抗压强度代表值，C_v 指偏差系数。由图 3-8 和表 3-17 可看出，不同水泥剂量、不同级配类型水泥稳定碎石，垂直振动法成型试件的抗压强度比静压法成型试件的抗压强度要高，两者比值在早期(28d 龄期之前)随龄期而不断增大，0～28d 龄期变化范围为 1.7～2.5，其中 3d 龄期为 2.0，7d 龄期为 2.3，14d 龄期为 2.4；而两者比值在后期(28d 龄期之后)基本不再随龄期变化而变化，约为 2.5。

水泥稳定碎石抗压强度代表值　　表 3-15

成型方式	级配类型	P_S(%)	下列龄期(d)水泥稳定碎石 $R_{c0.95}$(MPa)								
			0	3	7	14	28	60	90	120	180
VPSM	XM	2.0	2.34	4.11	6.29	7.57	8.59	9.82	10.34	10.75	11.21
		2.5	2.37	4.58	6.99	8.3	9.59	10.99	11.69	12.15	12.78
		3.0	2.40	5.17	7.77	9.29	10.93	12.45	13.12	13.6	14.25
		3.5	2.41	5.78	8.47	10.21	11.91	13.51	14.21	14.72	15.33
		4.0	2.43	6.43	9.23	11.21	13.02	14.88	15.7	16.19	16.87
		4.5	2.46	6.78	9.81	12.36	13.86	15.66	16.57	17.11	17.84
		5.0	2.47	7.21	10.29	12.92	14.92	16.78	17.63	18.15	18.82
	GM	2.0	2.79	4.41	6.95	8.46	9.6	10.8	11.42	11.92	12.42
		2.5	2.80	5.08	7.88	9.2	10.64	12.15	12.92	13.34	14.12
		3.0	2.85	5.8	8.67	10.56	12.13	13.68	14.42	14.95	15.68
		3.5	2.88	6.3	9.61	11.57	13.34	14.89	15.57	16.11	16.89
		4.0	2.90	6.89	10.16	12.67	14.41	16.41	17.28	17.82	18.54
		4.5	2.92	7.33	10.73	13.45	15.24	17.32	18.25	18.81	19.62
		5.0	2.95	7.61	11.32	14.2	16.34	18.32	19.27	19.82	20.58
SPSM	XM	2.0	1.28	2.07	2.78	3.13	3.47	3.82	4.03	4.21	4.42
		2.5	1.31	2.23	3.04	3.39	3.88	4.29	4.47	4.62	4.83
		3.0	1.33	2.38	3.4	3.84	4.34	4.84	5.08	5.26	5.55
		3.5	1.36	2.57	3.67	4.15	4.81	5.35	5.54	5.68	5.97
		4.0	1.37	2.82	4.03	4.58	5.09	5.69	6.02	6.19	6.45
		4.5	1.41	3.01	4.24	5.04	5.6	6.21	6.47	6.64	6.95
		5.0	1.45	3.25	4.49	5.32	5.93	6.58	6.82	7.02	7.32

续上表

成型方式	级配类型	P_S(%)	下列龄期(d)水泥稳定碎石 $R_{c0.95}$(MPa)								
			0	3	7	14	28	60	90	120	180
SPSM	GM	2.0	1.46	2.21	3.08	3.51	3.81	4.21	4.44	4.61	4.85
		2.5	1.50	2.39	3.3	3.79	4.21	4.68	4.95	5.12	5.36
		3.0	1.53	2.54	3.62	4.21	4.71	5.28	5.61	5.85	6.21
		3.5	1.57	2.76	3.98	4.62	5.17	5.78	6.0	6.21	6.54
		4.0	1.58	2.99	4.31	5	5.62	6.23	6.55	6.75	7.08
		4.5	1.60	3.16	4.6	5.38	5.95	6.56	6.95	7.19	7.58
		5.0	1.61	3.31	4.75	5.68	6.35	7.07	7.37	7.61	7.99

两种方式成型试件抗压强度之比　　表 3-16

级配类型	P_S(%)	下列龄期(d)两种方式成型试件抗压强度之比 r_c								
		0	3	7	14	28	60	90	120	180
XM	2.0	1.83	1.99	2.26	2.42	2.48	2.57	2.57	2.55	2.54
	2.5	1.81	2.05	2.30	2.45	2.47	2.56	2.62	2.63	2.65
	3.0	1.80	2.17	2.29	2.42	2.52	2.57	2.58	2.59	2.57
	3.5	1.77	2.25	2.31	2.46	2.48	2.53	2.56	2.59	2.57
	4.0	1.77	2.28	2.29	2.45	2.56	2.62	2.61	2.62	2.62
	4.5	1.74	2.25	2.31	2.45	2.48	2.52	2.56	2.58	2.57
	5.0	1.70	2.22	2.29	2.43	2.52	2.55	2.59	2.59	2.57
GM	2.0	1.91	2.00	2.26	2.41	2.52	2.57	2.57	2.59	2.56
	2.5	1.87	2.13	2.39	2.43	2.53	2.60	2.61	2.61	2.63
	3.0	1.86	2.28	2.40	2.51	2.58	2.59	2.57	2.56	2.52
	3.5	1.83	2.28	2.41	2.50	2.58	2.58	2.60	2.59	2.58
	4.0	1.84	2.30	2.36	2.53	2.56	2.63	2.64	2.64	2.62
	4.5	1.83	2.32	2.33	2.50	2.56	2.64	2.63	2.62	2.59
	5.0	1.83	2.30	2.38	2.50	2.57	2.59	2.61	2.60	2.58

两种方式成型试件抗压强度 $\overline{r_c}$、C_v 和 $r_{c0.95}$　　表 3-17

级配类型	项目	下列龄期(d)两种方式成型试件抗压强度 $\overline{r_c}$、C_v 和 $r_{c0.95}$								
		0	3	7	14	28	60	90	120	180
XM	$\overline{r_c}$	1.77	2.17	2.29	2.44	2.50	2.56	2.58	2.59	2.58
	C_v(%)	2.50	5.12	0.74	0.67	1.31	1.28	0.92	1.01	1.45
	$r_{c0.95}$	1.70	1.99	2.27	2.41	2.44	2.51	2.55	2.55	2.52
GM	$\overline{r_c}$	1.85	2.23	2.36	2.48	2.56	2.60	2.60	2.60	2.58
	C_v(%)	1.61	5.36	2.21	1.80	0.92	0.99	1.04	0.98	1.43
	$r_{c0.95}$	1.80	2.03	2.27	2.41	2.52	2.55	2.56	2.56	2.52

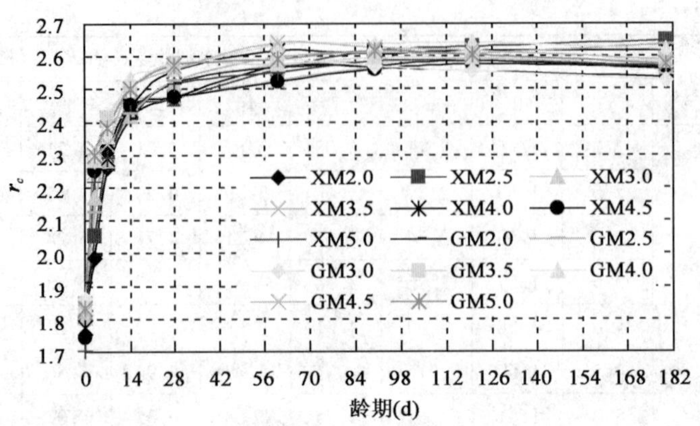

图 3-8　两种方式成型试件抗压强度之比

(2)劈裂强度

垂直振动法和静压法成型试件的劈裂强度代表值 $R_{i0.95}$ 见表 3-18。两种方式成型试件劈裂强度比值 r_i 见表 3-19, $r_i = \frac{R_{i(v)0.95}}{R_{i(s)0.95}}$, $R_{i(v)0.95}$ 和 $R_{i(s)0.95}$ 分别指 95% 保证率下垂直振动法成型试件和静压法成型试件的劈裂强度代表值,C_v 指偏差系数。表 3-19 资料表明,不同水泥剂量、不同级配类型、不同龄期水泥稳定碎石垂直振动法成型试件的劈裂强度为静压法成型试件的 1.85 ~2.13,平均为 1.90。

水泥稳定碎石劈裂强度代表值　　表 3-18

成型方式	级配类型	P_S(%)	下列龄期(d)水泥稳定碎石 $R_{i0.95}$ (MPa)							
			3	7	14	28	60	90	120	180
VPSM	XM	2.0	0.34	0.55	0.69	0.8	0.92	1.01	1.08	1.16
		2.5	0.36	0.61	0.79	0.92	1.03	1.12	1.22	1.32
		3.0	0.42	0.72	0.86	0.98	1.15	1.23	1.32	1.45
		3.5	0.49	0.81	1.0	1.14	1.33	1.43	1.51	1.62
		4.0	0.59	0.92	1.18	1.4	1.61	1.72	1.81	1.91
		4.5	0.71	1.06	1.32	1.56	1.82	1.96	2.06	2.18
		5.0	0.79	1.21	1.53	1.82	2.05	2.18	2.28	2.44
	GM	2.0	0.39	0.59	0.75	0.90	1.01	1.07	1.14	1.23
		2.5	0.41	0.64	0.92	1.02	1.09	1.18	1.26	1.38
		3.0	0.44	0.71	0.88	1.05	1.21	1.3	1.37	1.5
		3.5	0.52	0.85	1.05	1.19	1.39	1.51	1.6	1.7
		4.0	0.63	0.98	1.24	1.47	1.68	1.79	1.87	1.96
		4.5	0.75	1.12	1.38	1.62	1.89	2.03	2.12	2.24
		5.0	0.86	1.27	1.59	1.91	2.17	2.31	2.39	2.53

续上表

成型方式	级配类型	P_S(%)	下列龄期(d)水泥稳定碎石 $R_{i0.95}$ (MPa)							
			3	7	14	28	60	90	120	180
SPSM	XM	2.0	0.17	0.27	0.34	0.4	0.46	0.51	0.53	0.57
		2.5	0.19	0.29	0.38	0.45	0.52	0.56	0.58	0.62
		3.0	0.21	0.33	0.45	0.52	0.6	0.63	0.66	0.69
		3.5	0.24	0.36	0.49	0.58	0.68	0.73	0.75	0.78
		4.0	0.27	0.41	0.54	0.65	0.77	0.8	0.83	0.87
		4.5	0.3	0.45	0.61	0.73	0.84	0.88	0.93	0.99
		5.0	0.34	0.51	0.7	0.83	0.96	1.00	1.02	1.07
	GM	2.0	0.19	0.31	0.4	0.46	0.51	0.55	0.58	0.63
		2.5	0.20	0.33	0.43	0.49	0.58	0.62	0.65	0.68
		3.0	0.23	0.36	0.48	0.56	0.64	0.69	0.72	0.76
		3.5	0.25	0.4	0.53	0.65	0.73	0.77	0.81	0.85
		4.0	0.29	0.45	0.6	0.72	0.82	0.86	0.9	0.95
		4.5	0.33	0.5	0.66	0.81	0.92	0.96	1.01	1.08
		5.0	0.37	0.56	0.75	0.92	1.04	1.08	1.13	1.18

两种方式成型试件劈裂强度 r_i、$\overline{r_i}$、C_v 和 $r_{i0.95}$　　表 3-19

级配类型	P_S(%)	下列龄期(d)两种方式成型试件劈裂强度之比 r_i								$\overline{r_i}$	C_v(%)	$r_{i0.95}$
		3	7	14	28	60	90	120	180			
XM	2.0	2.00	2.04	2.03	2.00	2.00	1.98	2.04	2.04	2.01	0.99	1.98
	2.5	1.89	2.10	2.08	2.04	1.98	2.00	2.10	2.13	2.04	3.06	1.94
	3.0	2.00	2.18	1.91	1.88	1.92	1.95	2.00	2.10	1.99	3.88	1.87
	3.5	2.04	2.25	2.04	1.97	1.96	1.96	2.01	2.08	2.04	3.16	1.93
	4.0	2.19	2.24	2.19	2.15	2.09	2.15	2.18	2.20	2.17	1.43	2.12
	4.5	2.37	2.36	2.16	2.14	2.17	2.23	2.22	2.20	2.23	2.96	2.12
	5.0	2.32	2.37	2.19	2.19	2.14	2.18	2.24	2.28	2.24	2.92	2.13
GM	2.0	2.05	1.90	1.88	1.96	1.98	1.95	1.97	1.95	1.95	1.78	1.90
	2.5	2.05	1.94	2.14	2.08	1.88	1.90	1.94	2.03	2.00	4.01	1.86
	3.0	1.91	1.97	1.83	1.88	1.89	1.88	1.90	1.97	1.91	1.87	1.85
	3.5	2.08	2.13	1.98	1.83	1.90	1.96	1.98	2.00	1.98	3.26	1.88
	4.0	2.17	2.18	2.07	2.04	2.05	2.08	2.08	2.06	2.09	2.01	2.02
	4.5	2.27	2.24	2.09	2.00	2.05	2.11	2.10	2.07	2.12	3.26	2.00
	5.0	2.32	2.27	2.12	2.08	2.09	2.14	2.12	2.14	2.16	3.17	2.05

(3)回弹模量

垂直振动法和静压法成型试件的回弹模量代表值 $E_{0.95}$ 见表 3-20。两种方式成型试件无侧限抗压强度比值 r_E 见表3-21，$r_E=\frac{E_{(v)0.95}}{E_{(s)0.95}}$，$E_{(v)0.95}$ 和 $E_{(s)0.95}$ 分别指95%保证率下垂直振动法成型试件和静压法成型试件的抗压回弹模量代表值。

水泥稳定碎石回弹模量代表值 表 3-20

成型方式	级配类型	龄期(d)	下列 P_S(%)水泥稳定碎石 $E_{0.95}$(MPa)						
			2	2.5	3	3.5	4	4.5	5
VPSM	XM	28	1 562	1 695	1 806	1 880	1 936	1 982	2 043
		60	1 827	1 965	2 084	2 155	2 217	2 264	2 331
		90	2 036	2 179	2 318	2 393	2 452	2 490	2 556
		120	2 197	2 347	2 470	2 565	2 617	2 652	2 703
		180	2 393	2 530	2 645	2 717	2 780	2 814	2 862
	GM	28	1 661	1 810	1 895	1 990	2 061	2 117	2 184
		60	1 970	2 124	2 218	2 311	2 388	2 449	2 512
		90	2 196	2 335	2 486	2 578	2 633	2 704	2 762
		120	2 340	2 491	2 645	2 732	2 799	2 880	2 926
		180	2 533	2 668	2 857	2 932	2 994	3 092	3 146
SPSM	XM	28	886	955	1 025	1 082	1 124	1 158	1 198
		60	1 118	1 192	1 256	1 312	1 364	1 382	1 432
		90	1 253	1 322	1 398	1 449	1 491	1 538	1 565
		120	1 354	1 402	1 492	1 529	1 581	1 628	1 655
		180	1 439	1 508	1 588	1 645	1 677	1 724	1 762
	GM	28	990	1 059	1 129	1 196	1 232	1 262	1 309
		60	1 246	1 315	1 385	1 442	1 485	1 530	1 586
		90	1 389	1 458	1 534	1 585	1 627	1 675	1 721
		120	1 484	1 553	1 634	1 695	1 722	1 745	1 796
		180	1 587	1 652	1 726	1 794	1 825	1 857	1 909

两种方式成型试件回弹模量 r_E、$\overline{r_E}$、C_v 和 $r_{E0.95}$ 表 3-21

级配类型	龄期(d)	下列 P_S(%)两种方式成型试件抗压模量之比 r_E							$\overline{r_E}$	C_V(%)	$r_{E0.95}$
		2	2.5	3	3.5	4	4.5	5			
GM	28	1.68	1.70	1.68	1.66	1.67	1.67	1.67	1.67	0.94	1.66
	60	1.58	1.61	1.60	1.60	1.61	1.60	1.59	1.60	0.78	1.58
	90	1.59	1.58	1.60	1.61	1.59	1.59	1.58	1.59	0.75	1.58
	120	1.58	1.58	1.60	1.59	1.61	1.63	1.61	1.60	1.06	1.59
	180	1.60	1.61	1.63	1.61	1.63	1.64	1.63	1.62	1.11	1.61

续上表

级配类型	龄期(d)	下列 P_S(%)两种方式成型试件抗压模量之比 r_E							$\bar{r}_E$	C_V(%)	$r_{E0.95}$
		2	2.5	3	3.5	4	4.5	5			
XM	28	1.75	1.73	1.74	1.72	1.71	1.71	1.69	1.72	1.37	1.70
	60	1.64	1.63	1.63	1.62	1.62	1.62	1.61	1.63	0.66	1.62
	90	1.63	1.63	1.63	1.63	1.61	1.60	1.61	1.62	0.84	1.61
	120	1.62	1.68	1.69	1.65	1.66	1.63	1.63	1.65	1.19	1.63
	180	1.66	1.69	1.67	1.65	1.67	1.63	1.61	1.65	1.28	1.63

从表3-21中数据可以看出,95%的保证率下,不同水泥剂量、不同级配类型、不同龄期水泥稳定碎石垂直振动法成型试件的抗压回弹模量约为静压法成型试件的1.58~1.70倍,平均为1.6倍。

(4)两种方式成型试件力学强度差异机理

垂直振动法成型试件力学强度之所以比静压法成型试件力学强度高的原因主要有:①垂直振动击实法确定的最大干密度比重型击实试验法大1.028倍,致使垂直振动成型试件密度比静压成型试件密度大,从而提高垂直振动法水泥稳定碎石试件力学强度;②重型击实试验方法确定的最佳含水率偏大,致使静压成型过程中试件中有部分水被挤出并带出部分水泥浆,造成静压法成型试件内实际水泥剂量低于加入水泥剂量,从而降低静压法水泥稳定碎石试件力学强度;③垂直振动法高频液化压密机理有利于颗粒重新排列,致使垂直振动法成型试件造成集料破碎几率小于静压成型法,从而提高垂直振动法水泥稳定碎石试件力学强度。

第四章　基于 VTM 水泥稳定碎石力学特性

揭示水泥稳定碎石本质属性和内在规律,有助于推动水泥稳定碎石材料设计方法创新,并为路面结构设计提供准确的参数。本章基于垂直振动法重新研究水泥稳定碎石力学特性及其影响因素,为路面结构及材料设计提供理论基础和条件。

第一节　力学强度形成机理与试验方案

一、力学强度形成机理

在利用水泥来稳定碎石的过程中,水泥、碎石和水之间发生了多种复杂的作用,包括物理作用、物理化学作用以及化学作用,从而使碾压前的水泥、碎石松散体逐渐形成为整体性材料,即力学强度逐渐形成。其中物理作用包括混合料的拌和压实作用、碎石与碎石之间的嵌挤作用等;物理化学作用包括碎石颗粒与水泥及水泥水化产物之间的吸附作用,微粒的凝聚作用,水及水化产物的扩散、渗透作用,水化产物的溶解、结晶作用等;化学作用主要有水泥颗粒的水化、硬化作用,以及水泥水化产物与矿物之间的化学作用等。

水泥稳定碎石基层压实成型初期,主要由物理作用和部分物理化学作用构成初始强度 R_0。随着龄期增加,水泥水化、凝结和硬化反应不断进行,水泥石不断生成,力学强度逐渐增大。并且随水化反应进行,水泥熟料逐渐消耗而使力学强度增长逐渐变得缓慢,直至水泥熟料消耗殆尽,力学强度不再增长,即达到极限强度 R_∞。R_∞ 由物理作用、物理化学作用和化学作用构成。假定水泥稳定碎石存在强度增长方程,则方程应满足下列 3 个边界条件:

$$T = 0 \text{ 时}, R_T = R_0$$

$$T = \infty \text{ 时}, R_T = R_\infty$$

且

$$R_0 < R_\infty$$

式中:T——水泥稳定碎石龄期(d);

R_T——龄期为 T 时的水泥稳定碎石力学强度(MPa);

R_0——水泥稳定碎石初始力学强度(MPa);

R_∞——水泥稳定碎石极限力学强度(MPa)。

根据上述边界条件,并经过分析,建立力学强度增长方程:

$$R_T = R_\infty - \frac{R_\infty - R_0}{\xi \cdot T + 1} \tag{4-1}$$

式中:ξ——强度增长系数。

二、试验方案

1. 原材料

所用水泥及性能指标见表 4-1。

水泥性能指标 表 4-1

项目名称	水泥种类	比表面积（m^2/kg）	安定性（mm）	3d 强度（MPa）		凝结时间（min）	
				抗折	抗压	初凝	终凝
柞小高速	尧柏牌 P. O32.5	361	1.5	5.1	20.6	335	390
青兰高速	秦岭牌 P. O42.5	344	1.0	4.9	22.6	190	450
西商高速	尧柏牌 P. O42.5	329	1.5	5.8	22.3	310	360
廊沧高速	冀星牌 P. S. A32.5	—	0.5	4.6	18.5	215	380

2. 所用碎石技术指标见表 4-2。

集料技术指标 表 4-2

集料类型	项目名称	产地	下列规格集料表观密度（g/cm^3）				下列规格集料针片状含量（%）			压碎值（%）
			19 ~ 31.5	9.5 ~ 19	4.75 ~ 9.5	0 ~ 4.75	19 ~ 31.5	9.5 ~ 19	4.75 ~ 9.5	
石灰岩	柞小高速	柞水	2.746	2.752	2.737	2.718	9.5	10.2	8.7	13.1
	青兰高速	铜川	2.657	2.661	2.665	2.621	11.9	11.6	13.4	22.7
	廊沧高速	三河	2.767	2.730	2.702	2.694	11.2	13.3	14.7	16.7
花岗岩	西商高速	蓝田	2.731	2.728	2.706	2.691	10.6	14.1	11.9	21.3
砂岩	青兰高速	富县	2.543	2.531	2.516	2.503	12.4	14.5	15.5	25.9

3. 矿料级配

所用矿料级配见表 4-3。

矿料级配 表 4-3

级配类型	通过下列筛孔尺寸（mm）的质量百分率（%）						
	31.5	19.0	9.5	4.75	2.36	0.6	0.075
悬浮密实型（XM）	100	93.5	67.0	39.0	26.0	15.0	3.5
骨架密实型（GM）	100	67.0	47.0	33.0	23.0	14.0	3.0

4. 配合比及最大干密度

水泥稳定碎石配合比及振动击实结果见表 4-4，采用振动法按 98% 压实度成型 ϕ15cm × h15cm 圆柱体试件，并标准养生至不同龄期，供力学性能测试使用。

水泥稳定碎石垂直振动击实试验结果 表4-4

集料岩性	集料产地	P_S(%)	XM		GM	
			w_0(%)	ρ_{dmax}(g/cm^3)	w_0(%)	ρ_{dmax}(g/cm^3)
石灰岩	柞水	2.0	4.0	2.43	4.0	2.44
		2.5	4.2	2.43	4.0	2.44
		3.0	4.2	2.43	4.0	2.44
		3.5	4.2	2.43	4.2	2.44
		4.0	4.2	2.43	4.2	2.44
		4.5	4.2	2.43	4.2	2.44
		5.0	4.2	2.43	4.2	2.44
	铜川	3.0	4.1	2.43	4.1	2.44
		4.0	4.3	2.43	4.3	2.45
		5.0	4.3	2.43	4.3	2.45
	三河	3.0	4.2	2.49	4.2	2.50
		3.5	4.2	2.50	4.2	2.52
		4.0	4.2	2.50	4.2	2.52
		4.5	4.5	2.50	4.2	2.52
花岗岩	蓝田	3.0	4.8	2.36	4.6	2.38
		3.5	4.8	2.36	4.6	2.38
		4.0	4.8	2.36	4.8	2.38
		4.5	4.8	2.36	4.8	2.38
砂岩	富县	3.0	6.3	2.21	6.0	2.23
		4.0	6.3	2.21	6.0	2.24
		5.0	6.3	2.21	6.0	2.24

第二节 力学强度及影响因素

一、力学强度室内试验结果

水泥稳定碎石力学强度室内试验结果见表4-5、表4-6。

水泥稳定碎石室内抗压强度　　表 4-5

集料类型	集料产地	级配类型	P_S（%）	下列龄期(d)水泥稳定碎石 R_c(MPa)										
				0	3	7	14	28	60	90	120	180	270	360
石灰岩	柞水	XM	2.0	2.3	4.1	6.3	7.6	8.6	9.8	10.3	10.8	11.2	11.3	11.4
			2.5	2.4	4.6	7.0	8.3	9.6	11.0	11.7	12.2	12.8	12.8	12.9
			3.0	2.4	5.2	7.8	9.3	10.9	12.5	13.1	13.6	14.3	14.2	14.3
			3.5	2.4	5.8	8.5	10.2	11.9	13.5	14.2	14.7	15.3	15.4	15.5
			4.0	2.4	6.4	9.2	11.2	13.0	14.9	15.7	16.2	16.9	17.0	17.2
			4.5	2.5	6.8	9.8	12.4	13.9	15.7	16.6	17.1	17.8	18.1	18.2
			5.0	2.5	7.2	10.3	12.9	14.9	16.8	17.6	18.2	18.8	19.2	19.4
		GM	2.0	2.8	4.4	7.0	8.5	9.6	10.8	11.4	11.9	12.4	12.3	12.3
			2.5	2.8	5.1	7.9	9.2	10.6	12.2	12.9	13.3	14.1	14.2	14.2
			3.0	2.9	5.8	8.7	10.6	12.1	13.7	14.4	15.0	15.7	15.6	15.7
			3.5	2.9	6.3	9.6	11.6	13.3	14.9	15.6	16.1	16.9	17.0	17.1
			4.0	2.9	6.9	10.2	12.7	14.4	16.4	17.3	17.8	18.5	18.7	18.9
			4.5	2.9	7.3	10.7	13.5	15.2	17.3	18.3	18.8	19.6	19.8	20.0
			5.0	3.0	7.6	11.3	14.2	16.3	18.3	19.3	19.8	20.6	20.6	20.7
	三河	XM	3.0	2.5	4.3	6.2	7.9	9.2	10.4	10.8				
			3.5	2.5	5.3	7.6	9.4	10.5	11.8	12.2				
			4.0	2.5	5.5	8.3	10.2	12.1	13.0	13.7				
			4.5	2.5	6.1	8.8	11.0	12.6	14.0	14.6				
		GM	3.0	2.9	5.1	7.1	8.4	10.4	11.6	12.0				
			3.5	2.9	5.9	8.3	9.5	11.7	12.7	13.1				
			4.0	2.9	6.3	9.1	10.3	12.9	14.0	14.4				
			4.5	2.9	7.1	10.3	11.4	14.3	15.3	15.7				
	铜川	XM	3.0	2.5	5.0	7.7	9.0	11.2	13.1	13.8	14.6	15.3		
			4.0	2.6	6.0	8.4	10.8	12.7	14.9	15.9	17.1	17.2		
			5.0	2.7	6.8	9.5	12.5	14.1	16.3	17.9	18.8	19.3		
		GM	3.0	2.6	5.5	8.3	10.2	11.9	13.4	14.7	15.2	15.8		
			4.0	2.8	6.8	9.6	12.0	13.8	16.1	17.1	18.0	18.7		
			5.0	2.9	7.3	10.3	12.9	15.1	17.0	18.7	19.8	20.4		
砂岩	富县	XM	3.0	0.9	2.5	3.4	4.2	4.5	4.8	4.8	5.0	5.0		
			4.0	0.9	3.1	4.2	5.1	5.4	5.6	5.9	5.9	6.0		
			5.0	1.0	3.8	5.1	5.7	6.4	6.5	6.8	7.0	7.1		
		GM	3.0	0.9	2.8	3.8	4.4	4.9	5.2	5.3	5.6	5.7		
			4.0	1.0	3.2	4.5	5.3	5.9	6.3	6.5	6.4	6.6		
			5.0	1.0	4.1	5.5	6.5	7.1	7.5	7.6	7.8	7.9		
花岗岩	蓝田	XM	3.0	2.1	4.0	5.2	6.7	7.7	9.0	9.3				
			3.5	2.1	4.7	6.2	8.0	9.3	10.1	10.6				
			4.0	2.2	4.6	6.7	8.3	10.0	11.1	11.6				
			4.5	2.1	4.6	6.8	8.5	10.3	11.6	12.3				
		GM	3.0	2.1	4.0	5.8	6.8	8.4	9.5	10.1				
			3.5	2.2	4.6	6.7	8.0	10.0	10.9	11.6				
			4.0	2.1	5.2	7.8	9.3	10.7	12.2	12.5				
			4.5	2.1	5.8	8.4	9.9	12.0	12.9	13.7				

水泥稳定碎石室内劈裂强度　　表 4-6

集料类型	集料产地	级配类型	P_S（%）	下列龄期(d)水泥稳定碎石 R_i(MPa)									
				3	7	14	28	60	90	120	180	270	360
石灰岩	柞水	XM	2.0	0.34	0.55	0.69	0.80	0.92	1.01	1.08	1.16	1.21	1.24
			2.5	0.36	0.61	0.79	0.92	1.03	1.12	1.22	1.32	1.36	1.39
			3.0	0.42	0.72	0.86	0.98	1.15	1.23	1.32	1.45	1.49	1.52
			3.5	0.49	0.81	1.00	1.14	1.33	1.43	1.51	1.62	1.65	1.70
			4.0	0.59	0.92	1.18	1.40	1.61	1.72	1.81	1.91	1.94	1.99
			4.5	0.71	1.06	1.32	1.56	1.82	1.96	2.06	2.18	2.25	2.31
			5.0	0.79	1.21	1.53	1.82	2.05	2.18	2.28	2.44	2.49	2.53
		GM	2.0	0.39	0.59	0.75	0.90	1.01	1.07	1.14	1.23	1.28	1.32
			2.5	0.41	0.64	0.92	1.02	1.09	1.18	1.26	1.38	1.44	1.48
			3.0	0.44	0.71	0.88	1.05	1.21	1.30	1.37	1.50	1.54	1.59
			3.5	0.52	0.85	1.05	1.19	1.39	1.51	1.60	1.70	1.76	1.80
			4.0	0.63	0.98	1.24	1.47	1.68	1.79	1.87	1.96	1.99	2.02
			4.5	0.75	1.12	1.38	1.62	1.89	2.03	2.12	2.24	2.29	2.33
			5.0	0.86	1.27	1.59	1.91	2.17	2.31	2.39	2.53	2.57	2.60
	三河	XM	3.0	0.30	0.51	0.76	0.91	1.04	1.12				
			3.5	0.36	0.66	0.91	1.04	1.19	1.28				
			4.0	0.44	0.78	0.99	1.18	1.36	1.44				
			4.5	0.48	0.84	1.04	1.29	1.48	1.56				
		GM	3.0	0.39	0.67	0.85	1.11	1.23	1.32				
			3.5	0.46	0.73	0.94	1.20	1.34	1.43				
			4.0	0.51	0.85	1.06	1.34	1.50	1.61				
			4.5	0.63	1.11	1.28	1.51	1.63	1.72				
	铜川	XM	3.0	0.39	0.71	0.90	1.13	1.37	1.45	1.55	1.64		
			4.0	0.50	0.79	1.08	1.28	1.57	1.70	1.78	1.86		
			5.0	0.59	0.91	1.25	1.45	1.74	1.88	1.98	2.05		
		GM	3.0	0.41	0.77	0.97	1.24	1.45	1.57	1.66	1.76		
			4.0	0.53	0.83	1.17	1.36	1.68	1.77	1.91	1.99		
			5.0	0.64	0.96	1.34	1.54	1.88	1.98	2.12	2.19		
砂岩	富县	XM	3.0	0.13	0.21	0.35	0.40	0.43	0.45	0.46	0.47		
			4.0	0.17	0.30	0.45	0.48	0.52	0.54	0.57	0.58		
			5.0	0.26	0.40	0.51	0.63	0.64	0.67	0.68	0.71		
		GM	3.0	0.14	0.28	0.33	0.44	0.47	0.49	0.52	0.55		
			4.0	0.17	0.37	0.48	0.51	0.60	0.64	0.65	0.67		
			5.0	0.28	0.53	0.62	0.71	0.76	0.79	0.81	0.84		
花岗岩	蓝田	XM	3.0	0.22	0.47	0.63	0.70	0.87	0.93				
			3.5	0.29	0.53	0.69	0.86	1.04	1.11				
			4.0	0.34	0.59	0.77	0.96	1.20	1.28				
			4.5	0.36	0.65	0.85	1.07	1.28	1.36				
		GM	3.0	0.22	0.53	0.65	0.80	1.02	1.08				
			3.5	0.30	0.61	0.76	0.96	1.18	1.26				
			4.0	0.40	0.74	0.90	1.12	1.31	1.37				
			4.5	0.48	0.80	1.07	1.29	1.46	1.53				

二、力学强度增长规律

1. 力学强度增长曲线

图 4-1、图 4-2 分别给出水泥稳定碎石 R_c—T 曲线图和 R_i—T 曲线图。

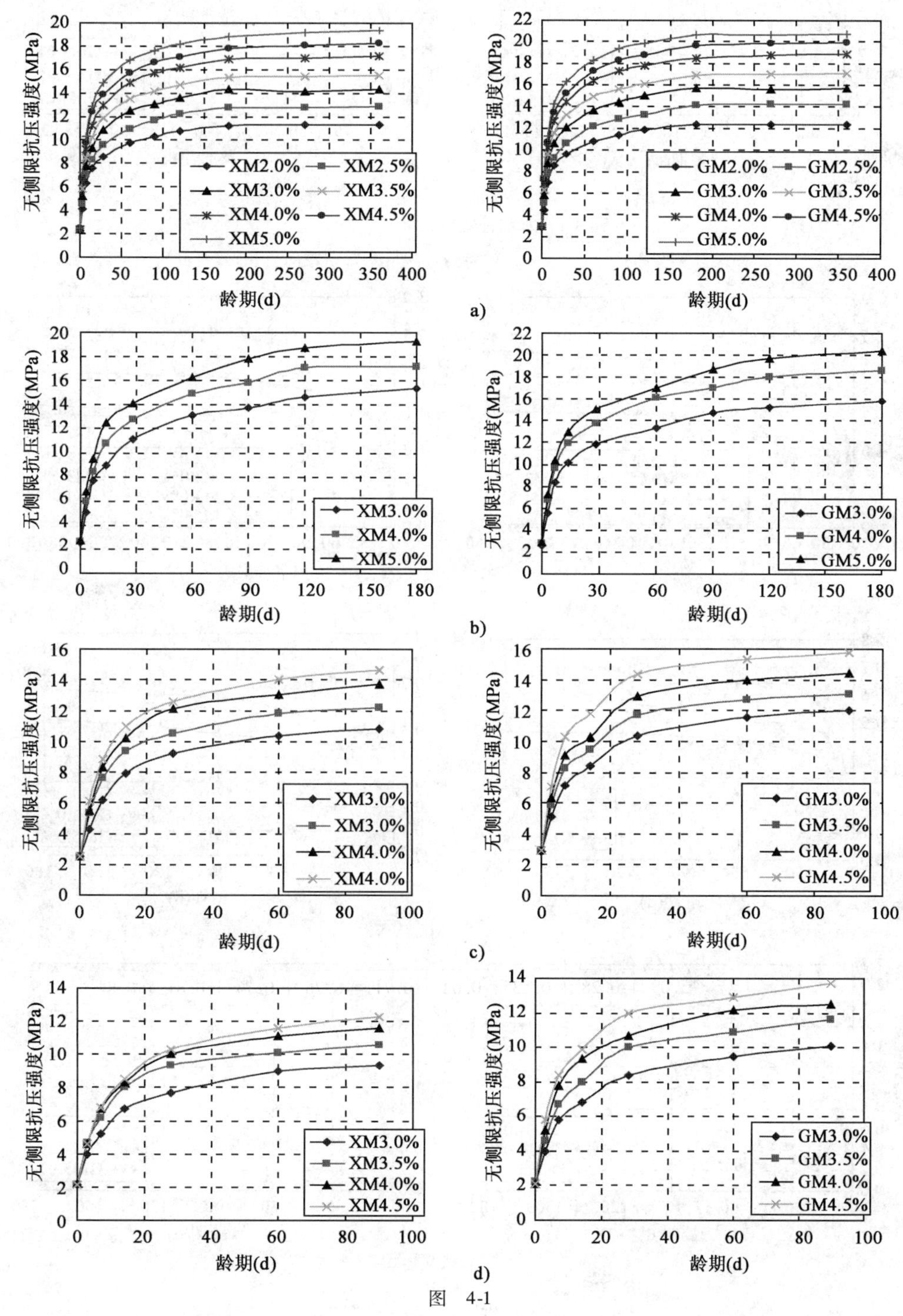

图　4-1

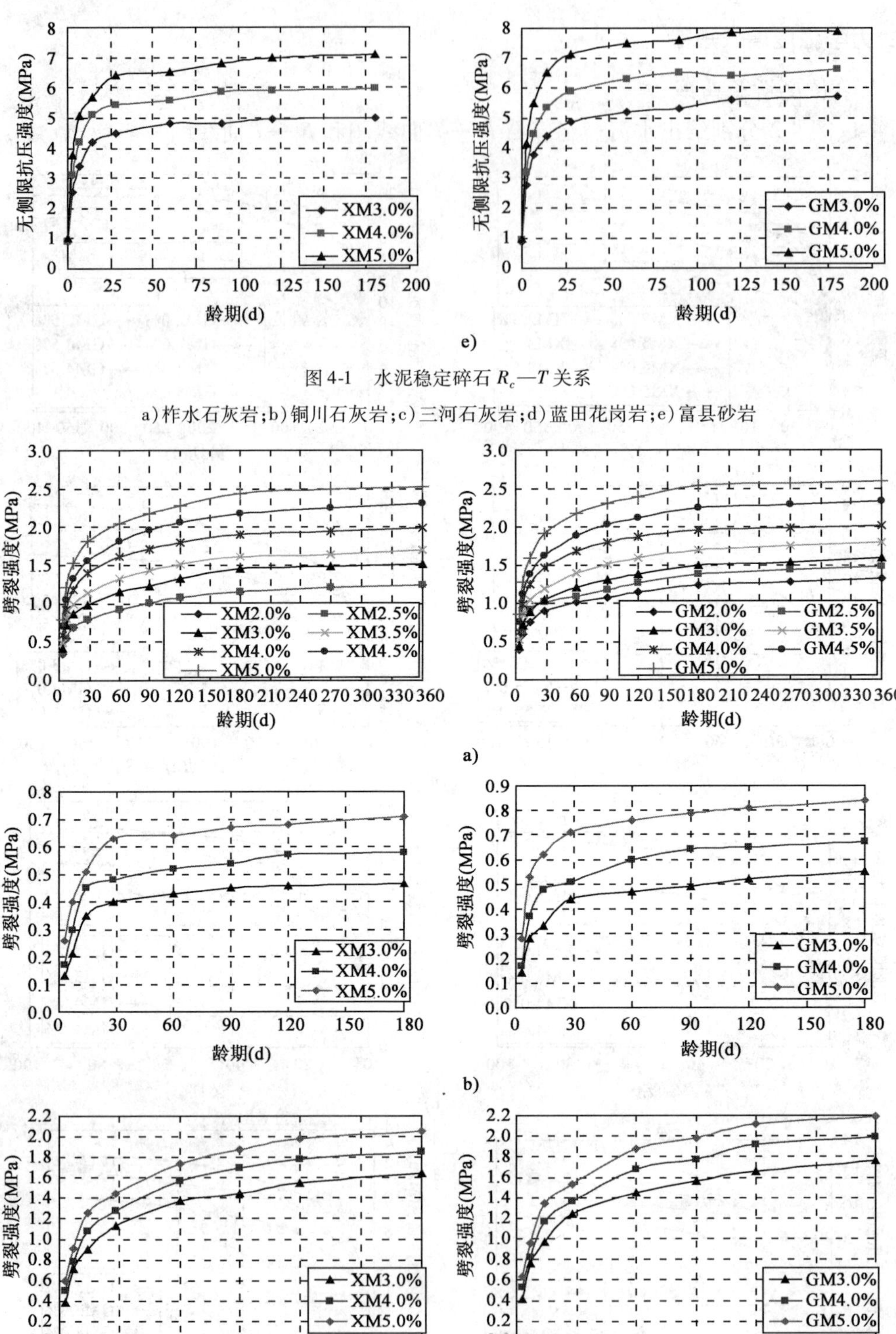

e)

图 4-1 水泥稳定碎石 R_c—T 关系

a)柞水石灰岩;b)铜川石灰岩;c)三河石灰岩;d)蓝田花岗岩;e)富县砂岩

a)

b)

c)

图 4-2

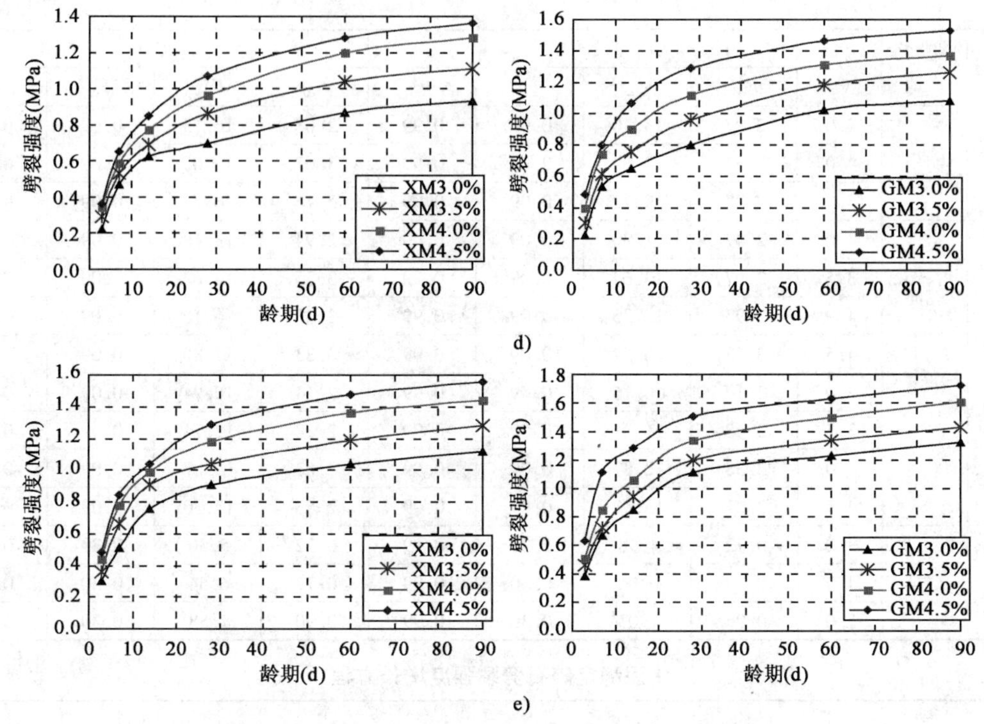

图 4-2　水泥稳定碎石 R_i—T 关系

a)柞水石灰岩；b)富县砂岩；c)铜川石灰岩；d)蓝田花岗岩；e)三河石灰岩

如图 4-1、图 4-2 所示，随龄期增长，不同集料岩性、级配类型和水泥剂量的水泥稳定碎石抗压强度和劈裂强度增长曲线的形状极其相似：水泥稳定碎石早期（14d 之前）强度增长速率很快，龄期 28d 后强度增长趋于平缓，龄期 90d 后强度增长非常缓慢，且各自隐藏着一条相应的水平渐近线，该渐近线即为水泥稳定碎石极限强度 R_∞。

2. 力学强度增长方程

用方程式（4-1）拟合表 4-5、表 4-6 中数据，得到水泥稳定碎石抗压强度和劈裂强度增长方程式，其回归系数和相关系数见表 4-7、表 4-8，其中 $R_{i0}=0$。

水泥稳定碎石抗压强度增长方程　　表 4-7

集料岩性	集料产地	P_S (%)	XM				GM			
			R_{c0}	$R_{c\infty}$	ξ_c	R^2	R_{c0}	$R_{c\infty}$	ξ_c	R^2
石灰岩	柞水	2.0	2.34	11.47	0.09	0.99	2.80	12.64	0.09	0.99
		2.5	2.36	12.98	0.09	0.99	2.82	14.29	0.09	0.99
		3.0	2.39	14.66	0.09	1.00	2.85	16.13	0.09	0.99
		3.5	2.41	15.95	0.09	0.99	2.87	17.57	0.09	0.99
		4.0	2.44	17.61	0.09	0.99	2.90	19.37	0.09	0.99
		4.5	2.46	18.71	0.09	0.99	2.92	20.51	0.09	0.99
		5.0	2.49	19.91	0.09	0.99	2.95	21.70	0.09	0.99

续上表

集料岩性	集料产地	P_S(%)	XM				GM			
			R_{c0}	$R_{c\infty}$	ξ_c	R^2	R_{c0}	$R_{c\infty}$	ξ_c	R^2
石灰岩	铜川	3.0	2.27	15.40	0.09	0.99	2.68	16.13	0.09	0.99
		4.0	2.53	17.69	0.09	0.99	3.07	19.05	0.09	0.99
		5.0	2.87	19.72	0.09	0.99	3.16	20.73	0.09	0.99
	三河	3.0	2.47	11.90	0.09	0.99	2.94	13.18	0.09	0.99
		3.5	2.97	13.64	0.09	0.99	3.35	14.62	0.09	0.99
		4.0	2.93	15.35	0.09	0.99	3.43	16.16	0.09	0.99
		4.5	3.12	16.37	0.09	0.99	3.83	17.86	0.09	0.98
花岗岩	蓝田	3.0	2.17	10.16	0.09	0.99	2.14	10.94	0.09	0.99
		3.5	2.48	11.81	0.09	0.99	2.37	12.74	0.09	0.99
		4.0	2.38	12.87	0.09	0.99	2.67	14.07	0.09	0.98
		4.5	2.21	13.50	0.09	0.99	2.83	15.30	0.09	0.98
砂岩	富县	3.0	0.72	4.98	0.30	0.99	0.72	5.50	0.30	0.98
		4.0	0.79	6.00	0.30	0.99	0.77	6.54	0.30	0.99
		5.0	0.96	7.03	0.30	0.99	0.90	7.88	0.30	0.99

水泥稳定碎石劈裂强度增长方程 表 4-8

集料岩性	集料产地	P_S(%)	XM			GM		
			$R_{i\infty}$	ξ_i	R^2	$R_{i\infty}$	ξ_i	R^2
石灰岩	柞水	2.0	1.169	0.115	0.972	1.253	0.115	0.978
		2.5	1.316	0.115	0.974	1.401	0.115	0.973
		3.0	1.444	0.115	0.970	1.504	0.115	0.977
		3.5	1.640	0.115	0.981	1.730	0.115	0.978
		4.0	1.950	0.115	0.989	2.017	0.115	0.991
		4.5	2.229	0.115	0.982	2.293	0.115	0.984
		5.0	2.493	0.115	0.987	2.602	0.115	0.989
	铜川	3.0	1.600	0.115	0.987	1.721	0.115	0.988
		4.0	1.843	0.115	0.989	1.962	0.115	0.988
		5.0	2.058	0.115	0.991	2.197	0.115	0.991
	三河	3.0	1.204	0.115	0.998	1.435	0.115	0.997
		3.5	1.399	0.115	0.996	1.564	0.115	0.996
		4.0	1.585	0.115	0.995	1.759	0.115	0.995
		4.5	1.715	0.115	0.996	1.981	0.115	0.962
花岗岩	蓝田	3.0	1.009	0.106	0.991	1.148	0.106	0.987
		3.5	1.196	0.106	0.997	1.346	0.106	0.994
		4.0	1.362	0.106	0.993	1.528	0.106	0.993
		4.5	1.473	0.106	0.998	1.729	0.106	0.994
砂岩	富县	3.0	0.480	0.158	0.987	0.532	0.158	0.986
		4.0	0.593	0.158	0.991	0.674	0.158	0.989
		5.0	0.732	0.158	0.994	0.868	0.158	0.989

3. R_T/R_∞ 增长规律及强度模型

如图 4-3、图 4-4 所示，将水泥稳定碎石 $R_{cT}/R_{c\infty}$—T 和 $R_{cT}/R_{c\infty}$—T 作图，则图 4-1、图 4-2 中不同级配、不同剂量水泥稳定碎石强度增长曲线就可规格化。可以看出，不同级配、不同水泥剂量下试验所得的水泥稳定碎石强度 ~ 龄期曲线差不多成了一条曲线。且水泥稳定碎石 $R_{c90} \approx 0.9R_{c\infty}$（石灰岩和花岗岩碎石），$R_{c28} \approx 0.9R_{c\infty}$（砂岩碎石），$R_{i14} \approx 0.6R_{i\infty}$。

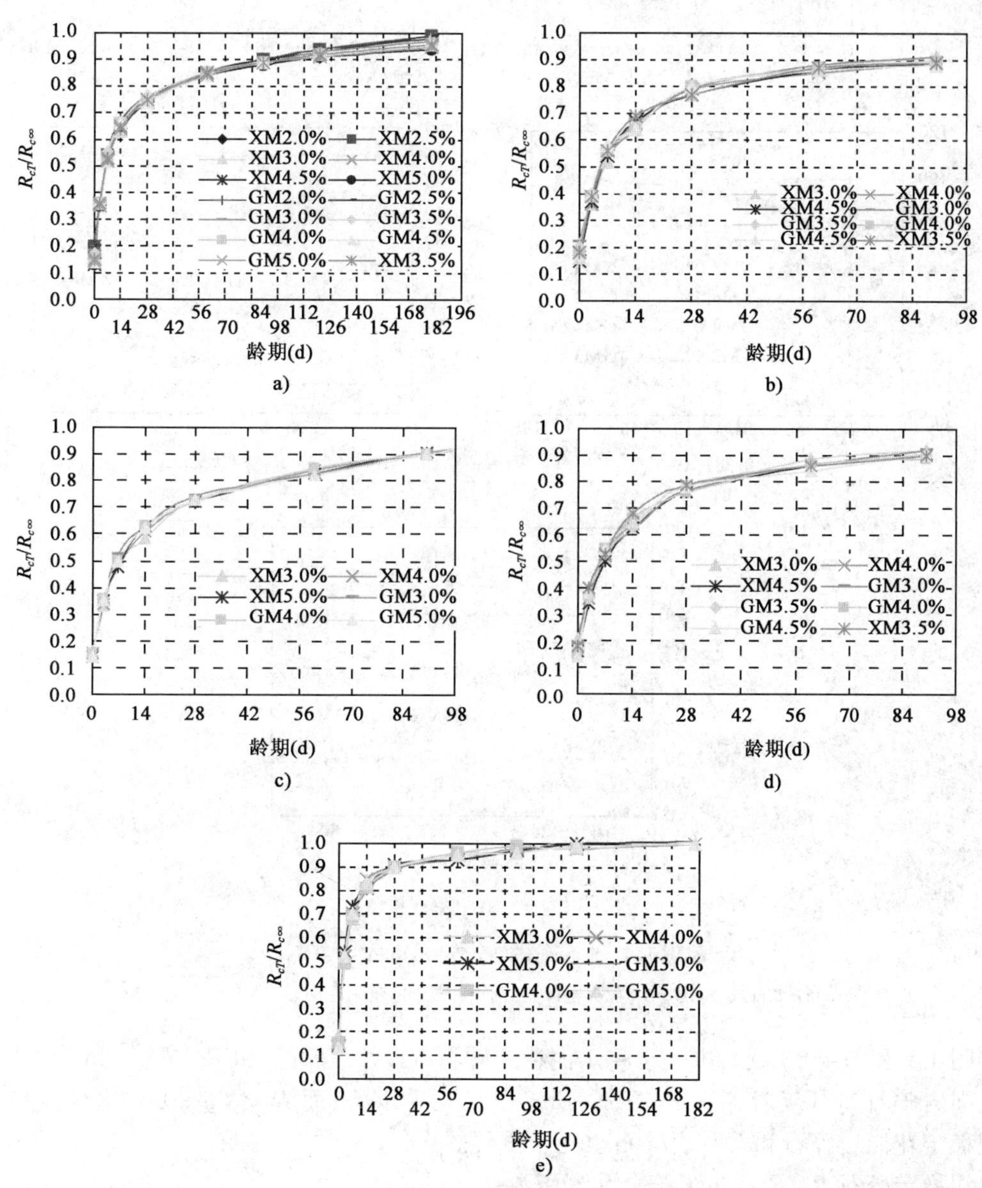

图 4-3　水泥稳定碎石 $R_{cT}/R_{c\infty}$—T 关系

a) 柞水石灰岩；b) 三河石灰岩；c) 铜川石灰岩；d) 蓝田花岗岩；e) 富县砂岩

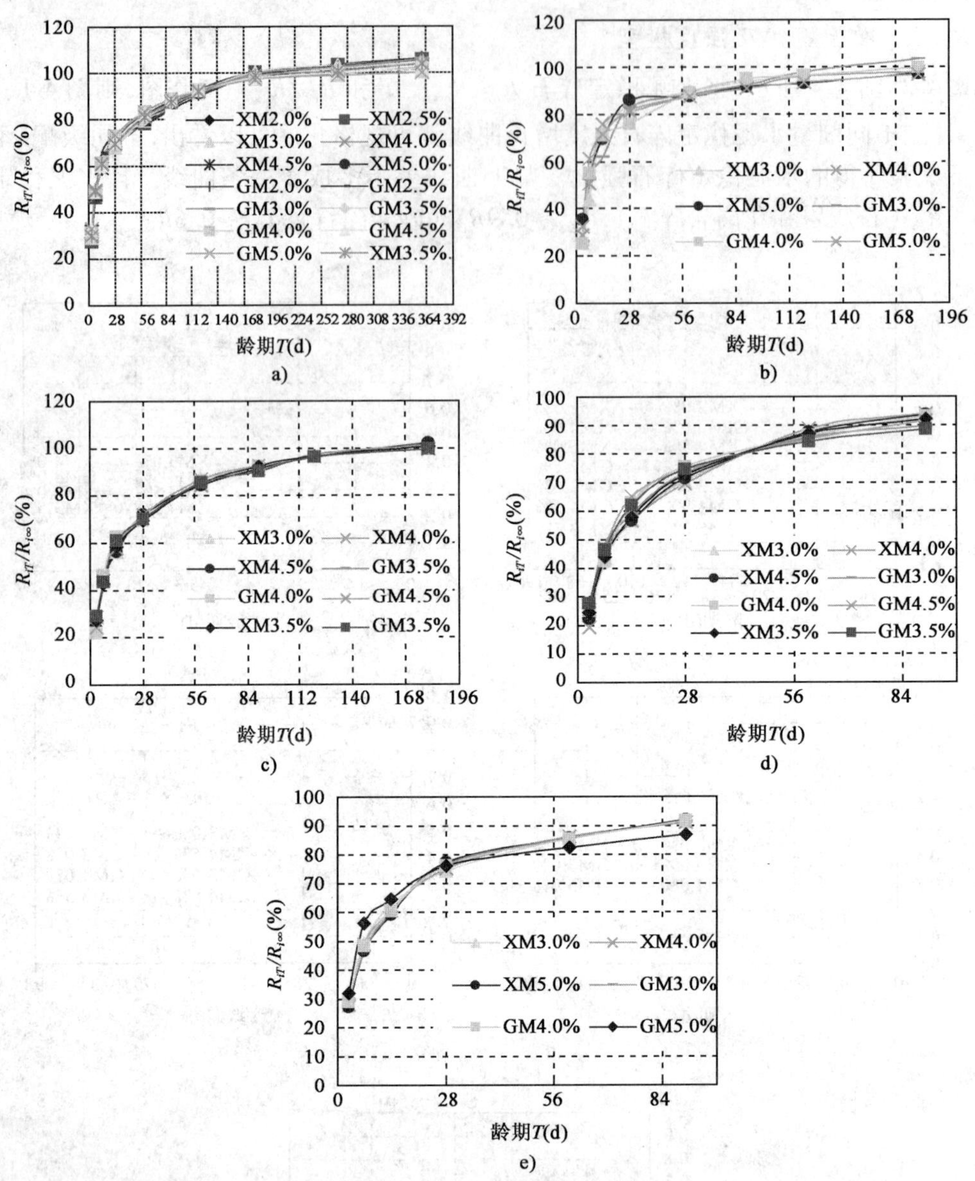

图 4-4 水泥稳定碎石 $R_{iT}/R_{i\infty}$—T 关系

a)柞水石灰岩;b)铜川石灰岩;c)三河石灰岩;d)蓝田花岗岩;e)富县砂岩

如图 4-5 和图 4-6 所示,进一步将水泥稳定碎石 $R_{cT}/R_{c\infty}$—ln$T$ 和 $R_{iT}/R_{i\infty}$—ln$T$ 作图,水泥稳定花岗岩碎石和石灰岩碎石 $R_{iT}/R_{i\infty}$—ln$T$ 曲线几乎重叠;而 $R_{cT}/R_{c\infty}$—ln$T$ 曲线,除砂岩之外水泥稳定花岗岩碎石和石灰岩碎石也几乎重叠。

水泥稳定碎石 R_T/R_∞—ln$T$ 符合乘幂函数:

$$\frac{R_T}{R_\infty} = A \cdot (\ln T)^B \qquad T \leqslant 180\text{d} \tag{4-2}$$

式中:A、B——回归系数,与集料岩性有关,见表 4-9。

系 数 A、B　　　　表 4-9

集料岩性	$R_{cT}/R_{c\infty}$—ln$T$ 函数回归系数			$R_{iT}/R_{i\infty}$—ln$T$ 函数回归系数		
	A_c	B_c	R^2	A_i	B_i	R^2
砂岩	0.53	0.41	0.977	0.265	0.82	0.987
花岗岩、石灰岩	0.35	0.63	0.999			

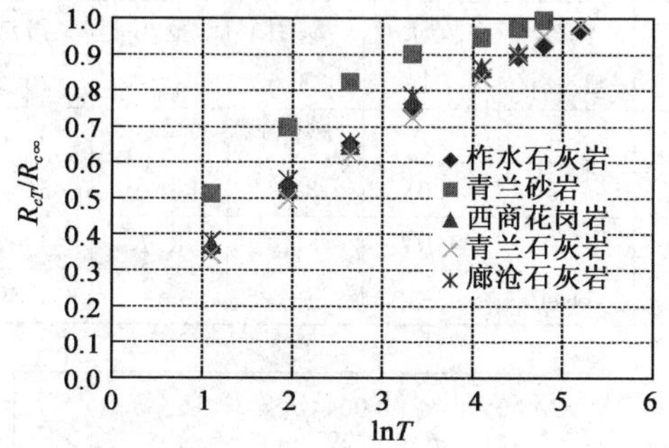

图 4-5　水泥稳定碎石 $R_{cT}/R_{c\infty}$—ln$T$ 关系

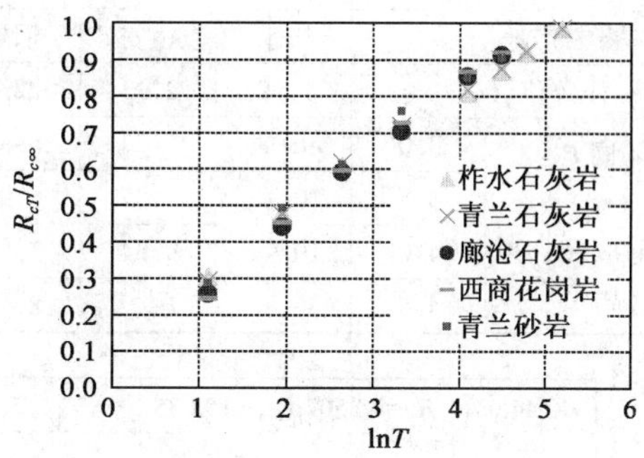

图 4-6　水泥稳定碎石 $R_{iT}/R_{i\infty}$—ln$T$ 关系

由此，建立水泥稳定碎石力学强度预测模型：

$$\begin{cases} \dfrac{R_{cT}}{R_{ca}} = \left(\dfrac{\ln T}{\ln a}\right)^{B_c} & T \leqslant 180\text{d} \\ R_{c\infty} = \dfrac{R_{c90}}{0.9} & \text{花岗岩、石灰岩碎石} \\ R_{c\infty} = \dfrac{R_{c28}}{0.9} & \text{砂岩碎石} \end{cases} \tag{4-3}$$

$$\begin{cases} \dfrac{R_{iT}}{R_{ia}} = \left(\dfrac{\ln T}{\ln a}\right)^{B_i} & T \leqslant 180d \\ R_{i\infty} = \dfrac{R_{i14}}{0.6} \end{cases} \tag{4-4}$$

式中：R_{cT}、R_{ca}——龄期分别为 T(d)和 a(d)的水泥稳定碎石抗压强度(MPa)；

R_{iT}、R_{ia}——龄期分别为 T(d)和 a(d)的水泥稳定碎石劈裂强度(MPa)；

B_c、B_i——分别为水泥稳定碎石抗压强度和劈裂强度模型系数，与水泥品质、集料特性有关，可参考表 4-9。

三、力学强度影响因素

1. 岩性

集料岩性对水泥稳定碎石力学强度显著，水泥剂量为 3～5% 时，水泥稳定石灰岩碎石和水泥稳定花岗岩碎石 R_{c0} 基本相近，约 2.1～2.8 MPa，水泥稳定砂岩碎石 R_{c0} 为 0.72～0.96 MPa；水泥稳定石灰岩、花岗岩、砂岩碎石 $R_{c\infty}$ 分别为 11.9～20.7 MPa、10.1～15.3 MPa、5.0～8.0MPa，$R_{i\infty}$ 分别为 1.2～2.6MPa、1.0～1.7 MPa、0.48～0.87MPa。表 4-10 数据表明，集料岩性相同，但由于产地、碎石加工工艺等不同而导致密度、颗粒形状等不同，水泥稳定碎石力学强度也存在较大差异。

如图4-7、图4-8所示，水泥稳定碎石初始强度R_{c0}与混合料最大干密度ρ_{dmax}成正比，极限强度$R_{c\infty}$是ρ_{dmax}乘幂函数。而水泥稳定碎石ρ_{dmax}很大程度上取决于碎石密度和矿料级配，而岩性不同、产地不同，加工的碎石密度也不同。

集料对水泥稳定碎石7d无侧限抗压强度　　表4-10

岩性		石灰岩							花岗岩	砂岩
产地		柞水	镇安	铜川	兴县	保德	安康	汉阴	蓝田	富县
压碎值(%)		17.9	21.3	22.7	21.6	22.8	21	23.6	21.8	26.5
不同P_S(%)对应R_{c7}(MPa)	3.0	9.08	7.77	6.32	7.2	8.4	7.16	7.8	—	3.06
	3.5	10.18	8.85	6.90	9.0	9.6	7.63	8.3	—	3.57
	4.0	10.94	9.84	7.50	9.9	11.1	7.94	8.3	8.7	4.08
	4.5	—	—	8.45	11.2	11.4	—	—	—	4.59

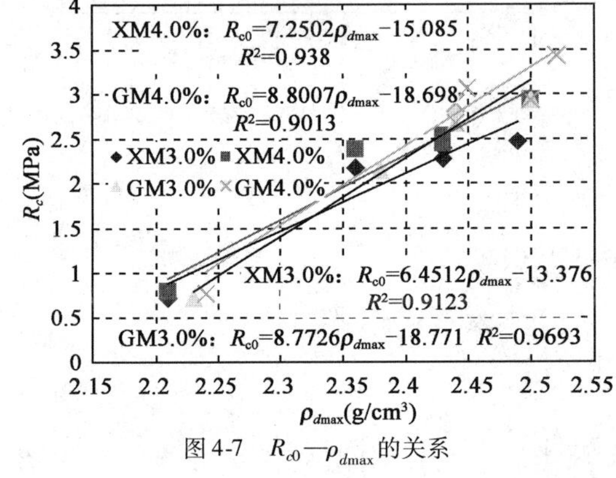

图4-7　R_{c0}—ρ_{dmax}的关系

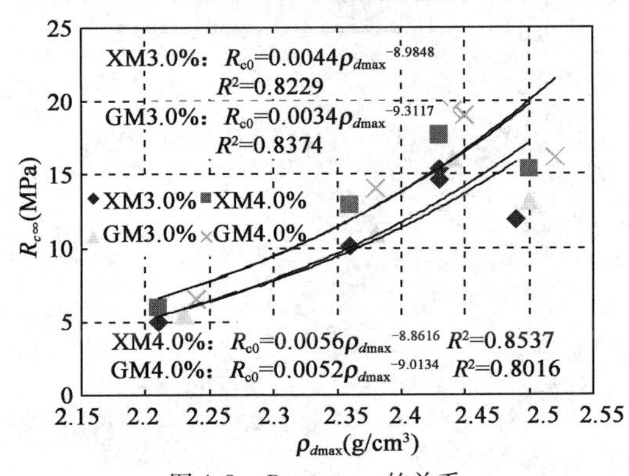

图4-8　$R_{c\infty}$—ρ_{dmax}的关系

岩性对水泥稳定碎石力学强度影响机理：①石灰岩集料主要矿物成分与普通硅酸盐水泥非常接近，石灰岩中$CaCO_3$的离子键结合的化合物表面在水泥浆形成的碱性条件下容易发生化学“断键”，与水泥浆中水化产物组成CSH、CH、$CaCO_3$等共存的界面过渡区，因而形成较牢固的化学过渡胶结层；②花岗岩为深成火成岩，其主要由铝酸盐类矿物长石、石英等组成，它们主要是由共价键结合的化合物，其共价键Si-O、Al-O之间键力强而牢固，在水泥浆介质下不易发生化学“断键”，因而集料表面与水泥浆体不能形成化学成分上连续过渡的界面区，而是物理性质的相界面黏结，结合力较弱；③砂岩为沉积岩，主要成分石英、黏土等，其密度较低、压碎值较大，因而其水泥稳定碎石强度较低。

2. 级配类型

表4-11列出骨架密实与悬浮密实水泥稳定碎石R_{c0}之比r_{c0}以及$R_{c\infty}$之比$r_{c\infty}$。表中数据表明，水泥稳定石灰岩、花岗岩、砂岩碎石r_{c0}分别为1.10～1.23、0.99～1.28、0.94～1.00，$r_{c\infty}$分别为1.05～1.11、1.08～1.13、1.09～1.12。骨架密实级配比悬浮密实级配水泥稳定碎石R_{c0}平均大13%，$r_{c\infty}$平均大9%。水泥稳定石灰岩碎石r_{c0}大于$r_{c\infty}$，这是由于水泥稳定碎石试件成型初期，水泥刚开始水化，水泥对强度的“贡献”可忽略不计，试件的强度主要由碎石嵌挤力提供，因而强嵌挤结构的骨架密实级配水泥稳定碎石初始强度高于悬浮密实级配初始强度，而随着龄期增长、水泥水化反应生成的水泥石增多，级配类型对抗压强度的影响逐渐减弱。由于砂岩其本身质地较软，在试件振动成型过程中粗骨料有一部分被压碎，这是造成骨架密实级配砂

岩水泥稳定碎石 r_{c0} 低于悬浮密实级配的原因。

级配类型对水泥稳定碎石抗压强度的影响　　表 4-11

P_S(%)	下列岩性集料水泥稳定碎石 r_{c0}					下列岩性集料水泥稳定碎石 $r_{c\infty}$				
	柞水石灰岩	三河石灰岩	铜川石灰岩	蓝田花岗岩	富县砂岩	柞水石灰岩	三河石灰岩	铜川石灰岩	蓝田花岗岩	富县砂岩
3.0	1.19	1.19	1.18	0.99	1.00	1.10	1.11	1.05	1.08	1.10
3.5	1.19	1.13	—	0.96	—	1.10	1.07	—	1.08	—
4.0	1.19	1.17	1.21	1.12	0.97	1.10	1.05	1.08	1.09	1.09
4.5	1.19	1.23	—	1.28	—	1.09	1.09	—	1.13	—
5.0	1.18	—	1.10	—	0.94	1.09	—	1.05	—	1.12

表 4-12 列出骨架密实型与悬浮密实型水泥稳定碎石极限劈裂 $R_{i\infty}$ 之比 $r_{i\infty}$，水泥稳定石灰岩碎石、水泥稳定花岗岩碎石和水泥稳定砂岩碎石 $r_{i\infty}$ 分别为 1.03 ~ 1.19、1.14 ~ 1.17、1.11 ~ 1.19，平均为 10%。3 种岩性水泥稳定碎石极限劈裂强度都表现出骨架密实级配显著大于悬浮密实级配。

级配类型对水泥稳定碎石劈裂强度的影响　　表 4-12

P_S(%)	下列岩性集料水泥稳定碎石 $r_{i\infty}$				
	柞水石灰岩	三河石灰岩	铜川石灰岩	蓝田花岗岩	富县砂岩
3.0	1.04	1.11	1.08	1.14	1.19
3.5	1.05	—	—	1.13	1.12
4.0	1.03	1.14	1.06	1.12	1.11
4.5	1.03	—	—	1.17	1.16
5.0	1.04	1.19	1.07	—	—

3. 压实度

表 4-13 列出不同密实度(压实度)的骨架密实水泥稳定碎石抗压强度，水泥剂量 3.5%，集料为柞水石灰岩。表中数据可以看出，压实度从 96% 提高到 98% 时，水泥稳定碎石强度可提高 17% ~25%，平均提高 22%；压实度从 96% 提高到 100% 时，水泥稳定碎石强度可提高 43% ~ 50%，平均提高 47%。由此可知，压实度每提高 1%，水泥稳定碎石强度至少可提高 11%。

密实度对水泥稳定碎石抗压强度的影响　　表 4-13

密度(压实度)	不同龄期(d)的 R_c(MPa)								不同龄期(d)的 $R_{c(k)}/R_{c(96\%)}$							
	3	7	14	28	60	90	120	180	3	7	14	28	60	90	120	180
2.340(96%)	5.4	7.7	9.5	11.1	12.3	12.5	13.1	13.5	1.00	1.00	1.00	1.00	1.00	1.00	1.00	1.00
2.389(98%)	6.3	9.6	11.6	13.3	14.9	15.6	16.1	16.9	1.17	1.25	1.22	1.20	1.21	1.25	1.23	1.25
2.438(100%)	7.7	11.3	13.9	16.2	18.3	18.7	19.3	20.2	1.43	1.47	1.46	1.46	1.49	1.50	1.47	1.50

4. 水泥剂量

表 4-14 和图 4-9 为水泥增强因子 v_c 与水泥剂量关系。v_c 定义为水泥稳定碎石抗压强度增长率与水泥剂量增量的比值。在水泥稳定碎石中，水泥水化反应产生出具有胶结能力的水化产物，在级配碎石空隙中相互交织搭接，将碎石颗粒包覆连接起来，使级配碎石逐渐丧失原有塑性等性质，这是水泥稳定碎石强度的主要来源。随着水泥剂量增大，水泥水化产物增加，

水泥稳定碎石强度逐渐增大，但水泥稳定碎石水泥增强因子 v_c 却逐渐减小。如图4-9所示，当水泥剂量≤3.0%时，水泥剂量增大1%，水泥稳定碎石强度提高19%以上；当水泥剂量≥4.0%时，水泥剂量增大1%，水泥稳定碎石强度提高不超过13%；当水泥剂量由5.0%提高到6.0%时，水泥稳定碎石强度提高不超过6%。因此，当水泥剂量≥4%时，单靠增加水泥剂量提高水泥稳定碎石强度并不经济，且不利于抗裂性能。

水泥稳定碎石抗压强度水泥增强因子 表4-14

级配类型	P_S(%)	下列龄期(d)水泥稳定碎石抗压强度水泥增强因子 v_c(%)								$\bar{v}_c$
		7	14	28	60	90	120	180	∞	
XM	2.0~3.0	23.8	22.4	26.7	27.6	27.2	25.9	27.7	27.8	26.1
	2.5~3.5	21.4	22.9	24.0	22.7	21.4	20.5	19.5	22.9	21.9
	3.0~4.0	17.9	20.4	19.3	19.2	19.8	19.1	18.2	20.1	19.3
	3.5~4.5	15.3	21.6	16.8	16.3	16.9	16.3	16.3	17.3	17.1
	4.0~5.0	12.0	15.2	14.6	12.8	12.1	12.3	11.2	13.1	12.9
GM	2.0~3.0	24.3	24.7	26.0	26.9	26.3	26.1	26.6	27.6	26.1
	2.5~3.5	21.5	26.1	25.5	22.1	20.9	21.1	19.9	23.0	22.5
	3.0~4.0	17.2	19.8	19.0	19.7	20.1	18.7	17.8	20.1	19.1
	3.5~4.5	11.5	16.4	14.3	16.1	17.3	16.8	16.0	16.7	15.6
	4.0~5.0	10.8	11.8	13.2	11.6	11.6	11.2	11.4	12.0	11.7

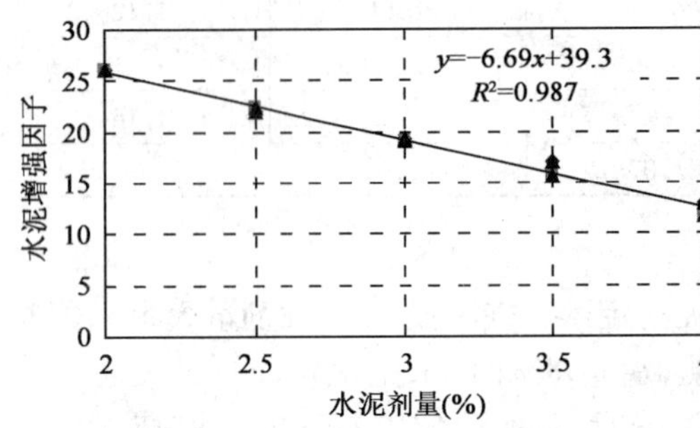

图4-9 水泥增强因子与水泥剂量关系

如图4-10所示，随着水泥剂量增大，水泥水化产物也相应增多，水泥稳定碎石劈裂强度接近于线性增长。如图4-11所示，随着水泥剂量增大，水泥稳定碎石水泥增强因子 v_i 呈抛物线走势。水泥剂量在3.0%~3.5%时，增加水泥剂量对于提高水泥稳定碎石劈裂强度效果最为明显；当水泥剂量>3.5%时，增加水泥剂量对于提高水泥稳定碎石劈裂强度效果逐渐弱化，表明技术经济性也逐渐变差。

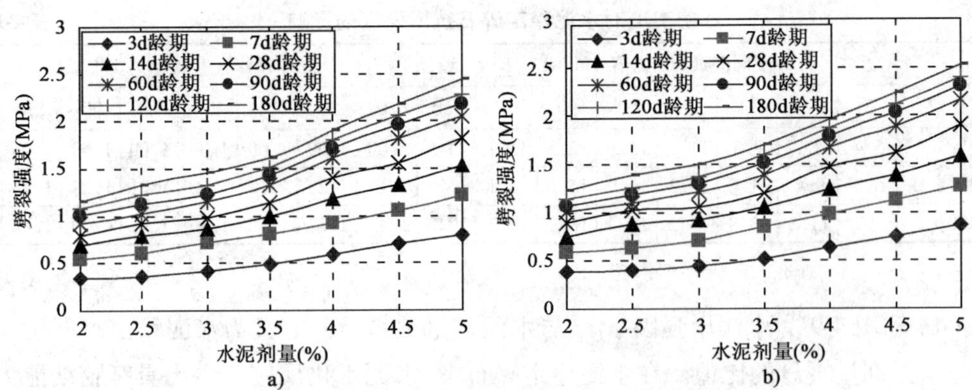

图4-10 水泥剂量对水泥稳定碎石劈裂强度影响规律

a)悬浮密实级配；b)骨架密实级配

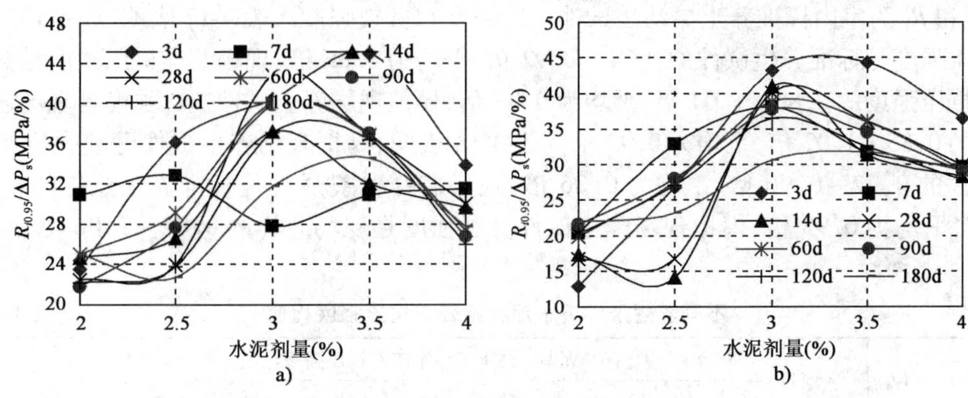

图 4-11 水泥稳定碎石劈裂强度水泥增强效应曲线

a)悬浮密实级配;b)骨架密实级配

5. 成型方式

表4-15 列出振动成型试件抗压强度 $R_{c(n)}$ 与现场振碾成型基层芯样抗压强度 $R_{c(x)}$ 比值,表4-16 列出振动成型试件劈裂强度 $R_{i(n)}$ 与现场振碾成型基层芯样劈裂强度 $R_{i(x)}$ 比值。为了尽量消除养生条件差异影响,将振动成型试件移送至工地现场并埋入石屑后,与现场同期碾压成型水泥稳定碎石基层一并覆盖土工布同步养生至规定龄期。表中数据表明:外界环境(气温和湿度)一致情况下,振动法成型试件抗压强度平均为芯样抗压强度的 0.925 倍,振动法成型试件劈裂强度平均为芯样疲劳强度的 0.93 倍。

成型方式对水泥稳定碎石抗压强度的影响 表 4-15

项目名称	层位	不同龄期(d)水泥稳定碎石 $\delta_c = R_{c(n)}/R_{c(x)}$							$\bar{\delta}_c$	$\bar{\bar{\delta}}_c$
		7	14	28	60	90	120	180		
青兰高速	底基层	0.92	0.92	0.86	0.89	0.85	0.93	0.96	0.90	0.925
	基层	0.94	0.91	0.91	0.91	0.95	0.93	0.94	0.93	
西商高速	底基层	0.95	1.01	0.89	1.02	0.90	—	—	0.96	
	基层	0.91	0.98	0.92	0.85	0.88	—	—	0.91	

成型方式对水泥稳定碎石劈裂强度的影响 表 4-16

项目名称	层位	不同龄期(d)水泥稳定碎石 $\delta_i = R_{i(n)}/R_{i(x)}$							$\bar{\delta}_i$	$\bar{\bar{\delta}}_i$
		7	14	28	60	90	120	180		
青兰高速	底基层	0.94	0.93	0.93	0.94	0.89	0.93	0.95	0.93	0.93
	基层	0.96	0.92	0.91	0.93	0.91	0.91	0.91	0.92	
西商高速	底基层	0.95	0.93	0.96	0.93	0.98	—	—	0.95	
	基层	0.89	0.91	0.96	0.90	0.94	—	—	0.92	

6. 养生条件

表4-17 和表4-18 分别列出不同养生条件下水泥稳定碎石抗压强度比值和劈裂强度比值。

表中 R_c 和 R_i 为室内标准养生振动法试件抗压强度和劈裂强度。表 4-17 表明,模拟现场养生试件抗压强度是标准养生试件的 0.71 ~0.92 倍,平均为 0.85 倍;现场芯样抗压强度是标准养生试件抗压强度的 0.83 ~1.04 倍,平均为 0.92 倍;模拟现场养生试件抗压强度是现场芯样抗压强度的 0.85 ~1.02 倍,平均为 0.93 倍。表 4-18 表明,模拟现场养生试件劈裂强度是标准养生试件的 0.77 ~0.96 倍,平均为 0.86 倍;现场芯样劈裂强度是标准养生试件的 0.79 ~1.05 倍,平均为 0.93 倍;模拟现场养生试件劈裂强度是现场芯样的 0.81 ~1.06 倍,平均为 0.93倍。

不同养生条件下水泥稳定碎石抗压强度比值 表 4-17

项目名称	层位	项目	不同龄期(d)水泥稳定碎石抗压强度比值							均值	气温(℃)
			7	14	28	60	90	120	180		
青兰高速	底基层	$R_{c(n)}/R_c$	0.78	0.76	0.74	0.71	0.75	0.85	0.86	0.78	5 ~15
		$R_{c(x)}/R_c$	0.85	0.83	0.86	0.80	0.88	0.91	0.90	0.86	
		$R_{c(n)}/R_{c(x)}$	0.92	0.92	0.86	0.89	0.85	0.93	0.96	0.90	
	基层	$R_{c(n)}/R_c$	0.82	0.82	0.81	0.88	0.91	0.88	0.88	0.86	10 ~20
		$R_{c(x)}/R_c$	0.87	0.91	0.89	0.96	0.95	0.94	0.93	0.92	
		$R_{c(n)}/R_{c(x)}$	0.94	0.91	0.91	0.91	0.95	0.93	0.94	0.93	
西商高速	底基层	$R_{c(n)}/R_c$	0.83	0.87	0.84	0.91	0.87	—	—	0.86	15 ~25
		$R_{c(x)}/R_c$	0.87	0.86	0.94	0.89	0.97	—	—	0.91	
		$R_{c(n)}/R_{c(x)}$	0.95	1.01	0.89	1.02	0.90	—	—	0.96	
	基层	$R_{c(n)}/R_c$	0.89	0.93	0.85	0.88	0.92	—	—	0.89	15 ~30
		$R_{c(x)}/R_c$	0.98	0.95	0.92	1.03	1.04	—	—	0.98	
		$R_{c(n)}/R_{c(x)}$	0.91	0.98	0.92	0.85	0.88	—	—	0.91	

不同养生条件下水泥稳定碎石劈裂强度比值 表 4-18

项目名称	层位	项目	不同龄期(d)水泥稳定碎石劈裂强度比值							均值	气温(℃)
			7	14	28	60	90	120	180		
青兰高速	底基层	$R_{i(n)}/R_i$	0.80	0.80	0.79	0.83	0.77	0.84	0.86	0.81	5 ~15
		$R_{i(x)}/R_i$	0.87	0.85	0.88	0.89	0.86	0.79	0.91	0.86	
		$R_{i(n)}/R_{i(x)}$	0.92	0.94	0.90	0.93	0.90	1.06	0.95	0.94	
	基层	$R_{i(n)}/R_i$	0.83	0.82	0.87	0.90	0.91	0.84	0.88	0.86	10 ~20
		$R_{i(x)}/R_i$	0.87	0.91	0.95	0.98	0.99	1.00	0.98	0.95	
		$R_{i(n)}/R_{i(x)}$	0.95	0.90	0.91	0.92	0.91	0.83	0.90	0.91	
西商高速	底基层	$R_{i(n)}/R_i$	0.87	0.80	0.85	0.82	0.88	—	—	0.84	15 ~25
		$R_{i(x)}/R_i$	0.88	0.91	0.84	0.93	0.90	—	—	0.89	
		$R_{i(n)}/R_{i(x)}$	0.99	0.88	1.01	0.88	0.98	—	—	0.95	
	基层	$R_{i(n)}/R_i$	0.91	0.92	0.94	0.85	0.96	—	—	0.92	15 ~30
		$R_{i(x)}/R_i$	1.02	1.04	0.97	1.05	1.02	—	—	1.02	
		$R_{i(n)}/R_{i(x)}$	0.89	0.88	0.97	0.81	0.94	—	—	0.90	

模拟现场振动法试件与现场芯样两者之间的差异主要由成型方式造成的，现场芯样强度代表水泥稳定碎石基层真实强度，但标准养生振动法试件比芯样研究水泥稳定碎石强度特性更具有操作性，因此，可以建立这两者之间关系揭示水泥稳定碎石真实强度，即

$$\begin{cases} R_{c(x)} = \dfrac{R_{c(n)}}{0.925} = \dfrac{0.85 \cdot R_c}{0.925} = 0.92 \cdot R_c \\ R_{i(x)} = \dfrac{R_{i(n)}}{0.93} = \dfrac{0.86 \cdot R_i}{0.93} = 0.92 \cdot R_i \end{cases} \tag{4-5}$$

第三节　回弹模量及影响因素

一、回弹模量室内试验结果

水泥稳定碎石抗压回弹模量室内试验结果见表 4-19。

水泥稳定碎石试件抗压回弹模量　　表 4-19

集料类型	集料产地	级配类型	P_S（%）	不同龄期（d）水泥稳定碎石 E_c（MPa）					
				0	28	60	90	120	180
石灰岩	柞水	XM	2.0	394	1 562	1 827	2 036	2 197	2 393
			2.5	401	1 695	1 965	2 179	2 347	2 530
			3.0	408	1 806	2 084	2 318	2 470	2 645
			3.5	405	1 880	2 155	2 393	2 565	2 717
			4.0	412	1 936	2 217	2 452	2 617	2 780
			4.5	415	1 982	2 264	2 490	2 652	2 814
			5.0	419	2 043	2 331	2 556	2 703	2 862
		GM	2.0	410	1 661	1 970	2 196	2 340	2 533
			2.5	423	1 810	2 124	2 335	2 491	2 668
			3.0	427	1 895	2 218	2 486	2 645	2 857
			3.5	430	1 990	2 311	2 578	2 732	2 932
			4.0	436	2 061	2 388	2 633	2 799	2 994
			4.5	438	2 117	2 449	2 704	2 880	3 092
			5.0	441	2 184	2 512	2 762	2 926	3 146
	三河	XM	3.0	387	1 721	1 943	2 193	—	—
			3.5	406	1 817	2 141	2 327	—	—
			4.0	413	2 014	2 295	2 548	—	—
			4.5	421	2 168	2 454	2 631	—	—
		GM	3.0	395	1 742	1 987	2 131	—	—
			3.5	419	1 969	2 215	2 354	—	—
			4.0	429	2 228	2 432	2 557	—	—
			4.5	447	2 319	2 519	2 655	—	—

续上表

集料类型	集料产地	级配类型	P_S(%)	不同龄期(d)水泥稳定碎石 E_c(MPa)					
				0	28	60	90	120	180
石灰岩	铜川	XM	3.0	402	1 456	1 867	2 130	2 289	2 492
			4.0	439	1 665	2 217	2 343	2 491	2 684
			5.0	451	1 983	2 345	2 527	2 606	2 793
		GM	3.0	427	1 820	2 124	2 314	2 374	2 504
			4.0	428	1 989	2 314	2 453	2 615	2 715
			5.0	471	2 174	2 455	2 664	2 772	2 891
花岗岩	蓝田	XM	3.0	322	1 487	1 715	1 929	—	—
			3.5	332	1 683	1 924	2 089	—	—
			4.0	347	1 793	2 098	2 200	—	—
			4.5	364	1 952	2 280	2 368	—	—
		GM	3.0	303	1 464	1 738	2 022	—	—
			3.5	342	1 620	1 914	2 208	—	—
			4.0	364	1 813	2 032	2 327	—	—
			4.5	389	1 983	2 280	2 492	—	—
砂岩	富县	XM	3.0	142	747	825	851	921	1 020
			4.0	150	974	1 114	1 180	1 253	1 300
			5.0	161	1 180	1 393	1 428	1 472	1 516
		GM	3.0	173	1 052	1 221	1 254	1 341	1 378
			4.0	150	1 140	1 254	1 335	1 359	1 416
			5.0	168	1 278	1 416	1 553	1 529	1 626

二、回弹模量增长规律及预测模型

1. 回弹模量增长曲线

水泥稳定碎石抗压回弹模量随龄期增长曲线如图 4-12 所示。

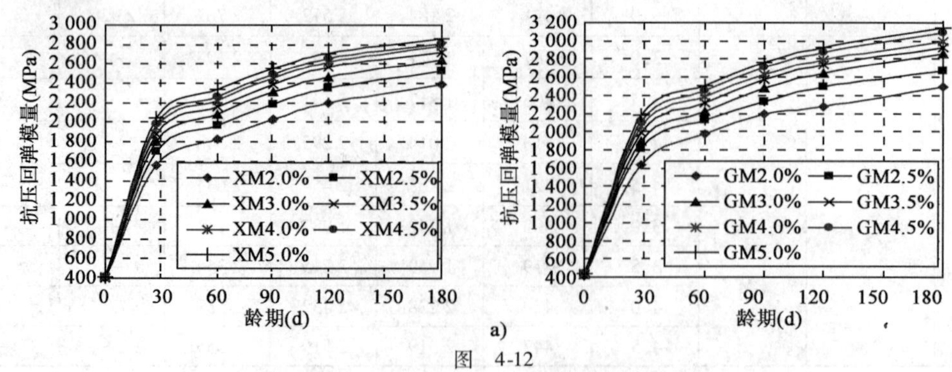

a)

图 4-12

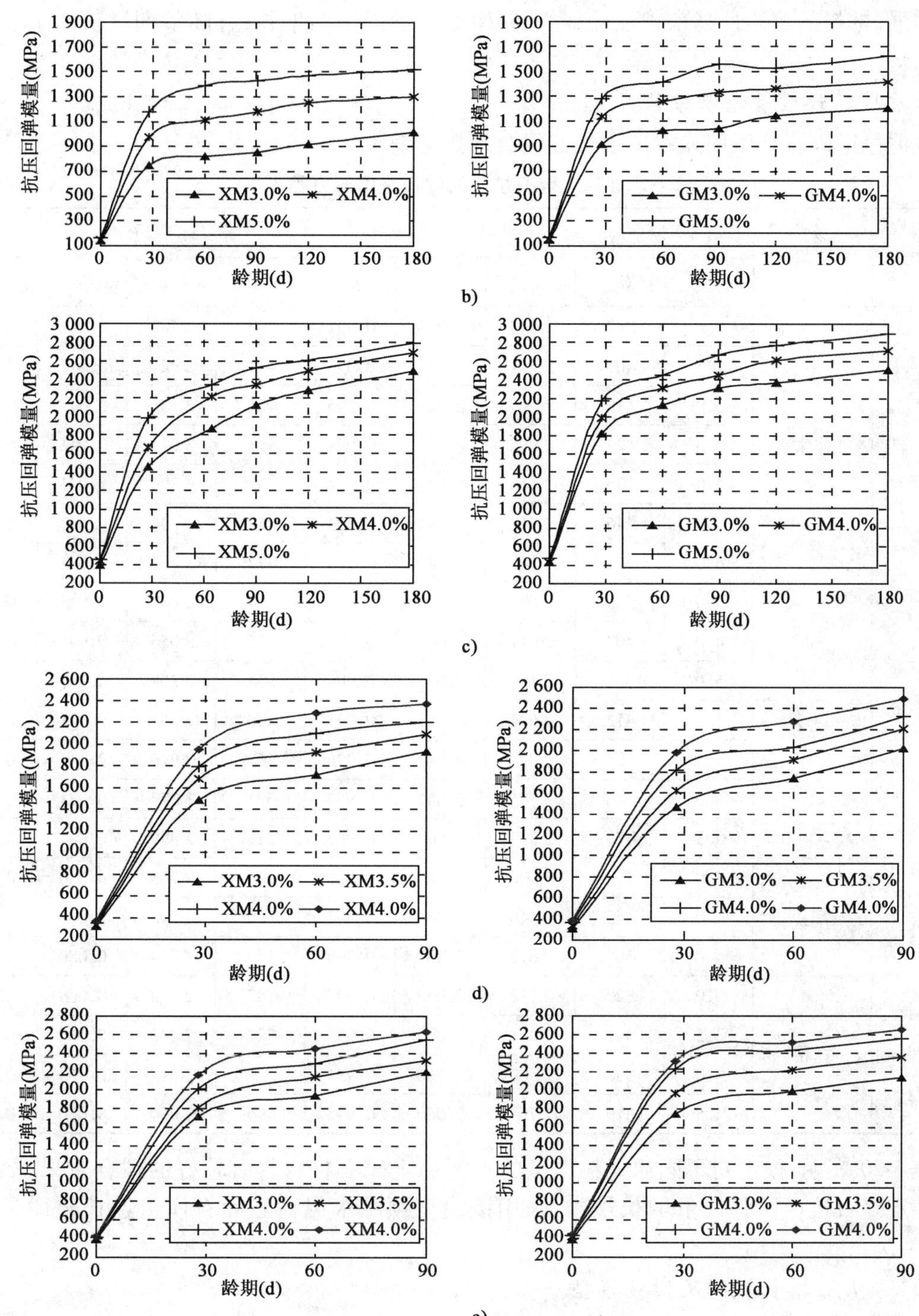

图 4-12　水泥稳定碎石抗压回弹模量随龄期增长曲线

a)柞水石灰岩;b)富县砂岩;c)铜川石灰岩;d)西商高花岗岩;e)三河石灰岩

如图 4-12 所示,不同原材料、不同级配类型水泥稳定碎石的抗压回弹模量随龄期的增长规律与抗压强度增长规律基本相似,随着水泥水化反应的不断进行,结合料对集料的黏结作用不断增强，材料的整体性越来越强，因此材料模量随龄期不断增长，且随龄期增长而呈非线性增长。

2. 抗压回弹模量增长方程

水泥稳定碎石抗压回弹模量增长方程及系数见表 4-20。

水泥稳定碎石抗压回弹模量增长方程 表 4-20

集料产地	集料岩性	P_S (%)	XM				GM			
			E_{c0}	$E_{c\infty}$	ξ_E	R^2	E_{c0}	$E_{c\infty}$	ξ_E	R^2
石灰岩	柞水	2.0	382	2 563	0.041	0.991	405	2 702	0.041	0.996
		2.5	401	2 741	0.041	0.993	431	2 920	0.041	0.996
		3.0	419	2 895	0.041	0.995	425	3 105	0.041	0.995
		3.5	423	2 995	0.041	0.994	441	3 215	0.041	0.995
		4.0	436	3 068	0.041	0.994	458	3 296	0.041	0.995
		4.5	446	3 116	0.041	0.994	459	3 394	0.041	0.995
		5.0	460	3 188	0.041	0.993	472	3 464	0.041	0.994
	铜川	3.0	339	2 637	0.041	0.984	464	2 809	0.041	0.995
		4.0	407	2 917	0.041	0.996	476	3 056	0.041	0.993
		5.0	485	3 101	0.041	0.996	534	3 264	0.041	0.990
	三河	3.0	412	2 674	0.041	0.991	430	2 661	0.041	0.990
		3.5	429	2 877	0.041	0.996	468	2 970	0.041	0.985
		4.0	446	3 145	0.041	0.992	503	3 275	0.041	0.972
		4.5	473	3 318	0.041	0.987	525	3 399	0.041	0.971
砂岩	富县	3.0	138	1 006	0.080	0.983	145	1 235	0.080	0.992
		4.0	145	1 349	0.080	0.997	160	1 503	0.080	0.997
		5.0	165	1 618	0.080	0.999	175	1 714	0.080	0.997
花岗岩	蓝田	3.0	320	2 172	0.060	0.997	287	2 230	0.060	0.991
		3.5	341	2 411	0.060	0.998	327	2 446	0.060	0.992
		4.0	358	2 580	0.060	0.991	366	2 617	0.060	0.994
		4.5	379	2 797	0.060	0.993	396	2 864	0.060	0.997

表 4-20 表明，模型对不同原材料类型的水泥稳定碎石材料具有较好的拟合效果，揭示了水泥稳定碎石抗压回弹模量增长规律，采用该模型预测水泥稳定碎石模量增长规律具有可行性。

3. $E_{cT}/E_{c\infty}$ 增长规律及模量模型

如图 4-13 所示，将 $E_{cT}/E_{c\infty}$—T 作图，则图 4-12 中不同级配、不同水泥剂量水泥稳定碎石模量增长曲线就可规格化。可以看出，不同级配、不同水泥剂量水泥稳定碎石模量—龄期曲线差不多成了一条曲线。水泥稳定石灰岩碎石 $E_{c90} \approx 0.8E_{c\infty}$，水泥稳定花岗岩碎石 $E_{c90} \approx 0.88E_{c\infty}$，水泥稳定砂岩碎石 $E_{c60} \approx 0.8E_{c\infty}$。

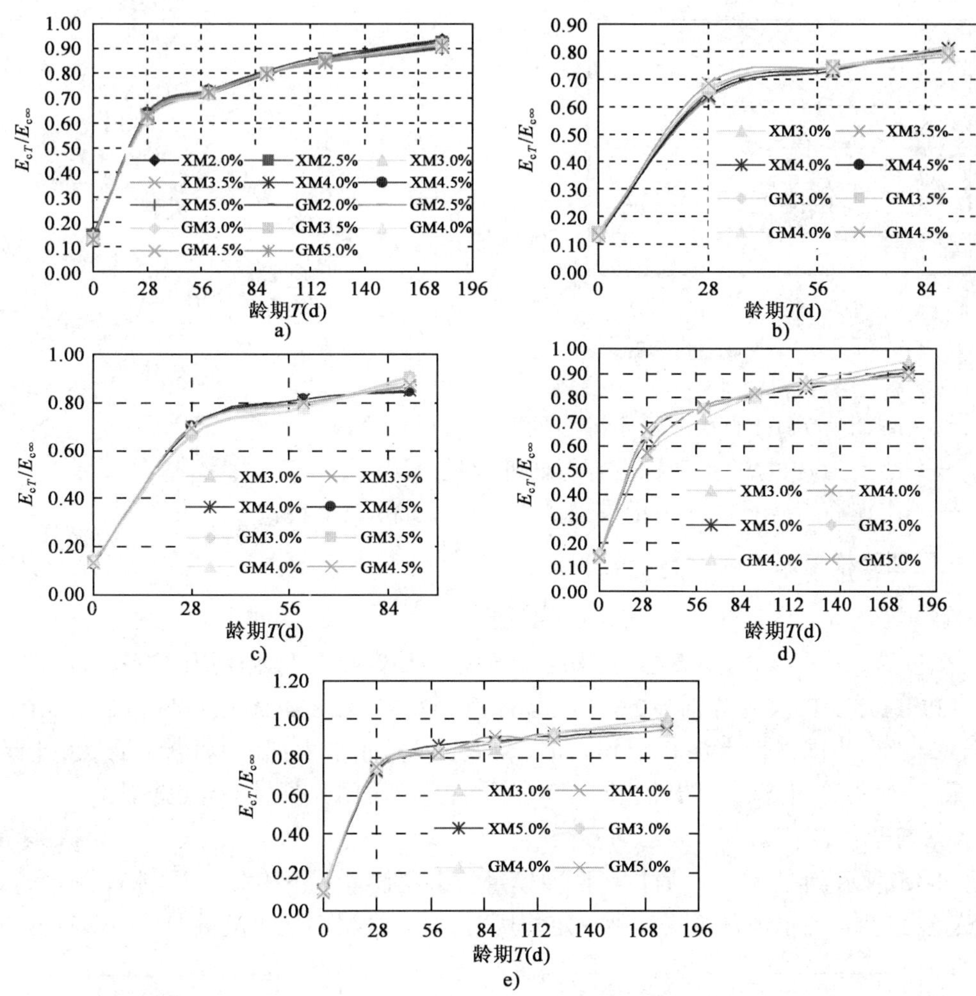

图 4-13　水泥稳定碎石 $E_{cT}/E_{c\infty}$—T 的关系

a)柞水石灰岩;b)三河石灰岩;c)蓝田花岗岩;d)铜川石灰岩;e)富县砂岩

进一步将水泥稳定碎石 $R_{iT}/R_{i\infty}$ 对 $\ln T$ 作图,结果如图 4-14 所示。$E_{cT}/E_{c\infty}$—$\ln T$ 曲线符合乘幂函数,即

$$\frac{E_{cT}}{E_{c\infty}} = A_E \cdot (\ln T)^{B_E} \qquad T \leqslant 180\text{d} \tag{4-6}$$

式中:A_E、B_E——回归系数,与岩性有关,见表 4-21。

回归系数 A_E、B_E　　表 4-21

系　数	下列集料岩性的回归系数及相关系数				
	富县砂岩	蓝田花岗岩	铜川石灰岩	柞水石灰岩	三河石灰岩
A_E	0.363 1	0.257 8	0.223 2	0.215 4	0.302 2
B_E	0.589 2	0.808 1	0.854 4	0.873 8	0.641 6
R^2	0.998	0.990	0.998	0.992	0.993

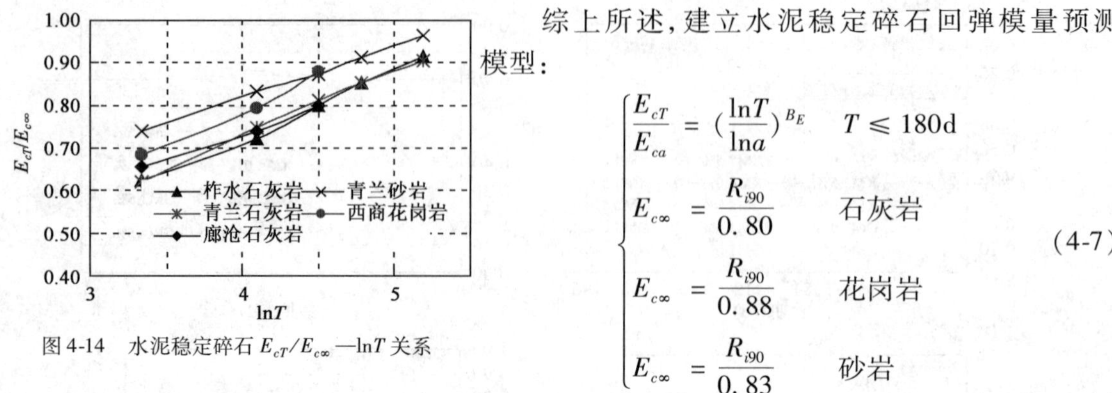

图 4-14　水泥稳定碎石 $E_{cT}/E_{c\infty}$—ln$T$ 关系

综上所述，建立水泥稳定碎石回弹模量预测模型：

$$\begin{cases} \dfrac{E_{cT}}{E_{ca}} = \left(\dfrac{\ln T}{\ln a}\right)^{B_E} & T \leqslant 180\mathrm{d} \\ E_{c\infty} = \dfrac{R_{i90}}{0.80} & \text{石灰岩} \\ E_{c\infty} = \dfrac{R_{i90}}{0.88} & \text{花岗岩} \\ E_{c\infty} = \dfrac{R_{i90}}{0.83} & \text{砂岩} \end{cases} \tag{4-7}$$

式中：E_{cT}——龄期为 T(d)的水泥稳定碎石回弹模量(MPa)；

E_{ca}——龄期为 a(d)的水泥稳定碎石回弹模量(MPa)；

B_E——水泥稳定碎石回弹模量模型系数，与水泥品质、集料特性有关。

三、抗压回弹模量影响因素

1. 岩性

水泥剂量为3% ~5%时，石灰岩、花岗岩、砂岩水泥稳定碎石 E_{c0}分别为339 ~525MPa、320 ~396MPa、138 ~175 MPa，$E_{c\infty}$ 分别为2 637 ~3 464MPa、2 172 ~2 864 MPa、1 006 ~1 714MPa；水泥剂量相同条件下，不同岩性水泥稳定碎石 E_{c0} 和 $E_{c\infty}$ 差异非常大：其中石灰岩最大，花岗岩次之，砂岩最小；水泥稳定碎石的岩性相同、产地不同，其抗压回弹模量差异也较大。

2. 水泥剂量

如图 4-15 所示，水泥稳定碎石抗压回弹模量与水泥剂量呈正相关关系，水泥剂量越高，抗压回弹模量也越高；当水泥剂量提高到一定程度时，提高水泥剂量对模量的提高影响变小。

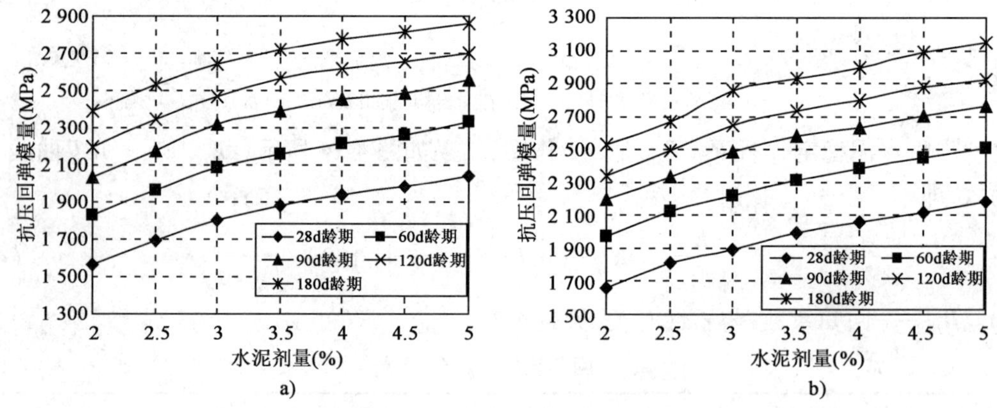

图 4-15　水泥剂量对抗压回弹模量的影响

a)悬浮密实级配；b)骨架密实级配

表 4-22 为水泥稳定碎石水泥增强因子 v_E。随水泥剂量增大，水泥稳定碎石水泥增强因子 v_E 呈线性递减，水泥剂量在 2.0% ~3.0%时，增加水泥剂量对提高水泥稳定碎石回弹模量效果较为显著；当水泥剂量 >3.0%时，增加水泥剂量对于提高水泥稳定碎石回弹模量效果逐渐弱化。

水泥稳定碎石水泥增强因子　表 4-22

级配类型	P_S(%)	下列龄期(d)水泥稳定碎石水泥增强效应 v_E(%)					$\bar{v}_E$
		28	60	90	120	180	
XM	2.0～3.0	15.6	14.1	13.9	12.4	10.5	13.3
	2.5～3.5	10.9	9.7	9.8	9.3	7.4	9.4
	3.0～4.0	7.2	6.4	5.8	6.0	5.1	6.1
	3.5～4.5	5.4	5.1	4.1	3.4	3.6	4.3
	4.0～5.0	5.5	5.1	4.2	3.3	2.9	4.2
GM	2.0～3.0	14.1	12.6	13.2	13.0	12.8	13.1
	2.5～3.5	9.9	8.8	10.4	9.7	9.9	9.7
	3.0～4.0	8.8	7.7	5.9	5.8	4.8	6.6
	3.5～4.5	6.4	6.0	4.9	5.4	5.5	5.6
	4.0～5.0	6.0	5.2	4.9	4.5	5.1	5.1

3. 级配类型

表 4-23 列出骨架密实与悬浮密实水泥稳定碎石初始抗压回弹模量 E_{c0}之比 r_{E0}、极限抗压回弹模量 $E_{c\infty}$之比 $r_{E\infty}$。水泥剂量为 3%～5% 时，水泥稳定石灰岩碎石、水泥稳定花岗岩碎石和水泥稳定砂岩碎石 r_{E0}分别为 1.01～1.10、0.90～1.04、1.04～1.11，平均为 7%，$r_{E\infty}$分别为 1.07～1.23、1.01～1.03、1.00～1.04，平均为 6%。骨架密实结构水泥稳定碎石中粗骨料所占比重较大，粗骨料之间相互嵌挤，相互咬合形成自锁骨架结构，细集料填充于骨架结构的空隙之中，混合料的整体刚度性质更多地体现粗骨料的性质。由于混合料中细集料和水泥水化产物所形成的混合物中孔隙较石料孔隙多，其模量远低于石料模量，因此骨架密实结构水泥稳定碎石抗压回弹模量要高于悬浮密实结构水泥稳定碎石。

级配类型对水泥稳定碎石抗压回弹模量的影响　表 4-23

P_S(%)	r_{E0}					$r_{E\infty}$				
	柞水石灰岩	铜川石灰岩	三河石灰岩	蓝田花岗岩	富县砂岩	柞水石灰岩	铜川石灰岩	三河石灰岩	蓝田花岗岩	富县砂岩
3.0	1.01	1.05	1.37	0.90	1.04	1.07	1.23	1.07	1.03	1.00
3.5	1.04	—	—	0.96	1.09	1.07	—	—	1.01	1.03
4.0	1.05	1.10	1.17	1.02	1.13	1.07	1.11	1.05	1.01	1.04
4.5	1.03	—	—	1.04	1.11	1.09	—	—	1.02	1.02
5.0	1.03	1.06	1.10	—	—	1.09	1.06	1.05	—	—

4. 养生龄期

如图 4-16 所示，随着养生龄期的增加，水泥水化产物越来越多，对集料的黏结作用越来越大，材料的整体性也越来越好，因此表现出材料刚度随龄期的增长而不断增加。

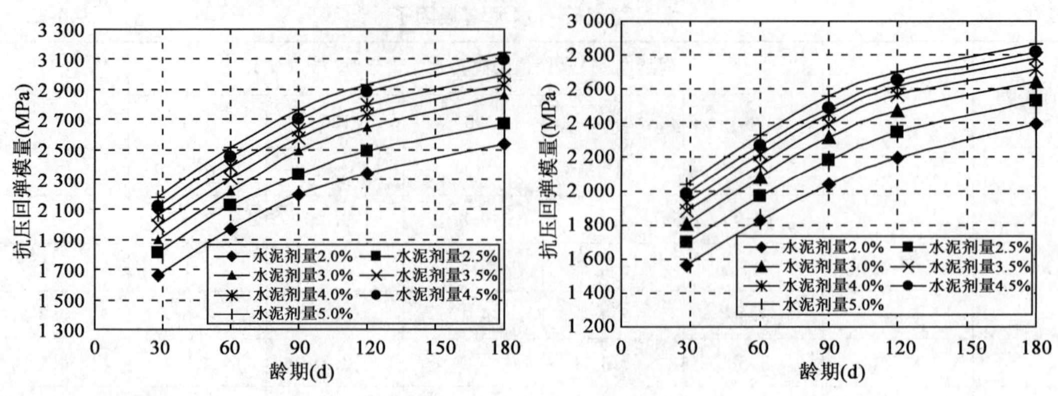

图 4-16　抗压回弹模量增长曲线

5. 成型方式

表 4-24 列出振动成型试件抗压强度 $E_{c(n)}$ 与现场振碾成型基层芯样抗压强度 $E_{c(x)}$ 比值。表中数据表明:外界环境(气温和湿度)一致情况下,振动法成型试件抗压模量平均为芯样抗压模量的 0.923 倍。

振动法成型现场养生试件与现场芯样抗压模量比值　　表 4-24

项目名称	层位	不同龄期(d)水泥稳定碎石 $\delta_E = E_{c(n)} / E_{c(x)}$ (%)					$\bar{\delta}_E$	$\bar{\bar{\delta}}_E$
		28	60	90	120	180		
青兰高速	底基层	0.902	0.914	0.933	0.927	0.941	0.923	0.923
	基层	0.912	0.911	0.906	0.941	0.939	0.922	
西商高速	底基层	0.915	0.928	0.935	—	—	0.926	
	基层	0.907	0.919	0.932	—	—	0.919	

6. 养生条件

不同养生条件下试件抗压回弹模量比值见表 4-25。表中 E_c 为室内标准养生振动法试件抗压模量。

不同养生条件下抗压回弹模量比值　　表 4-25

项目名称	层位	项目	不同龄期(d)水泥稳定碎石模量比值					均值	气温(℃)
			28	60	90	120	180		
青兰高速	底基层	$E_{c(n)}/E_c$	0.78	0.88	0.92	0.98	1.02	0.92	5 ~ 15
		$E_{c(x)}/E_c$	0.86	0.96	0.99	1.06	1.08	0.99	
		$E_{c(n)}/E_{c(x)}$	0.90	0.91	0.93	0.93	0.94	0.92	
	基层	$E_{c(n)}/E_c$	0.89	0.92	0.90	0.98	1.00	0.94	10 ~ 20
		$E_{c(x)}/E_c$	0.98	1.01	0.99	1.04	1.07	1.02	
		$E_{c(n)}/E_{c(x)}$	0.91	0.91	0.91	0.94	0.94	0.92	

续上表

项目名称	层位	项目	不同龄期(d)水泥稳定碎石模量比值					均值	气温(℃)
			28	60	90	120	180		
西商高速	底基层	$E_{c(n)}/E_c$	0.92	0.96	0.95	—	—	0.94	15~25
		$E_{c(x)}/E_c$	1.01	1.03	1.02	—	—	1.02	
		$E_{c(n)}/E_{c(x)}$	0.92	0.93	0.94	—	—	0.93	
	基层	$E_{c(n)}/E_c$	0.92	0.95	0.99	—	—	0.95	15~30
		$E_{c(x)}/E_c$	1.01	1.03	1.06	—	—	1.03	
		$E_{c(n)}/E_{c(x)}$	0.91	0.92	0.93	—	—	0.92	

表4-25表明:现场养生条件下试件抗压回弹模量是室内养生条件下试件抗压回弹模量的0.78~1.02倍,平均为0.94倍;现场芯样抗压回弹模量是室内养生条件下试件抗压回弹模量的0.86~1.08倍,平均为1.02倍;现场养生条件下试件抗压回弹模量是现场芯样抗压回弹模量的0.81~1.06倍,平均为0.92倍。

第四节　疲劳特性及影响因素

一、试验方法

1.疲劳试验方法

目前,研究道路材料疲劳试验方法主要有小梁弯曲试验和圆柱体试件劈裂试验。弯曲试验能较好地模拟实际路面结构的应力状态,但试件制备比较复杂。与小梁弯曲试验相比,劈裂试验的试件制备和试验过程都较为简便,可采用静压法试件、振动法试件和路面芯样等。试验时试件中部的应力状态(如图4-17所示)与路面受荷时底层的应力状态较为相似,具有较大优越性。因此,本次试验采用劈裂试验研究水泥稳定碎石疲劳特性。

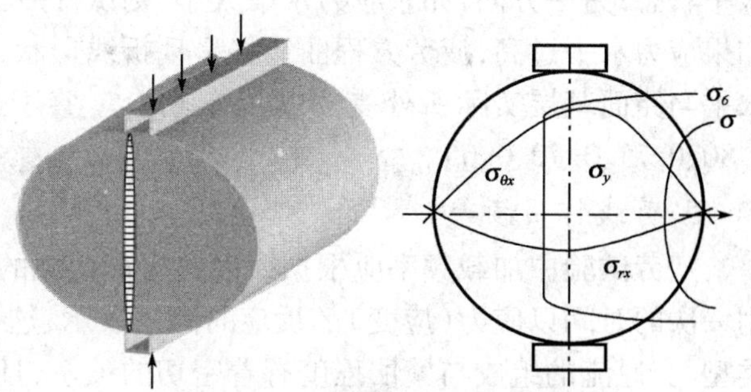

图4-17　劈裂试验试件应力状态

2.荷载控制模式

疲劳试验有两种荷载控制模式:应力控制模式和应变控制模式。与应变控制模式相比,应力控制模式具有再现能力强、试验时间短、疲劳破坏概念明确、试验所需试件少和试验结果离散程度小等优点。同时,考虑水泥稳定碎石疲劳破坏为脆性破坏,且圆柱体试件在劈裂受力模式下变形微小,无法保证应变测试精度,因此,本次试验采用应力控制模式。

3. 荷载作用波形与循环特征值

为了模拟半刚性基层承受交通荷载的反复加载、卸载作用，本次试验采用正弦波荷载，如图 4-18 所示。图中 σ_{max}、σ_{min}分别表示试验时作用在圆柱体试件上循环应力最大值、最小值。

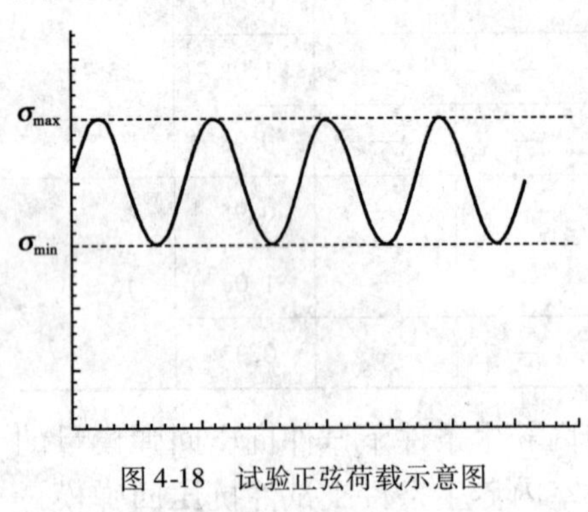

图 4-18　试验正弦荷载示意图

循环特征值 R 定义为循环应力最小值 σ_{min}与最大值 σ_{max}的比值，即

$$R = \frac{\sigma_{min}}{\sigma_{max}} \tag{4-8}$$

循环特征值取值主要考虑两点：一是考虑行车最大荷载和最小荷载差异较大，基层产生应力最大值与应力最小值之比一般很小；二是面层隔温作用使得基层温度变化并不剧烈，产生温度应力较小，所以高低应力比也很小，一般在 0.2 以下。因此，本次试验的疲劳试验循环特征值取 $R = 0.1$。

4. 应力水平

应力水平 S 定义为循环应力最大值与极限劈裂强度的比值，即

$$S = \frac{\sigma_{max}}{\sigma_s} \tag{4-9}$$

式中：σ_{max}——循环应力最大值（MPa）；

σ_s——试件极限劈裂强度（MPa）。

应力水平的选择既要考虑沥青路面基层在一般荷载的作用下所处的应力水平范围，又要兼顾试验的经济性和可操作性。一方面，沥青路面半刚性基层在行车荷载作用下处于低应力水平状态；另一方面，如果应力水平太小，则试件疲劳寿命较长，试验时间也较长、费用也较高；如果应力水平过高，疲劳方程曲线将呈现折线形状，所得出的疲劳方程应用性不强，且高应力水平与路面基层实际所处受力状况不吻合。鉴于此，本次试验拟采用 5 个应力水平：0.85、0.80、0.75、0.70、0.65。

5. 荷载作用频率

疲劳试验中加载频率应根据路面在行车荷载的作用下的响应规律来确定。车轮对路面作用一次的时间以应力（应变）的反应时间来表示，这一时间与行车荷载的轮重、行驶速度、交通类型、交通流的组成与繁忙程度有着密切的关系，且路面面层的材料类型和厚度对反应时间有着重要影响[40]。我国高等级公路载重货车实际行驶速度在 60 ~ 80km/h 之间，设轮胎接地长度为 20cm，则荷载作用时间分别为 0.012 ~ 0.009s。

Van der Poel 公式：

$$f = \frac{1}{2\pi\tau} \tag{4-10}$$

式中：τ——某一行驶速度下的反应时间。

由此得到，行驶速度为 60 ~ 80km/h，荷载作用频率为 13 ~ 17Hz。已有研究表明：当应力水平较低时，水泥稳定碎石处于线弹性状态，荷载作用频率对疲劳寿命影响很小；当应力水平

较高(如 $S \geqslant 0.85$)时,由于材料蠕变的影响,荷载作用频率对疲劳寿命有较大的影响。因此,当 $S<0.85$ 时,$f=15\text{Hz}$;当 $S \geqslant 0.85$ 时,$f=1\text{Hz}$。

6. 加载系统与夹具

采用 MTS485.10 材料疲劳试验机。该 MTS 系统主要由 4 部分组成:控制系统、加载系统、应力应变量测系统和数据采集处理系统。通过加载控制程序设置各种参数,如加载频率、荷载波形以及疲劳荷载上、下限加载速率等。并且 MTS 系统有自动保护装置,当荷载或位移到达某一设定值时,系统自动停止工作。

试件精确放置于夹具内,使得上、下劈裂压条平面中线恰好与试件直径成一直线,并确保试验过程始终处于这一状态,保证试件实际受力模式与理论计算模型一致,这是确保试验精度的前提条件。为此,专门加工如图 4-19 所示劈裂试验夹具,并在试件两侧与夹具之间放置 2 个泡沫块,以防疲劳试验过程中试件跑位,并确保不影响试件受力模式和试件在荷载作用下的横向变形(如图 4-20 所示)。

图 4-19　劈裂试验夹具

图 4-20　试件放置与固定

施加正弦波荷载之前,先对试件预压,预压荷载取最大荷载和最小荷载的平均值,预压时间为 20s,以减少压条与试件的不良接触,减少试验误差。施加正弦波荷载之后,随时观察疲劳裂缝发生、发展直至破坏的全过程。试验过程中,随时检查 MTS 试验机、液压源和传感器等设备,发现问题停止试验及时解决。

二、疲劳方程

1. 试验所用材料及配比

采用陕西柞水石灰岩集料和蓝田尧柏牌 P. O32.5 普通硅酸盐缓凝水泥。

矿料级配见表 4-3。4 种类型水泥稳定碎石:3% 水泥剂量的骨架密实型水泥稳定碎石(GM 3%)、4% 水泥剂量的骨架密实型水泥稳定碎石(GM 4%)、3% 水泥剂量的悬浮密实型水泥稳定碎石(XM 3%)和 4% 水泥剂量的悬浮密实型水泥稳定碎石(XM 4%)。振动击实试验结果见表 4-26。

疲劳试验分为静载劈裂试验和劈裂疲劳试验。采用振动试验方法成型水泥稳定碎石圆柱体试件,养生至 360d 备用。

2. 劈裂强度

水泥稳定碎石劈裂强度见表 4-26。

水泥稳定碎石振动击实试验结果和劈裂强度　　表 4-26

级配类型	P_S（%）	振动击实试验		劈裂试验		
		ρ_{dmax}（g/cm^3）	w_0（%）	$\bar{R}_i$（MPa）	C_V（%）	$R_{i0.95}$（MPa）
XM	3.0	2.43	4.2	1.517	2.8	1.446
	4.0	2.43	4.2	2.178	1.7	2.116
GM	3.0	2.44	4.2	1.585	3.0	1.503
	4.0	2.44	4.2	2.245	0.8	2.216

3. 劈裂疲劳试验数据

表 4-27 列出不同级配类型、不同剂量水泥稳定碎石劈裂疲劳试验数据，表中带 * 表示试件在循环荷载作用至相应次数后未发生破坏。

水泥稳定碎石劈裂疲劳试验数据　　表 4-27

级配类型	水泥剂量（%）	下列应力水平 S 对应的疲劳寿命 N(次)				
		0.85	0.80	0.75	0.70	0.65
XM	3.0	327	451	1 468	4 951	106 483
		503	1 938	4 646	8 305	174 155
		1 111	2 315	5 862	21 541	263 902
		—	2 962	14 676	38 986	339 061
		—	—	25 634	49 510	—
		—	—	30 166	131 858	—
		—	—	42 297	—	—
		—	—	300 002 *	—	—
	4.0	259	2 447	2 616	26 335	133 110
		364	2 781	4 340	37 738	323 639
		785	3 046	8 133	83 147	335 935
		529	4 140	11 087	88 142	493 537
		—	—	12 677	125 436	—
		—	—	13 689	—	—
		—	—	25 676	—	—
		—	—	32 188	—	—

续上表

级配类型	水泥剂量(%)	下列应力水平 S 对应的疲劳寿命 N(次)				
		0.85	0.80	0.75	0.70	0.65
GM	3.0	656	833	1 778	14 541	143 564
		833	1 314	5 752	29 811	203 567
		1 100	1 702	5 880	34 997	330 076
		—	3 500	13 298	56 965	387 630
		—	5 787	15 757	89 234	492 483
		—	—	35 679	259 100	—
		—	—	125 171	—	—
	4.0	444	1 093	2 233	30 063	185 667
		912	1 786	4 030	31 704	340 724
		948	3 041	8 950	48 882	534 953
		—	—	9 610	139 142	—
		—	—	13 557	186 788	—
		—	—	30 412	215 667	—
		—	—	31 159	—	—
		—	—	66 482	—	—

从表 4-27 中数据可以看出，级配类型、水泥剂量和作用应力水平都相同条件下，水泥稳定碎石试件疲劳寿命也会相差数倍甚至数十几倍，试验结果离散性非常大。因此，疲劳试验时，考虑到高应力水平时的疲劳寿命 N 较短，数据离散性相对较小，平行试验数量也相对少些；随着应力水平降低，数据离散性增大，平行试验数量也有所增大。

4. 试验数据 Weibull 分布检验

目前两参数 Weibull 分布统计模型广泛用在工程结构设计和疲劳寿命分析中。因此，假设水泥稳定碎石疲劳寿命 N 和等效疲劳寿命$\overline{N}$($\overline{N} = N^{1-R}$)均服从两参数 Weibull 分布，则失效概率 ρ 应满足：

$$\rho = F(\overline{N}) = 1 - \exp\left(-\frac{\overline{N}^{m}}{t_0}\right) \quad \overline{N} \geqslant 1,\ m、t_0 > 0 \tag{4-11}$$

变形为：

$$\ln \ln \frac{1}{1-\rho} = m\ln \overline{N} - \ln t_0 \tag{4-12}$$

式中：m——形状参数；

t_0——尺度参数。

表4-28 给出水泥稳定碎石等效疲劳寿命$\overline{N}$的 Weibull 分布模型的回归系数（m 和 $\ln t_0$）和检验相关系数 r。

试验数据 Weibull 分布检验结果 表4-28

级配类型	P_S（%）	回归系数	下列应力水平 S 对应$\overline{N}$的 Weibull 分布模型回归系数				
			0.85	0.80	0.75	0.70	0.65
XM	3.0	m	1.372	1.027	0.855	0.833	1.845
		$\ln t_0$	8.258	7.247	7.635	8.053	20.734
		r	0.972	0.928	0.987	0.985	0.997
	4.0	m	1.478	3.543	1.265	1.477	1.612
		$\ln t_0$	8.464	26.058	11.023	15.123	18.699
		r	0.959	0.928	0.989	0.973	0.953
GM	3.0	m	2.946	1.236	0.733	0.984	1.953
		$\ln t_0$	18.004	8.952	6.716	10.084	22.529
		r	0.989	0.973	0.964	0.961	0.991
	4.0	m	1.880	1.704	0.941	1.061	1.649
		$\ln t_0$	11.576	11.932	8.482	11.247	19.255
		r	0.917	0.996	0.985	0.937	1.000

5. 疲劳方程的建立

将 Weibull 分布检验所得的回归系数代入式（4-12），得到不同失效概率下各应力水平 S 水泥稳定碎石等效疲劳寿命$\overline{N}$，见表4-29。

不同失效概率下的等效疲劳寿命 表4-29

级配类型	P_S（%）	失效概率（%）	下列应力水平 S 水泥稳定碎石等效疲劳寿命$\overline{N}$				
			0.85	0.80	0.75	0.70	0.65
XM	3.0	50	315	812	4 920	10 173	62 273
		40	252	603	3 443	7 052	52 779
		30	194	425	2 262	4 582	43 442
		20	138	269	1 307	2 609	33 690
		10	80	130	543	1 060	22 432
		5	47	64	234	447	15 185
XM	4.0	50	240	1 410	4 556	21 826	86 900
		40	195	1294	3 579	17 751	71 910
		30	153	1169	2 694	13 919	57 546
		20	111	1024	1 860	10 132	43 019
		10	67	829	1 028	6 096	27 007
		5	41	676	582	3 744	17 280

续上表

级配类型	P_S（%）	失效概率（%）	下列应力水平 S 水泥稳定碎石等效疲劳寿命$\overline{N}$				
			0.85	0.80	0.75	0.70	0.65
GM	3.0	50	398	1039	5781	19 448	84 789
		40	359	812	3 812	14 261	72 522
		30	318	607	2 335	9 900	60 338
		20	271	415	1 232	6 147	47 456
		10	210	226	442	2 867	32 316
		5	165	126	166	1 379	22 354
	4.0	50	389	886	5 565	28 422	94 326
		40	330	741	4 024	21 317	78 387
		30	273	600	2 747	15 195	63 044
		20	213	456	1 669	9 766	47 437
		10	143	293	752	4 815	30 094
		5	97	192	350	2 443	19 449

假定水泥稳定碎石材料不存在疲劳极限，则疲劳方程应满足 2 个边界条件：

$$S = 1 \text{ 时}, N = 1 \tag{4-13}$$

$$S = 0 \text{ 时}, N \to \infty \tag{4-14}$$

严格满足式(4-13)和式(4-14)两个边界条件且能较好拟合所有试验结果的疲劳方程几乎是不存在的。因此常常适当放松两个边界条件，以得到较为合理的疲劳方程。经过分析，建立如下形式的疲劳方程：

$$\lg S = \lg a - b'\lg \overline{N} = \lg a - b\lg N \tag{4-15}$$

式中：a、b'——方程待定回归系数，$b = b' \times (1 - R)$，R 为循环特征值。

该形式疲劳方程满足边界条件式(4-14)，因此可以适当外延至低应力疲劳区使用。按其回归分析建立水泥稳定碎石疲劳方程，见表 4-30。ρ—S—N 曲线如图 4-21 所示。

水泥稳定碎石疲劳方程回归系数　　表 4-30

级配类型	P_S（%）	回归系数和相关系数	下列失效概率（%）的疲劳方程回归系数和相关系数					
			50	40	30	20	10	5
XM	3.0	a	1.329	1.277	1.215	1.134	1.013	1.100
		b	0.045 4	0.045 0	0.044 4	0.043 4	0.041 2	0.038 7
		r	0.993	0.992	0.988	0.980	0.960	0.937
	4.0	a	1.255	1.233	1.207	1.169	1.108	1.045
		b	0.041 4	0.041 5	0.041 5	0.041 5	0.041 2	0.040 5
		r	0.997	0.995	0.991	0.988	0.976	0.962

续上表

级配类型	P_S（%）	回归系数和相关系数	下列失效概率（%）的疲劳方程回归系数和相关系数					
			50	40	30	20	10	5
GM	3.0	a	1.338	1.313	1.274	1.210	1.086	1.036
		b	0.044 0	0.044 4	0.044 6	0.044 1	0.042 0	0.038 6
		r	0.998	0.997	0.993	0.980	0.943	0.892
	4.0	a	1.268	1.251	1.229	1.196	1.133	1.065
		b	0.041 3	0.041 8	0.042 3	0.042 8	0.043 2	0.043 1
		r	0.994	0.996	0.996	0.995	0.987	0.973

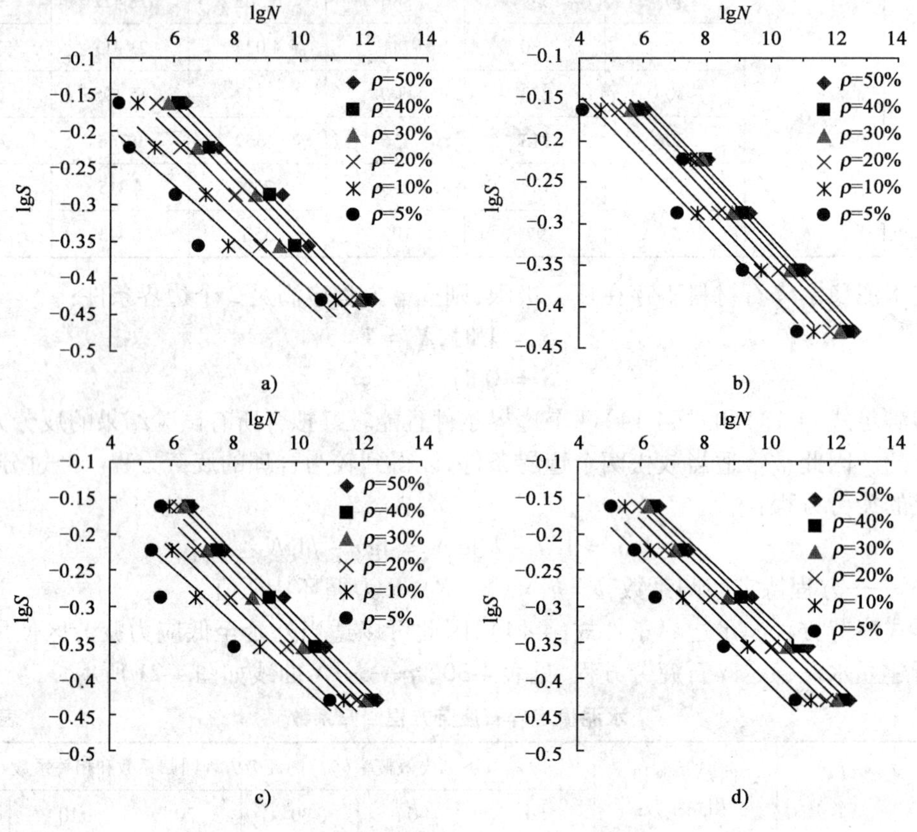

图 4-21　水泥稳定碎石 ρ—S—N 曲线

a）XM 3%；b）XM 4%；c）GM 3%；d）GM 4%

6. 疲劳方程比较

图 4-22 绘制了贫混凝土、普通水泥混凝土和水泥稳定碎石等疲劳方程曲线，图中水泥稳定粒料类的疲劳方程为规范中推荐的疲劳方程。对比图中几种材料中疲劳方程曲线发现，基于 VTM 水泥稳定碎石疲劳方程曲线介于水泥混凝土与贫混凝土疲劳方程曲线之间，也就是说水泥稳定碎石抗疲劳性能并不亚于混凝土材料。另外，规范中疲劳方程建立在重型击实法和

静压法成型的试件基础上的,试件难以反映基层真实组成结构,该疲劳方程也不能反映材料真实疲劳性能。如图 4-22 所示该方程曲线位于其他材料疲劳方程曲线下方,且斜率最大,显然不宜用于路面结构设计。

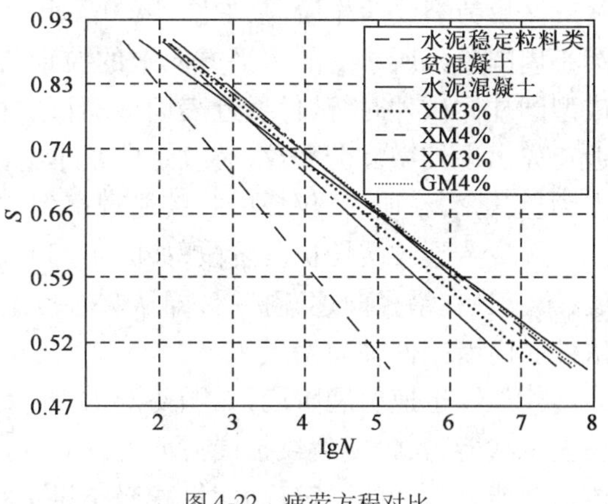

图 4-22　疲劳方程对比

三、疲劳特性及其影响因素

1. 疲劳破坏过程

已有研究表明,水泥混凝土疲劳裂纹发展过程普遍遵循三阶段演变规律,即裂纹的发生、裂纹的稳定扩展、裂纹的失稳破坏这三个阶段。基于 VTM 水泥稳定碎石劈裂疲劳试验同样发现,水泥稳定碎石疲劳裂纹发展过程也遵循这一规律,可将水泥稳定碎石疲劳破坏过程划分为 6 个阶段,如图 4-23 所示。

①完整应力阶段,如图 4-23a) 所示。在这一阶段中,由于试件材料所受循环应力次数较少,试件整体没有发生单元损坏,应力较为连续,突出表现为试件整体完整,未出现细微疲劳裂纹与局部破坏。

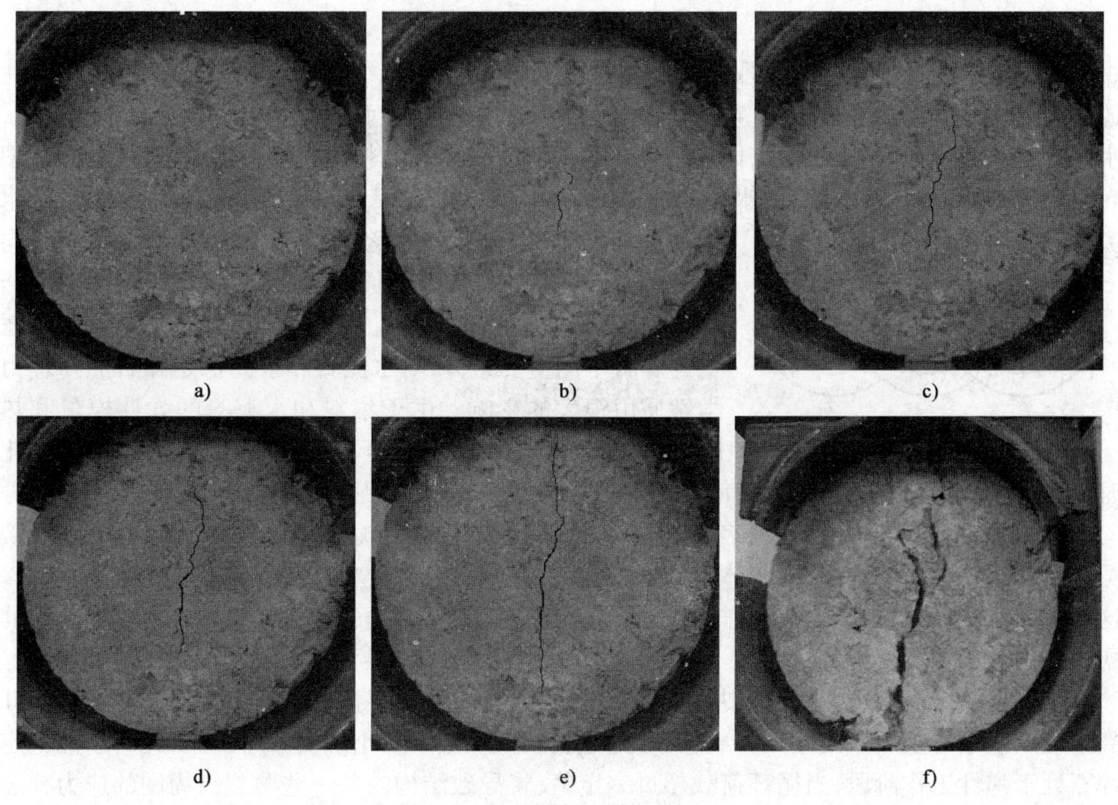

a)　b)　c)　d)　e)　f)

图 4-23　劈裂疲劳试验破坏过程

a) 完整应力阶段;b) 裂纹萌生阶段;c) 裂纹缓慢扩展阶段;d) 裂纹迅速扩展阶段;e) 裂纹贯通阶段;f) 失稳破坏阶段

②疲劳裂纹萌生阶段，如图 4-23b）所示。这一阶段随着循环荷载的不断作用，由于试件圆心周围单元所承受的水平方向上的拉应力最大，试件底面（试件底面指采用振动试验方法成型圆柱体试件时，试件靠近表面振动仪底板的那一端面，与之相对应的为试件顶面）圆心附近首先出现细微疲劳裂纹，裂纹走向基本为沿径向，且在上下压条宽度范围内。这一阶段的特点为：疲劳裂纹明显，仅凭肉眼就能观察到。

③疲劳裂纹缓慢扩展阶段，如图 4-23c）所示。这一阶段疲劳裂缝在空间上沿两个方向扩展，第一是在沿径向逐渐扩展，即从圆心点附近区域向上、下压条方向扩展；第二是疲劳裂纹从试件底面沿试件轴向发展。

④裂纹迅速扩展阶段，如图 4-23d）所示。在上一阶段裂纹扩展中，材料部分单元被破坏失去承载能力，致使裂纹扩展方向上的单元出现应力集中，试件整体承载能力降低。当试件整体承载能力降低到一定程度时，相当于试件材料所处的应力水平相对提高，从而使裂纹迅速扩展。随着疲劳裂纹的迅速扩展，正弦波荷载峰值开始逐渐减小，即荷载峰值开始衰减。

⑤裂纹贯通阶段，如图 4-23e）所示。这一阶段裂纹首先在试件底面沿径向贯通，紧接着裂纹向顶面贯通扩展。随着疲劳裂纹的逐渐贯通，正弦波荷载峰值减小速度加快，在破坏瞬间，试件失去承载能力，峰值衰变为零。

⑥失稳破坏阶段，如图 4-23f）所示。裂纹贯通整个试件形成疲劳破坏面，试件出现失稳破坏，疲劳试验结束。

2. 疲劳破坏机理

材料的宏观物理力学行为取决于材料的成分及其结构特征。水泥稳定碎石是一种多孔的、在各尺度上多相的非匀质复杂体，且其相组成随时间、环境而变化。从复合材料理论观点，水泥稳定碎石可视为三相材料，即含水泥浆体、集料、浆体和集料之间界面过渡区这三相，如图 4-24 所示。硬化水泥浆体是由水泥的水化产物（包括 CSH、CH 和铝铁相水化结晶物等）、未水化的残留熟料和其他微量组分等组成的一种极复杂的非均质多相体。即使对于固定的原始组成，硬化水泥浆体的微结构还是随时间和环境而变化。硬化水泥浆体中，孔隙是水泥稳定碎石中的重要组分，对水泥石和水泥稳定碎石的物理力学性质由很大的影响。由于集料和水泥石的弹性模量和热膨胀系数不同，当水泥稳定碎石受力或温度、湿度发生变化时，水泥石和集料的变形不同，致使在界面处形成微裂纹；在水泥硬化之前，水泥浆体中的水分向亲水的集料表面迁移，在集料表面形成一水膜，在硬化后水泥稳定碎石中也会留下细微裂隙；此外，水泥浆体泌水性大，浆体中的水分向上部迁移，遇到骨料，被阻于骨料下部形成水膜。这样，水泥稳定碎石在承受荷载作用以前，界面处充满了微裂缝，这些构成了水泥稳定碎石的初始损伤。

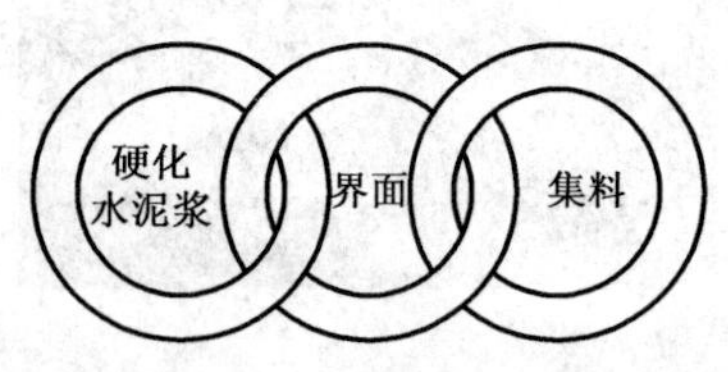

图 4-24　水泥稳定碎石中 3 个相连的链

在循环荷载作用下，这些微裂纹将会改变、扩展、连接，并根据荷载大小而稳定在一定的开裂水准上或最终破坏。当循环荷载较小时，微裂纹仅发生一些小的变形与扩展，此时水泥稳定碎石处于弹性工作阶段；当循环荷载超过一定值，将导致结构内部一些微裂纹周围的应力梯度增大，从而失稳扩展，并有可能与临近的微裂纹连接贯通形成尺寸较大的裂纹[40]。随着微裂纹的扩展，结构内部应力水平相对提高，一些黏结薄弱区可能出现黏结微破坏，产生新的微裂纹,微裂纹发展到一定程度连接贯通形成宏观裂纹。随着循环荷载继续作用,新的微裂纹继续出现、发展,形成新的宏观裂纹,而宏观裂纹继续扩展。当循环次数增大至某一值,宏观裂纹扩展速率加快,进入失稳定阶段,导致水泥稳定碎石迅速破坏。从能量的观点分析,水泥稳定碎石内部结构的形成、发展及破坏过程,就是能量的转化过程。循环荷载作用下水泥稳定碎石裂纹的萌生、开裂与传播都要经过一段时间累积,这些裂纹的扩展方向都受到所处应力场的制约,偏向加载方向发展。裂纹的传播并非随载荷的增加而增加,受应力幅值的影响极大,当所加的应力幅值很大时,水泥稳定碎石的破坏很快,疲劳寿命极短;另一方面即使当载荷值开始下降之后,裂纹也会出现开裂和传播。在循环荷载下,裂纹扩展阶段的循环周数直接影响到疲劳寿命的长短,相同试验条件下,试件的疲劳寿命不同。

3. 疲劳特性影响因素

(1)级配的影响

水泥稳定碎石疲劳方程为

$$\lg S = \lg a - b \cdot \lg N \tag{4-16}$$

疲劳方程回归系数 a 代表方程曲线在纵坐标轴上的截距,a 值越大,表征高应力水平作用下材料抗疲劳性能越好;b 代表方程曲线斜率,b 值越小,材料抗疲劳性能越好。失效概率50%时,水泥稳定碎石疲劳方程曲线如图 4-25 所示,疲劳方程回归系数如下:

水泥剂量 3% 时,悬浮密实级配水泥稳定碎石:$a = 1.329$,$b = 0.0454$;

骨架密实级配水泥稳定碎石:$a = 1.338$,$b = 0.044$。

水泥剂量 4% 时,悬浮密实级配水泥稳定碎石:$a = 1.255$,$b = 0.0414$;

骨架密实级配水泥稳定碎石:$a = 1.268$,$b = 0.0413$。

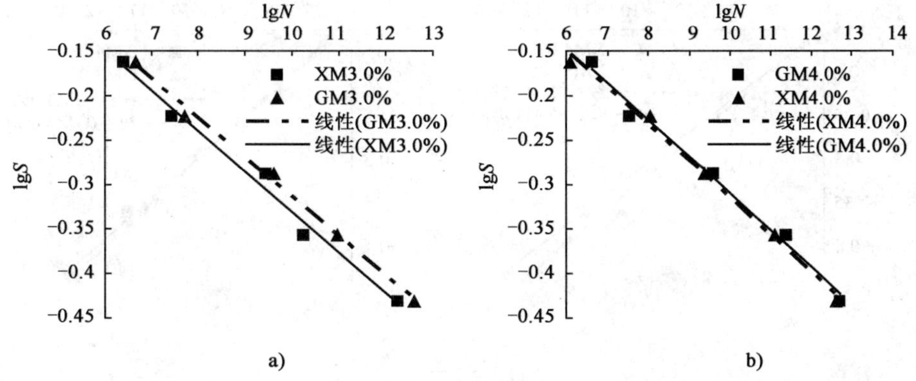

图 4-25 级配对疲劳方程的影响

a)$\rho = 50\%$,水泥剂量 3.0%;b)$\rho = 50\%$,水泥剂量 4.0%

显然,水泥剂量相同条件下,骨架密实级配水泥稳定碎石 a 值大于悬浮密实级配,而 b 值小于悬浮密实级配,表明骨架密实级配水泥稳定碎石抗疲劳性能优于悬浮密实级配。尤其是低水泥剂量时,骨架密实级配比悬浮密实级配水泥稳定碎石抗疲劳性能具有更明显优势。

水泥稳定碎石界面通常是薄弱环节,是破坏的发源地,对疲劳破坏有显著的影响。在硬化水泥—细集料混合体系中,水泥—细集料界面充满微裂缝。在循环荷载作用下,细集料与浆体之间发生黏结破坏,并逐渐扩展、连接贯通形成新的宏观裂纹;在循环荷载作用下,新形成的宏观裂纹沿着粗集料和硬化水泥细集料浆体中各种缺陷发展演化,并在裂纹扩展路径上拉断粗集料，如图4-26所示。试验数据表明，凡是破裂面被拉断的粗集料越多，其试件疲劳寿命也就越大，粗集料显然起到了"加筋"的作用。由于骨架密实级配粗集料用量比悬浮密实级配多，粗集料"加筋"作用强，因此，表现出骨架密实级配水泥稳定碎石抗疲劳性能优于悬浮密实级配水泥稳定碎石。

图4-26　试件破裂面

a)悬浮密实级配；b)骨架密实级配

(2)水泥剂量的影响

从图4-27中疲劳曲线可以看出，水泥剂量大的水泥稳定碎石疲劳曲线高于且缓于水泥剂量低的疲劳曲线。即水泥剂量大，疲劳方程 a 值越大、b 值越小，水泥稳定碎石抗疲劳性能越好，尤其是悬浮密实级配水泥剂量的影响更为显著。水泥剂量增大，细集料与浆体之间黏结强度越大，其间发生黏结破坏、微裂纹扩展、连接贯通越困难，而表现出疲劳寿命越长。而骨架密实级配水泥稳定碎石粗集料"加筋"占主导作用，因此，水泥剂量增大，对水泥稳定碎石疲劳寿命影响不如悬浮密实级配水泥稳定碎石显著。

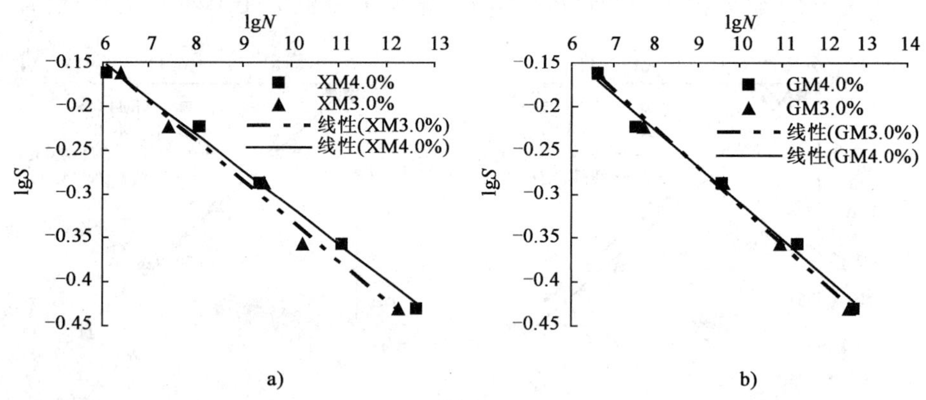

图4-27　级配对疲劳方程的影响

a) $\rho=50\%$，悬浮密实级配；b) $\rho=50\%$，骨架密实级配

(3)密实的影响

疲劳裂纹萌生阶段，随着循环荷载的不断作用，试件底面圆心附近首先出现细微疲劳裂纹，并且裂纹沿径向且在上下压条宽度范围扩展。这主要是因为成型试件上部(顶面)密度要大于试件下部(底面)密度，试件底面微裂纹多于顶面，故首先发生疲劳裂纹。

试件成型过程中，振动仪压头接触的试件顶面部分首先被压密。振动刚开始时，试模内的材料松散，材料吸收振动能量的性能较强，而传递振动能量的性能较弱，能量大部分被上部材料吸收，而传递到下部的能量较少；随着振动的继续，上部材料密实程度提高，模量增大，传递能量的性能增强，传递到下部材料的能量急剧增大；与此同时，随着材料模量增大，表面振动仪的工作振幅也增大，大振幅作用力的影响深度增大，使得下部材料在进一步的振动过程中不断密实，但最终试件上部密度要大于试件下部密度。这一过程也与现场基层实际施工情况比较吻合。因此，基于振动法成型试件比静压法成型试件疲劳试验结果更为准确。

第五节　力学性能之间规律

一、抗压强度与劈裂强度之间关系

表 4-31 ~ 表 4-33 列出水泥稳定碎石抗压强度与劈裂强度比值，表中数据表明：水泥稳定碎石 R_c/R_i 随龄期延长而减小，龄期 60d 之后，基本上趋于稳定。其中水泥稳定花岗岩碎石 $R_c/R_i=9.5\sim11.5$，水泥稳定石灰岩碎石 $R_c/R_i=9.5\sim10.7$，水泥稳定砂岩碎石 $R_c/R_i=9.8\sim13.2$。早期水泥稳定碎石 R_c/R_i 取大值；后期水泥稳定碎石 R_c/R_i 取小值。

水泥稳定石灰岩碎石 R_c/R_i　　表 4-31

集料产地	级配类型	P_S (%)	不同龄期(d)水泥稳定碎石 R_c/R_i								
			7	14	28	60	90	120	180	270	∞
柞水	XM	2.0	11.5	11.0	10.8	10.7	10.2	10.0	9.7	9.3	9.8
		2.5	11.5	10.5	10.4	10.7	10.4	10.0	9.7	9.4	9.9
		3.0	10.8	10.8	11.1	10.9	10.7	10.3	9.9	9.5	10.2
		3.5	10.5	10.2	10.4	10.2	9.9	9.7	9.4	9.3	9.7
		4.0	10.0	9.5	9.3	9.3	9.1	9.0	8.8	8.8	9.0
		4.5	9.2	9.4	8.9	8.6	8.5	8.3	8.2	8.0	8.4
		5.0	8.5	8.4	8.2	8.2	8.1	8.0	7.7	7.7	8.0
	GM	2.0	11.9	11.3	10.7	10.7	10.7	10.4	10.1	9.6	10.1
		2.5	12.3	10.0	10.4	11.2	10.9	10.6	10.2	9.9	10.2
		3.0	12.3	12.0	11.5	11.3	11.1	10.9	10.5	10.1	10.7
		3.5	11.3	11.0	11.2	10.7	10.3	10.1	9.9	9.7	10.2
		4.0	10.4	10.2	9.8	9.8	9.7	9.5	9.4	9.4	9.6
		4.5	9.6	9.8	9.4	9.2	9.0	8.9	8.8	8.6	8.9
		5.0	8.9	8.9	8.5	8.4	8.4	8.3	8.1	8.0	8.3
铜川	XM	3.0	10.8	10.0	9.9	9.6	9.5	9.4	9.3	—	9.6
		4.0	10.6	10.0	9.9	9.5	9.4	9.6	9.2	—	9.6
		5.0	10.4	10.0	9.7	9.4	9.5	9.5	9.4	—	9.6
	GM	3.0	10.8	10.5	9.6	9.2	9.4	9.2	9.0	—	9.4
		4.0	11.6	10.3	10.1	9.6	9.7	9.4	9.4	—	9.7
		5.0	10.7	9.6	9.8	9.0	9.4	9.3	9.3	—	9.4

续上表

集料产地	级配类型	P_S (%)	不同龄期(d)水泥稳定碎石 R_c/R_i								
			7	14	28	60	90	120	180	270	∞
三河	XM	3.0	12.2	10.4	10.1	10.0	9.6	—	—	—	9.9
		3.5	11.5	10.3	10.1	9.9	9.5	—	—	—	9.7
		4.0	10.6	10.3	10.3	9.6	9.5	—	—	—	9.7
		4.5	10.5	10.6	9.8	9.5	9.4	—	—	—	9.5
	GM	3.0	10.6	9.9	9.4	9.4	9.1	—	—	—	9.2
		3.5	11.4	10.1	9.8	9.5	9.2	—	—	—	9.3
		4.0	10.7	9.7	9.6	9.3	8.9	—	—	—	9.2
		4.5	9.3	8.9	9.5	9.4	9.1	—	—	—	9.0
平均值			10.73	10.13	9.94	9.74	9.58	9.52	9.30	9.09	9.49

水泥稳定蓝田花岗岩石 R_c/R_i 表 4-32

级配类型	P_S (%)	不同龄期(d)水泥稳定碎石 R_c/R_i					
		7	14	28	60	90	∞
XM	3.0	11.1	10.6	11.0	10.3	10.0	10.1
	3.5	11.7	11.6	10.8	9.7	9.5	9.9
	4.0	11.4	10.8	10.4	9.3	9.1	9.4
	4.5	10.5	10.0	9.6	9.1	9.0	9.2
GM	3.0	10.9	10.5	10.5	9.3	9.4	9.5
	3.5	11.0	10.5	10.4	9.2	9.2	9.5
	4.0	10.5	10.3	9.6	9.3	9.1	9.2
	4.5	10.5	9.3	9.3	8.8	9.0	8.8
平均值		10.95	10.45	10.20	9.38	9.29	9.45

水泥稳定富县砂岩碎石 R_c/R_i 表 3-33

级配类型	P_S (%)	不同龄期(d)水泥稳定碎石 R_c/R_i							
		7	14	28	60	90	120	180	∞
XM	3.0	16.2	12.0	11.3	11.2	10.7	10.9	10.6	10.4
	4.0	14.0	11.3	11.3	10.8	10.9	10.4	10.3	10.1
	5.0	12.8	11.2	10.2	10.2	10.1	10.3	10.0	9.6
GM	3.0	13.6	13.3	11.1	11.1	10.8	10.8	10.4	10.3
	4.0	12.2	11.0	11.6	10.5	10.2	9.8	9.9	9.7
	5.0	10.4	10.5	10.0	9.9	9.6	9.6	9.4	9.1
平均值		13.20	11.55	10.92	10.62	10.38	10.30	10.10	9.87

二、回弹模量与抗压强度之间关系

表 4-34 ~ 表 4-36 列出水泥稳定碎石回弹模量与抗压强度比值。表中数据表明:水泥稳定碎石 E_c/R_c 随龄期延长而增大,龄期 90d 之后,基本上趋于稳定。其中水泥稳定花岗岩碎石 $E_c/R_c=177\sim199$,水泥稳定石灰岩碎石 $E_c/R_c=157\sim187$,水泥稳定砂岩碎石 $E_c/R_c=182\sim221$。早期水泥稳定碎石 E_c/R_c 取小值;后期水泥稳定碎石 E_c/R_c 取大值。

水泥稳定石灰岩碎石 E_c/R_c　　表 4-34

集料产地	级配类型	P_S (%)	不同龄期(d)水泥稳定碎石 E_c/R_c						
			0	28	60	90	120	180	∞
柞水	XM	2.0	171.3	181.6	186.4	197.7	203.4	213.7	223.5
		2.5	167.1	176.6	178.6	186.2	192.4	197.7	211.2
		3.0	170.0	165.7	166.7	176.9	181.6	185.0	197.5
		3.5	168.8	158.0	159.6	168.5	174.5	177.6	187.8
		4.0	171.7	148.9	148.8	156.2	161.5	164.5	174.2
		4.5	166.0	142.6	144.2	150.0	155.1	158.1	166.5
		5.0	167.6	137.1	138.8	145.2	148.5	152.2	160.1
	GM	2.0	146.4	173.0	182.4	192.6	196.6	204.3	213.8
		2.5	151.1	170.8	174.1	181.0	187.3	189.2	204.3
		3.0	147.2	156.6	161.9	172.6	176.3	182.0	192.5
		3.5	148.3	149.6	155.1	165.3	169.7	173.5	183.0
		4.0	150.3	143.1	145.6	152.2	157.2	161.8	170.2
		4.5	151.0	139.3	141.6	147.8	153.2	157.8	165.5
		5.0	147.0	134.0	137.3	143.1	147.8	152.7	159.6
铜川	XM	3.0	160.8	130.0	142.5	154.3	156.8	162.9	171.2
		4.0	168.8	131.1	148.8	147.4	145.7	156.0	164.9
		5.0	167.0	140.6	143.9	141.2	138.6	144.7	157.3
	GM	3.0	164.2	152.9	158.5	157.4	156.2	158.5	174.1
		4.0	152.9	144.1	143.7	143.5	145.3	145.2	160.4
		5.0	162.4	144.0	144.4	142.5	140.0	141.7	157.5
三河	XM	3.0	154.8	187.1	186.8	203.1	—	—	224.7
		3.5	162.4	173.0	181.4	190.7	—	—	210.9
		4.0	165.2	166.4	176.5	186.0	—	—	204.9
		4.5	168.4	172.1	175.3	180.2	—	—	202.7
	GM	3.0	136.2	167.5	171.3	177.6	—	—	201.9
		3.5	144.5	168.3	174.4	179.7	—	—	203.1
		4.0	147.9	172.7	173.7	177.6	—	—	202.7
		4.5	154.1	162.2	164.6	169.1	—	—	190.3
平均值			158	157	161	167	164	169	187

水泥稳定蓝田花岗岩碎石 E_c/R_c 表 4-35

级配类型	P_S (%)	不同龄期(d)水泥稳定碎石 E_c/R_c				
		0	28	60	90	∞
XM	3.0	153.3	193.1	190.6	207.4	213.8
	3.5	158.1	181.0	190.5	197.1	204.1
	4.0	157.7	179.3	189.0	189.7	200.5
	4.5	173.3	189.5	196.6	192.5	207.2
GM	3.0	144.3	174.3	182.9	200.2	203.8
	3.5	155.5	162.0	175.6	190.3	192.0
	4.0	173.3	169.4	166.6	186.2	186.0
	4.5	185.2	165.3	176.7	181.9	187.2
平均值		163	177	184	193	199

水泥稳定富县砂岩碎石 E_c/R_c 表 4-36

级配类型	P_S (%)	不同龄期(d)水泥稳定碎石 E_c/R_c						
		0	28	60	90	120	180	∞
XM	3.0	157.8	166.0	171.9	177.3	184.2	204.0	202.0
	4.0	166.7	180.4	198.9	200.0	212.4	216.7	224.8
	5.0	161.0	184.4	214.3	210.0	210.3	213.5	230.2
GM	3.0	162.2	186.7	197.7	197.0	205.2	211.6	224.5
	4.0	150.0	193.2	199.0	205.4	212.3	214.5	229.8
	5.0	168.0	180.0	188.8	204.3	196.0	205.8	217.5
平均值		161	182	195	199	203	211	221

第五章　基于 VTM 水泥稳定碎石设计参数及其对路面设计影响

设计参数是材料设计与路面结构设计中的重要内容。设计参数应根据路面的损坏类型、受力模式采用不同测定方法测定相应的参数。计算半刚性材料结构层层底拉应力时，从指标与计算参数统一出发，采用弯拉模量与弯拉强度更合理，但考虑到梁式试件试验繁琐及数据离散性大的缺点，现行规范简化了材料参数的试验方法，提出用抗压模量代替弯拉模量、劈裂强度代替弯拉强度，便于普及应用。鉴于振动法成型试件比静压法试件更接近于现场实际基层，本章论述基于振动法水泥稳定碎石设计参数包括设计模量、劈裂强度和抗拉强度结构系数取值问题及其对路面设计影响。

第一节　基于 VTM 水泥稳定碎石设计参数

一、力学强度参考值

1. 抗压强度参考值

成型方式和养生条件对水泥稳定碎石力学强度影响规律可知，水泥稳定碎石基层抗压强度约等于室内标准养生振动成型试件抗压强度的 0.92 倍。结合第四章研究成果，整理得到水泥稳定碎石基层抗压强度结果见表 5-1。

水泥稳定碎石基层抗压强度　　表 5-1

集料岩性	集料产地	P_S (%)	下列级配、龄期(d)水泥稳定碎石基层抗压强度(MPa)					
			XM			GM		
			3	7	90	3	7	90
石灰岩	柞水	2.0	3.8	5.8	9.5	4.0	6.4	10.5
		2.5	4.2	6.4	10.8	4.7	7.3	11.9
		3.0	4.8	7.2	12.1	5.3	8.0	13.2
		3.5	5.3	7.8	13.1	5.8	8.8	14.4
		4.0	5.9	8.5	14.4	6.3	9.4	15.9
		4.5	6.3	9.0	15.3	6.7	9.8	16.8
		5.0	6.6	9.5	16.2	7.0	10.4	17.8
	三河	3.0	4.0	5.7	9.9	4.7	6.5	11.0
		3.5	4.9	7.0	11.2	5.4	7.6	12.1
		4.0	5.1	7.6	12.6	5.8	8.4	13.2
		4.5	5.6	8.1	13.4	6.5	9.5	14.4

续上表

集料岩性	集料产地	P_S（%）	下列级配、龄期（d）水泥稳定碎石基层抗压强度（MPa）					
			XM			GM		
			3	7	90	3	7	90
石灰岩	铜川	3.0	4.6	7.1	12.7	5.1	7.6	13.5
		4.0	5.5	7.7	14.6	6.3	8.8	15.7
		5.0	6.3	8.7	16.5	6.7	9.5	17.2
花岗岩	蓝田	3.0	3.7	4.8	8.6	3.7	5.3	9.3
		3.5	4.3	5.7	9.8	4.2	6.2	10.7
		4.0	4.2	6.2	10.7	4.8	7.2	11.5
		4.5	4.2	6.3	11.3	5.3	7.7	12.6
砂岩	富县	3.0	2.3	3.1	4.4	2.6	3.5	4.9
		4.0	2.9	3.9	5.4	2.9	4.1	6.0
		5.0	3.5	4.7	6.3	3.8	5.1	7.0

表5-1中数据表明：除水泥剂量和级配类型对水泥稳定碎石抗压强度影响十分显著之外，不同岩性碎石对水泥稳定碎石强度影响也非常显著。因此，设计参数取值时应该考虑水泥剂量、级配和碎石岩性的影响。

对表5-1中水泥稳定碎石7d抗压强度进行统计分析，结果见表5-2。

水泥稳定碎石抗压强度参考值 表5-2

集料类型	P_S（%）	统计分析结果				7d抗压强度参考值（MPa）
		$\overline{R_c}$（MPa）	S（MPa）	$\overline{R_c}-1.645\cdot S$（MPa）	$\overline{R_c}+1.645\cdot S$（MPa）	
石灰岩	3.0~5.0	8.26	1.14	6.38	10.13	6.0~10.0
花岗岩	3.0~5.0	6.18	0.95	4.62	7.73	4.5~7.5
砂岩	3.0~5.0	4.07	0.74	2.84	5.28	2.5~5.0

表5-2中抗压强度参考值取值时，水泥剂量高、骨架密实级配的水泥稳定碎石取上限；水泥剂量低、悬浮密实级配的水泥稳定碎石取下限。

2. 劈裂强度推荐值

成型方式和养生条件对水泥稳定碎石力学强度影响规律可知，水泥稳定碎石真实劈裂强度约等于室内标准养生振动成型试件抗压强度的0.92倍。结合第四章研究成果，整理得到水泥稳定碎石基层实际劈裂强度结果见表5-3。表5-3中数据表明：除水泥剂量和级配类型对水泥稳定碎石劈裂强度影响十分显著之外，不同岩性碎石对水泥稳定碎石劈裂强度影响也非常显著。因此，劈裂强度参数取值时应该考虑水泥剂量、级配和碎石岩性的影响。

水泥稳定碎石真实劈裂强度　　表 5-3

集料岩性	集料产地	P_S (%)	下列级配、龄期(d)水泥稳定碎石真实劈裂强度(MPa)					
			XM			GM		
			7	90	∞	7	90	∞
石灰岩	柞水	2.0	0.51	0.94	1.08	0.55	1.00	1.15
		2.5	0.57	1.04	1.21	0.60	1.10	1.29
		3.0	0.67	1.14	1.33	0.66	1.21	1.38
		3.5	0.75	1.33	1.51	0.79	1.40	1.59
		4.0	0.86	1.60	1.79	0.91	1.66	1.86
		4.5	0.99	1.82	2.05	1.04	1.89	2.11
		5.0	1.13	2.03	2.29	1.18	2.15	2.39
	铜川	3.0	0.66	1.35	1.47	0.72	1.46	1.58
		4.0	0.73	1.58	1.70	0.77	1.65	1.81
		5.0	0.85	1.75	1.89	0.89	1.84	2.02
	三河	3.0	0.47	1.04	1.11	0.62	1.23	1.32
		3.5	0.61	1.19	1.29	0.68	1.33	1.44
		4.0	0.73	1.34	1.46	0.79	1.50	1.62
		4.5	0.78	1.45	1.58	1.03	1.60	1.82
花岗岩	蓝田	3.0	0.44	0.86	0.93	0.49	1.00	1.06
		3.5	0.49	1.03	1.10	0.57	1.17	1.24
		4.0	0.55	1.19	1.25	0.69	1.27	1.41
		4.5	0.60	1.26	1.36	0.74	1.42	1.59
砂岩	富县	3.0	0.20	0.42	0.44	0.26	0.46	0.49
		4.0	0.28	0.50	0.55	0.34	0.60	0.62
		5.0	0.37	0.62	0.67	0.49	0.73	0.80

水泥稳定碎石劈裂强度—龄期关系研究表明：龄期 90d 后，水泥稳定碎石劈裂强度增长缓慢甚至不再增长。因此，本课题推荐 90d 龄期的劈裂强度为水泥稳定碎石设计参数。表 5-3 中水泥稳定碎石 90d 劈裂强度统计分析结果见表 5-4。

水泥稳定碎石劈裂强度推荐值　　表 5-4

集料类型	P_S (%)	统计分析结果				劈裂强度推荐值 (MPa)
		$\overline{R_i}$(MPa)	S(MPa)	$\overline{R_i}-1.645 \cdot S$ (MPa)	$\overline{R_i}+1.645 \cdot S$ (MPa)	
石灰岩	3.0~5.0	1.45	0.320	0.92	1.98	0.90~1.95
花岗岩	3.0~5.0	1.15	0.178	0.86	1.44	0.85~1.45
砂岩	3.0~5.0	0.56	0.116	0.36	0.75	0.35~0.75

表5-4劈裂强度参考值取值时，水泥剂量高、骨架密实级配的水泥稳定碎石可取上限；水泥剂量低、悬浮密实级配的水泥稳定碎石取下限。

二、设计模量推荐值

现行规范规定，采用抗压回弹模量与劈裂强度作为弯拉设计与验算的参数，同时，为弥补参数取值的不足，使拉应力设计指标更合理，模量取值按不利组合考虑，以下式计算：

计算路表弯沉值时

$$E = \overline{E} - 2 \cdot S \tag{5-1}$$

计算层底拉应力时

$$E = \overline{E} + 2 \cdot S \tag{5-2}$$

式中：$\overline{E}$——各试件模量的平均值；

S——各试件模量的标准差。

结合第四章研究成果，整理得到水泥稳定碎石后期模量、标准差和代表值结果见表5-5。

水泥稳定碎石模量均值、标准差和代表值　　表5-5

集料类型	集料产地	P_S (%)	XM				GM			
			$\overline{E}_c$ (MPa)	S (MPa)	$\overline{E}_c-2S$ (MPa)	$\overline{E}_c+2S$ (MPa)	$\overline{E}_c$ (MPa)	S (MPa)	$\overline{E}_c-2S$ (MPa)	$\overline{E}_c+2S$ (MPa)
石灰岩	柞水	3.0	3 290	191	2 908	3 672	3 633	255	3 122	4 143
		3.5	3 445	221	3 003	3 887	3 729	246	3 236	4 222
		4.0	3 493	208	3 076	3 909	3 841	268	3 306	4 377
		4.5	3 564	219	3 125	4 002	3 991	297	3 397	4 586
		5.0	3 695	243	3 208	4 182	4 013	273	3 467	4 558
	三河	3.0	3 175	211	2 753	3 597	3 109	216	2 676	3 541
		3.5	3 509	292	2 925	4 093	3 448	245	2 957	3 938
		4.0	3 681	241	3 198	4 164	3 871	328	3215	4 528
		4.5	3 984	338	3 308	4 659	3 859	262	3 334	4 384
	铜川	3.0	3 156	240	2 677	3 636	3 414	254	2 906	3 922
		4.0	3 519	287	2 944	4 093	3 648	283	3 081	4 214
		5.0	3 751	288	3 175	4 327	4 018	334	3 349	4 686
花岗岩	蓝田	3.0	2 634	236	2 161	3 107	2 626	176	2 275	2 977
		3.5	2 728	190	2 349	3 108	2 906	212	2 481	3 330
		4.0	3 005	270	2 465	3 544	3 045	214	2 617	3 474
		4.5	3 313	332	2 648	3 977	3 402	305	2 791	4 013
砂岩	富县	3.0	1 169	88	992	1 345	1 471	117	1 237	1 706
		4.0	1 582	121	1 340	1 824	1 730	111	1 509	1 951
		5.0	1 993	159	1 675	2 310	2 063	180	1 703	2 422

表 5-5 中数据同样表明：水泥剂量、级配类型和碎石岩性对水泥稳定碎石劈裂强度影响十分显著。因此，设计模量取值时应该考虑这些影响因素，本课题结合表 5-5 推荐水泥稳定碎石设计模量取值，见表 5-6。

水泥稳定碎石基层材料设计模量推荐值　　表 5-6

集料岩性	水泥剂量 P_S(%)	设计模量(MPa)	
		弯沉计算用	拉应力计算用
石灰岩	3～5	2 600～3 400	3 600～4 700
花岗岩	3～5	2 100～2 700	3 000～4 000
砂岩	3～5	1 000～1 700	1 400～2 400

表 5-6 设计模量取值时，水泥剂量高、骨架密实级配的水泥稳定碎石取上限；水泥剂量低、悬浮密实级配的水泥稳定碎石取下限。

三、抗拉强度结构系数推荐值

现行规范采用弯拉应力作为控制结构层疲劳开裂的设计指标，为了简化计算，引入抗拉强度结构系数 K_s。根据 K_s 定义及疲劳方程可知：

$$K_s = \frac{1}{a} \cdot N^b \tag{5-3}$$

式中：N——室内疲劳试验所得疲劳寿命；

a、b——回归系数，见表 5-5。

由于室内试验假设条件与实际路面存在差异，具体表现在室内试验没有考虑间歇时间的影响、不利季节的影响等因素，在实际路面结构设计应用中需要对疲劳方程进行修正。已有研究成果表明，室内疲劳试验疲劳寿命 N 与实际路面的疲劳寿命 N_e 存在如下关系：

$$N = A_1 \times A_2 \times N_e \tag{5-4}$$

式中：N_e——累计当量轴次；

N——疲劳试验的疲劳次数；

A_1——考虑间歇时间的影响。由于室内疲劳试验的荷载脉冲间没有设置间歇时间，将不利于材料疲劳损伤的恢复。与实际道路受荷情况相比，无间歇时间可导致室内材料试验的疲劳寿命减少 20%。因此，A_1 取 0.8；

A_2——考虑不利季节天数的影响。中国公路最不利季节是气温为 15℃时，一般每年不利季节天数按 60d 计算。此时相当于南方雨季和北方的春融时期，此时路基强度最低形成对基层底部弯拉应力的不利影响，因此，考虑路面基层不利季节影响系数 A_2 取 60/365。

在此基础上，得到下式

$$N = 0.8 \times 60/365 \times N_e = 0.131\,507 \cdot N_e \tag{5-5}$$

失效概率 50%，水泥稳定碎石疲劳方程 $\bar{a} = 1.287$，$\bar{b} = 0.043$，并将式(5-5)代入式(5-4)，得到水泥稳定碎石劈裂强度结构系数：

$$K_{sp} = 0.712 \cdot \frac{N_e^{0.043}}{A_c} \tag{5-6}$$

式中：A_c——公路等级系数，高速公路、一级公路、二级公路、三级和四级公路分别取 0.85、1.0、1.1、1.2。

式(5-6)针对水泥稳定碎石劈裂强度提出的。研究表明：半刚性基层弯拉强度 R_w 与劈裂强度 R_i 比值一般在 1.1 ~1.7。假设水泥稳定碎石 $R_w=1.4R_i$，则可通过劈裂强度得到抗拉强度结构系数：

$$K_s = \frac{N_e^{0.043}}{A_c} \tag{5-7}$$

式中：符号意义同前。

第二节　VTM 法与现行规范设计参数的比较

一、劈裂强度与设计模量

VTM 法推荐与规范推荐的水泥稳定碎石基层材料劈裂强度设计参数和设计模量见表 5-7。

水泥稳定碎石基层材料设计参数推荐值　　表 5-7

设计参数		VTM 法推荐值			规范推荐值
		石灰岩	花岗岩	砂岩	
劈裂强度(MPa)		0.90 ~ 1.95	0.85 ~ 1.45	0.35 ~ 0.75	0.40 ~ 0.60
设计模量(MPa)	弯沉	2 600 ~ 3 400	2 100 ~ 2 700	1 000 ~ 1 700	1 300 ~ 1 700
	拉应力	3 600 ~ 4 700	3 000 ~ 4 000	1 400 ~ 2 400	3 000 ~ 4 200
水泥剂量(%)		3 ~ 5			4 ~ 6

表 5-7 数据表明：与现行规范给出的设计参数推荐值不同，VTM 法根据碎石岩性给出水泥稳定碎石基层材料设计参数推荐值，更符合水泥稳定碎石内在规律；除水泥稳定砂岩碎石外，VTM 法推荐的水泥稳定石灰岩、花岗岩碎石劈裂强度和弯沉用设计模量均大于规范推荐值；VTM 法推荐的水泥稳定花岗岩碎石拉应力用设计模量基本与规范推荐值相当，VTM 法推荐的水泥稳定石灰岩碎石拉应力用设计模量大于规范推荐值，VTM 法推荐的水泥稳定砂岩碎石拉应力用设计模量小于规范推荐值；VTM 法参数推荐值对应水泥剂量为 3% ~5%，规范给出参数推荐值对应水泥剂量为 4% ~6%。

二、抗拉强度结构系数

水泥稳定碎石抗拉强度结构系数计算公式：

$$K_s = \frac{N_e^{0.043}}{A_c}\text{（VTM 法）} \tag{5-8}$$

$$K_s = 0.35 \cdot \frac{N_e^{0.11}}{A_c}\text{（规范法）} \tag{5-9}$$

根据式(5-8)、式(5-9)计算得到不同交通等级下高等级公路($A_c=0.85$)水泥稳定碎石基层的抗拉强度结构系数,结果见表 5-8 和图 5-1。

两种方法的抗拉强度结构系数比较　　表 5-8

交通等级	BZZ－100 累计标准轴次 N_e(次/车道)	抗拉强度结构系数	
		VTM 法	规范
轻交通	$<3.0\times10^6$	<2.23	<2.12
中等交通	$3.0\times10^6\sim1.2\times10^7$	2.23～2.37	2.12～2.47
重交通	$1.2\times10^7\sim2.5\times10^7$	2.37～2.45	2.47～2.68
特重交通	$>2.5\times10^7$	>2.45	>2.68

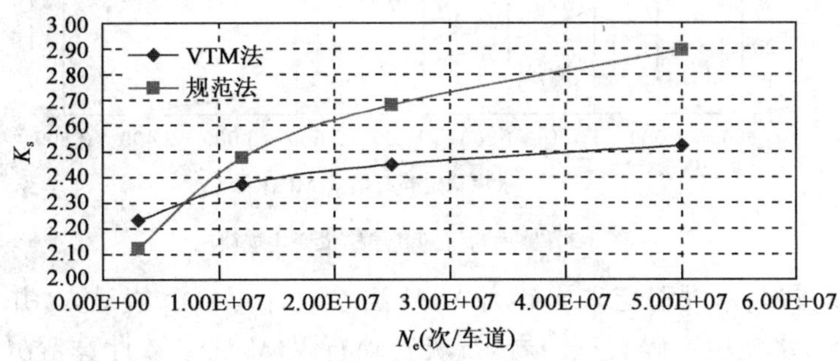

图 5-1　两种方法抗拉强度结构系数比较

图 5-1 表明,中轻交通等级时,VTM 法推荐的抗拉强度结构系数略大于规范推荐抗拉强度结构系数;其他交通等级时,VTM 法推荐的抗拉强度结构系数小于规范推荐抗拉强度结构系数,且随累计标准轴次增加,两者差值也随之增大。

第三节　VTM 法与规范设计参数对路面设计的影响

一、路面结构拟定

以陕西地区沥青路面典型结构为研究对象,见表 5-9,分析 VTM 法与规范水泥稳定碎石设计参数对沥青路面设计指标的影响规律。水泥稳定碎石设计模量见表 5-7。

水泥稳定碎石基层沥青路面典型结构及参数　　表 5-9

结构层名称	材料名称	结构层厚度(cm)	设计模量(MPa)		泊松比
			弯沉计算用	拉应力计算用	
上面层	AC－13	4	1 400	2 000	0.30
中面层	AC－20	6	1 200	1 800	0.30
下面层	AC－25	10	1 000	1 200	0.30
基层	水泥稳定碎石	56	变化	变化	0.25
土基	土基	—	40	40	0.35

二、弯沉计算值

VTM 法与规范水泥稳定碎石基层设计参数对沥青路面弯沉计算值影响规律如图 5-2 所

示。图中计算 Ls 根据 Bisar 软件计算得到,图中修正 Ls = 弯沉综合修正系数 $F\times$ 计算 Ls,Ls'规范指采用规范中参数得到的计算弯沉值。

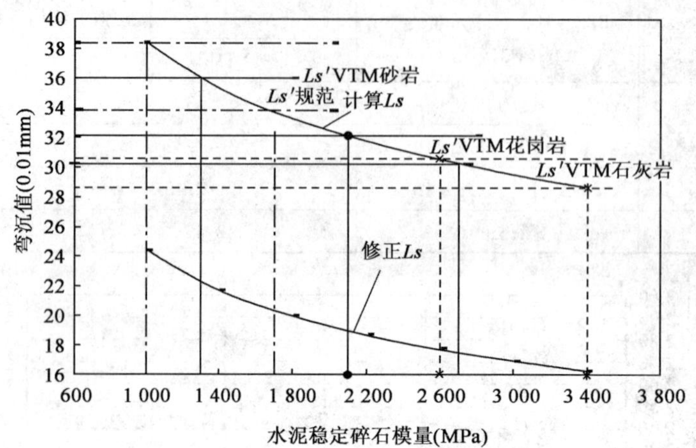

图 5-2　路面弯沉随基层模量变化规律

从图 5-2 可以看出,水泥稳定砂岩碎石 VTM 法参数计算弯沉值最大,并与规范法参数计算弯沉值部分重叠,水泥稳定碎石花岗岩、石灰岩碎石 VTM 法参数计算弯沉值远小于规范法参数。由于不同岩性材料水泥稳定碎石的模量不一样,不同岩性水泥稳定碎石基层对设计弯沉值影响很大,而在设计中通常忽略了这一点,路面结构与厚度设计结果也千篇一律,造成设计结果失去严谨性和科学性。

三、拉应力计算值

VTM 法与规范水泥稳定碎石基层设计参数对路面基层层底拉应力计算值影响规律如图 5-3 所示。表 5-10 列出水泥稳定碎石容许抗拉强度和层底拉应力计算值。

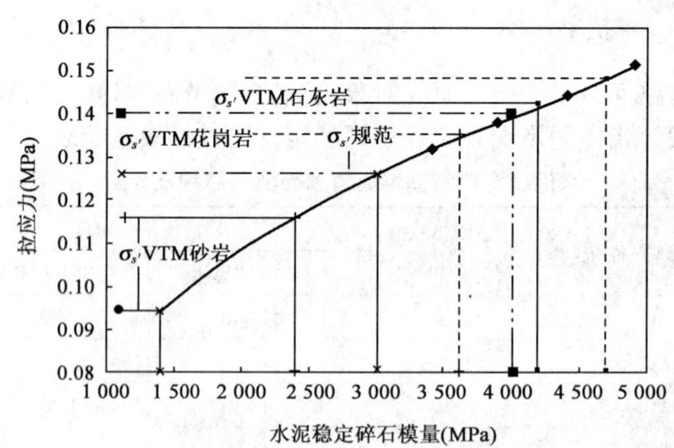

图 5-3　基层层底拉应力随基层模量变化规律

从图 5-3 可以看出,水泥稳定砂岩碎石 VTM 法参数计算层底拉应力最小,水泥稳定石灰岩碎石 VTM 法参数计算层底拉应力较大,水泥稳定花岗岩碎石 VTM 法参数与规范参数计算层底拉应力基本相当。

水泥稳定碎石容许抗拉强度和层底拉应力计算值　　表 5-10

指　标	交通等级	N_e(次/车道)	VTM 法			规范法
			石灰岩	花岗岩	砂岩	
容许抗拉强度(MPa)	轻交通	$<3.0\times10^6$	>0.40~0.87	>0.38~0.65	>0.16~0.34	>0.19~0.28
	中等交通	$3.0\times10^6\sim1.2\times10^7$	0.38~0.87	0.36~0.65	0.15~0.34	0.16~0.28
	重交通	$1.2\times10^7\sim2.5\times10^7$	0.37~0.87	0.36~0.61	0.15~0.32	0.15~0.24
	特重交通	$>2.5\times10^7$	<0.37~0.80	<0.35~0.59	<0.14~0.31	<0.15~0.22
指　标	轴　型	轴重(kN)	VTM 法			规范法
			石灰岩	花岗岩	砂岩	
计算拉应力(MPa)	单轴双轮组	100	0.14~0.15	0.13~0.14	0.10~0.12	0.13~0.14
	单轴双轮组	200	0.28~0.30	0.26~0.28	0.20~0.24	0.26~0.28
	单轴双轮组	300	0.42~0.45	0.39~0.42	0.30~0.36	0.39~0.42

表 5-10 数据表明，在 BZZ-100kN 荷载作用下，规范或 VTM 参数计算所得弯拉应力均小于水泥稳定碎石基层容许抗拉强度，这说明水泥稳定碎石基层一般不会发生疲劳破坏；当单轴双轮组荷载≥200kN 时，规范参数和 VTM 法水泥稳定砂岩碎石参数计算拉应力超过容许抗拉强度，意味着水泥稳定碎石基层发生疲劳破坏；当单轴双轮组荷载为 300kN 时，VTM 法水泥稳定石灰岩或花岗岩碎石基层有可能发生疲劳破坏。

四、路面设计厚度

面层结构与材料参数同表 5-9，水泥稳定碎石设计模量见表 5-7。设计不同交通量下水泥稳定碎石基层厚度。

1. 以设计弯沉为控制指标设计基层厚度

不同交通量水泥稳定碎石基层沥青路面设计弯沉值见表 5-11。根据表中设计弯沉值设计得到水泥稳定碎石基层厚度，见表 5-11。

不同交通量下水泥稳定碎石基层设计厚度　　表 5-11

N_e(次/车道)		3.0×10^6	1.2×10^7	2.5×10^7
设计弯沉值(0.01mm)		30.39	23.03	19.89
不同材料基层设计厚度(cm)	水泥稳定石灰岩碎石	27~29	37~40	43~47
	水泥稳定花岗岩碎石	29~31	40~43	47~51
	水泥稳定砂岩碎石	33~40	46~57	55~69
	规范法	33~36	46~51	55~61
基层设计厚度/规范法基层厚度(%)	水泥稳定石灰岩碎石	0.81~0.82	0.78~0.80	0.77~0.78
	水泥稳定花岗岩碎石	0.86~0.88	0.84~0.87	0.84~0.85
	水泥稳定砂岩碎石	1.0~1.11	1.0~1.12	1.0~1.13
	规范法	1.0	1.0	1.0

表 5-11 数据表明，以设计弯沉为控制指标，与规范推荐参数设计基层厚度相比，VTM 法水泥稳定石灰岩和花岗岩碎石基层厚度明显减薄，其中水泥稳定石灰岩基层减薄厚度平均为 20%，水泥稳定花岗岩碎石基层减薄厚度平均为 15%；而水泥稳定砂岩基层厚度明显增加，增

加厚度为11%以上。

2. *以层底拉应力为验算指标设计基层厚度*

验算表5-11中水泥稳定碎石基层厚度层底拉应力，结果见表5-12。

水泥稳定碎石基层容许拉应力和层底拉应力 表5-12

指标	材料类型	下列N_e(次/车道)材料容许拉应力、基层厚度和层底拉应力					
		3.0×10^6		1.2×10^7		2.5×10^7	
容许拉应力(MPa)	水泥稳定石灰岩碎石	0.40~0.87		0.38~0.82		0.37~0.80	
	水泥稳定花岗岩碎石	0.38~0.65		0.36~0.61		0.35~0.59	
	水泥稳定砂岩碎石	0.16~0.34		0.15~0.32		0.14~0.31	
	规范法	0.19~0.28		0.16~0.24		0.15~0.22	
以设计弯沉为指标设计基层厚度(cm)	水泥稳定石灰岩碎石	29	31	40	43	47	51
	水泥稳定花岗岩碎石	27	29	37	40	43	47
	水泥稳定砂岩碎石	47		48	57	55	69
	规范法	46		51		55	61
不同路面基层层底拉应力(MPa)	水泥稳定石灰岩碎石	0.34~0.35	0.31~0.38	0.23~0.35	0.21~0.26	0.19~0.24	0.16~0.21
	水泥稳定花岗岩碎石	0.29~0.33	0.27~0.30	0.20~0.22	0.18~0.20	0.16~0.18	0.14~0.16
	水泥稳定砂岩碎石	0.18~0.23	0.15~0.18	0.12~0.15	0.09~0.11	0.10~0.12	0.07~0.08
	规范法	0.25~0.29	0.23~0.26	0.17~0.19	0.14~0.16	0.13~0.15	0.11~0.12

表5-12数据表明，对于水泥稳定花岗岩碎石、水泥稳定石灰岩碎石基层，层底拉应力小于材料容许拉应力，说明对于这两类材料采用VTM法参数设计时，设计弯沉是控制指标，而层底拉应力不起控制作用；对于VTM法水泥稳定砂岩碎石和规范中参数，中、轻交通道路中基层层底拉应力是控制指标（表中阴影部分拉应力超过容许拉应力），而弯沉不起控制作用，重、特重交通道路中设计弯沉是控制指标，而层底拉应力不起控制作用。

3. *基层厚度设计值*

根据设计弯沉值和层底拉应力设计得到基层厚度见表5-13。

基层设计厚度 表5-13

N_e(次/车道)		3.0×10^6	1.2×10^7	2.5×10^7
设计弯沉值(0.01mm)		30.39	23.03	19.89
不同材料基层设计厚度(cm)	水泥稳定石灰岩碎石基层	27~29	37~40	43~47
	水泥稳定花岗岩碎石基层	29~31	40~43	47~51
	水泥稳定砂岩碎石基层	47	48~57	55~69
	规范法	46	51	55~61
不同材料设计基层厚度/规范法基层厚度(%)	水泥稳定石灰岩碎石基层	0.59~0.63	0.73~0.78	0.77~0.78
	水泥稳定花岗岩碎石基层	0.63~0.67	078~0.84	0.84~0.85
	水泥稳定砂岩碎石基层	1.02	0.94~1.12	1.0~1.13
	规范法	1.0	1.0	1.0

表 5-13 中数据表明，水泥稳定石灰岩碎石、水泥稳定花岗岩碎石基层 VTM 法参数设计厚度比规范推荐参数设计厚度分别减薄 22% ~41%、15% ~37%，交通量越小，减薄效果越明显；水泥稳定砂岩碎石基层 VTM 法参数设计厚度比规范推荐参数设计厚度可增加 0 ~13%。这说明规范推荐参数不分集料岩性是不妥当的。同时，也说明水泥稳定砂岩碎石不适宜用作路面基层。

第六章　基于 VTM 抗裂型水泥稳定碎石设计技术

水泥稳定碎石设计就是根据设计标准确定原材料、矿料级配、水泥剂量、最大干密度和最佳含水率,以便设计的水泥稳定碎石具有足够承载能力以防止基层发生荷载型断裂破坏和足够的抗裂性能以减少环境型收缩裂缝。抗裂型水泥稳定碎石设计特点在于采取强嵌挤骨架密实级配、采用 VTM 法增加水泥稳定碎石密实度等措施提高水泥稳定碎石力学强度,并在力学强度足以抵抗荷载型疲劳断裂前提下,尽量降低水泥剂量以增强水泥稳定碎石抗裂性能。本章论述了基于 VTM 抗裂型水泥稳定碎石设计技术,主要包括控制疲劳断裂的水泥稳定碎石强度设计标准、强嵌挤骨架密实级配和最大水泥剂量标准。

第一节　控制疲劳断裂的水泥稳定碎石强度设计标准

当水泥稳定碎石(底)基层养生时间不足、开放交通过早时,在施工运输车辆作用下极有可能造成水泥稳定碎石早期疲劳断裂,甚至是一次性荷载作用下的极限断裂。其次,施工期间,水泥稳定碎石基层在施工车辆反复作用下,由于材料微结构的局部不均匀,诱发应力集中而出现微损伤;当路面工程竣工投入运营后,水泥稳定碎石基层在车辆荷载反复作用下微损伤逐步累积扩大。当疲劳损伤累积扩大到一定程度时,导致水泥稳定碎石基层结构性破坏,称为疲劳破坏。因此,水泥稳定碎石强度标准确定依据是防止施工期一次性荷载作用下极限破坏和施工期与运营期荷载反复作用下水泥稳定碎石疲劳破坏。

一、基于极限破坏的强度标准

1. 力学计算模型与材料力学参数

(1)力学计算模型

水泥稳定碎石底基层碾压成型并养生一定龄期、强度达到要求后,下基层施工时混合料运输车辆必须在其上通行。如果底基层养生龄期不足,未能形成足够的强度,那么在施工车辆作用下底基层可能造成极限破坏或疲劳损伤。为了分析施工车辆作用下底基层拉应力及疲劳损伤,其力学计算简化模型如图 6-1 所示。

(2)材料力学参数

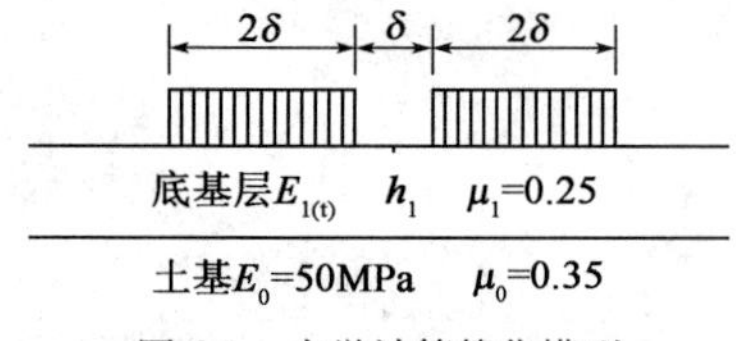

图 6-1　力学计算简化模型

第四章研究成果表明,水泥稳定碎石力学参数随龄期增加而呈乘幂函数增长。因此,假设水泥稳定碎石力学参数随龄期变化规律如下。

①假设水泥稳定碎石 $E_\infty = E_{360}$,并取表 5-6 中范围中值。各龄期水泥稳定碎石模量符合式(6-1):

$$\frac{E_T}{E_\infty} = A_E \cdot (\ln T)^{B_E} \tag{6-1}$$

砂　岩：$A_E = 0.363$，$B_E = 0.589$，$E_\infty = E_{360} = 1\,900\text{MPa}$；

花岗岩：$A_E = 0.258$，$B_E = 0.808$，$E_\infty = E_{360} = 3\,500\text{MPa}$；

石灰岩：$A_E = 0.247$，$B_E = 0.790$，$E_\infty = E_{360} = 4\,500\text{MPa}$。

②各龄期水泥稳定碎石劈裂强度符合式(6-2)：

$$\begin{cases} \dfrac{R_{iT}}{R_{i\infty}} = A_i \cdot (\ln T)^{B_i} \\ R_{i\infty} = \dfrac{R_{i14}}{0.6} \end{cases} \tag{6-2}$$

水泥稳定砂岩碎石：$A_i = 0.290$，$B_i = 0.769$；

水泥稳定花岗岩碎石：$A_i = 0.247$，$B_i = 0.887$；

水泥稳定石灰岩碎石：$A_i = 0.291$，$B_i = 0.735$。

③水泥稳定碎石 7d 劈裂强度与 7d 抗压强度之间关系符合式(6-3)：

$$R_c = \lambda \cdot R_i \tag{6-3}$$

水泥稳定砂岩碎石：$\lambda = 13.2$；

水泥稳定花岗岩碎石：$\lambda = 10.95$

水泥稳定石灰岩碎石：$\lambda = 10.73$。

④已有研究表明：半刚性基层弯拉强度与劈裂强度比值一般在 1.1～1.7。假设水泥稳定碎石弯拉强度 R_w 与劈裂强度 R_i 存在如下关系：

$$R_w = 1.4R_i \tag{6-4}$$

2. 施工车辆作用下底基层层底拉应力

施工车辆作用下水泥稳定碎石底基层拉应力计算结果见表 6-1，计算荷载取 BZZ-100kN，层间完全连续。表中各龄期模量按式(6-1)计算得到，各龄期劈裂强度按式(6-2)和表 5-4 中劈裂强度计算得到，弯拉强度按式(6-4)计算得到。

各龄期底基层模量、强度以及车辆荷载作用下拉应力　　表 6-1

材料类型	项目		龄期(d)							
			7	10	13	16	19	22	25	28
水泥稳定石灰岩碎石	模量(MPa)		1 866	2 119	2 298	2 437	2 550	2 645	2 727	2 799
	劈裂强度(MPa)		0.67	0.76	0.83	0.88	0.92	0.96	0.99	1.02
	弯拉强度(MPa)		0.94	1.06	1.16	1.23	1.29	1.34	1.39	1.43
	不同底基层厚度(cm)应力(MPa)	16	1.02	1.08	1.11	1.16	1.17	1.18	1.19	1.20
		18	0.91	0.96	0.99	1.02	1.03	1.05	1.06	1.07
		20	0.81	0.85	0.87	0.89	0.91	0.92	0.93	0.94
		22	0.70	0.74	0.76	0.77	0.79	0.80	0.80	0.81

续上表

材料类型	项目		龄期(d)							
			7	10	13	16	19	22	25	28
水泥稳定花岗岩碎石	模量(MPa)		1 545	1 770	1 932	2 057	2 159	2 246	2 321	2 387
	劈裂强度(MPa)		0.51	0.60	0.66	0.70	0.74	0.77	0.80	0.83
	弯拉强度(MPa)		0.71	0.84	0.92	0.98	1.04	1.08	1.12	1.16
	不同底基层厚度(cm)应力(MPa)	16	0.95	0.99	1.03	1.06	1.08	1.09	1.12	1.12
		18	0.85	0.89	0.93	0.95	0.97	0.98	1.00	1.01
		20	0.75	0.79	0.82	0.84	0.85	0.87	0.88	0.89
		22	0.66	0.69	0.71	0.73	0.74	0.75	0.76	0.77
水泥稳定砂岩碎石	模量(MPa)		1 021	1 128	1 202	1 258	1 304	1 341	1 374	1 402
	劈裂强度(MPa)		0.27	0.30	0.33	0.35	0.37	0.38	0.39	0.40
	弯拉强度(MPa)		0.38	0.42	0.46	0.49	0.52	0.53	0.55	0.56
	不同底基层厚度(cm)应力(MPa)	18	0.71	0.74	0.76	0.78	0.79	0.8	0.81	0.81
		20	0.63	0.66	0.68	0.69	0.7	0.71	0.72	0.72
		22	0.56	0.58	0.6	0.61	0.61	0.62	0.63	0.63
		24	0.51	0.52	0.53	0.53	0.53	0.54	0.55	0.55
		26	0.46	0.48	0.49	0.50	0.50	0.51	0.51	0.51
		28	0.42	0.44	0.45	0.46	0.46	0.47	0.47	0.48

表6-1中数据表明：

①随着底基层厚度增大，施工车辆作用下底基层产生拉应力显著减少。考虑现场实际压实能力，建议底基层设计厚度为20cm。

②龄期越长，水泥稳定碎石底基层模量和弯拉强度越大；而底基层模量越大，则车辆荷载作用下底基层产生的拉应力也越大。考虑工程进度要求，允许开放交通的养生龄期越短越好，但龄期过短，底基层强度不足以抵抗施工车辆荷载作用而产生断裂。从现有试验数据分析，以底基层设计厚度为20cm为例，水泥稳定石灰岩碎石底基层允许开放交通的养生龄期至少7d，水泥稳定花岗岩碎石底基层允许开放交通的养生龄期至少10d。

③不管养生多久，18～26cm厚水泥稳定砂岩碎石底基层在施工车辆作用产生拉应力均大于其弯拉强度；当底基层厚度≥28cm，且养生13d后，施工车辆作用下产生拉应力才有可能小于其弯拉强度，而厚度28cm底基层很难一次性碾压成型。因此，说明砂岩碎石不宜用作水泥稳定碎石底基层。

3. 基于极限破坏的强度标准

结合表6-1中弯拉强度和拉应力，为防止20cm厚水泥稳定碎石底基层在施工车辆荷载作用下产生极限破坏，提出强度标准如下：7d水泥稳定石灰岩碎石弯拉强度≥施工车辆作用下相应底基层拉应力0.81MPa；10d水泥稳定花岗岩碎石弯拉强度≥施工车辆作用下相应底基层拉应力0.79MPa，按式(6-2)转化成7d弯拉强度≥0.68MPa；假设7d水泥稳定砂岩碎石弯拉强度≥施工车辆作用下相应底基层拉应力0.63MPa。考虑到目前振动试验方法成型圆柱体试件比梁式试件简单,且无侧限抗压强度测试也比弯拉强度简单,易被工程界接受,故将 7d 弯拉强度标准分别按式(6-3)和式(6-4)转化成 7d 劈裂强度标准和 7d 抗压强度标准,见表 6-2。表中 7d 劈裂强度标准和 7d 抗压强度标准考虑水泥稳定碎石真实强度约等于室内标准养生振动成型试件抗压强度的 0.92 倍。

基于极限破坏的强度标准　　表 6-2

材料类型	水泥稳定石灰岩碎石	水泥稳定花岗岩碎石	水泥稳定砂岩碎石
7d 弯拉强度(MPa)	≥0.81	≥0.68	≥0.63
7d 劈裂强度(MPa)	≥0.55	≥0.46	≥0.42
7d 抗压强度(MPa)	≥6.0	≥5.0	≥4.5

二、基于 Miner 疲劳累积损伤理论的强度标准

1. Miner 疲劳累积损伤理论及基本假设

(1) Miner 疲劳累积损伤理论

在常规的疲劳试验中,循环应力的应力水平在整个试验过程中保持不变。但大多数的机械零件和结构构件在工作中所承受的工作载荷是谱状载荷,即应力水平是有规则变化的,在工程设计中常常应用 Miner 疲劳损伤累积理论解决这类问题。

Miner 疲劳损伤累积假说认为:在恒定应力水平作用下,零件运转循环次数 N 时,将产生完全损伤或称为失效。那么,零件在 S 的作用下运转一个比 N 小的应力循环次数 n 时,将产生部分损伤。同时,又认为,这一过程中每一次损伤相同,则在 S 的作用下损伤率为 n/N。如果一个零件包含不同应力水平 S_i,在此状态下工作,则都将产生一个损伤率 n_i/N_i,当这些损伤率的总和达到 1 时,就可以预测出现失效,也就是说满足式(6-5)时,预计失效。

$$\frac{n_1}{N_1} + \frac{n_2}{N_2} + L + \frac{n_{i-1}}{N_{i-1}} + \frac{n_i}{N_i} = 1 \tag{6-5}$$

(2) 水泥稳定碎石疲劳累积损伤分析的基本假设

①涉及疲劳试验复杂、试验周期长以及费用大,并未研究疲劳特性随龄期变化规律,仅建立 360d 龄期水泥稳定碎石疲劳方程,见式(5-7)。因此,在水泥稳定碎石疲劳累积损伤分析时,假设各龄期水泥稳定碎石疲劳方程均符合式(6-6),即

$$\lg S = -0.043\lg N_e \tag{6-6}$$

②研究表明,水泥稳定碎石基层随着龄期延长,其模量与强度是逐渐增大的,也就是不同阶段即使在相同荷载作用下水泥稳定碎石基层受到的应力水平也是不同的,涉及如何综合解决不同应力水平的疲劳作用问题。为此,假设水泥稳定碎石疲劳累积损伤符合 Miner 疲劳累积损伤理论,即式(6-5)。

③调查表明,1 台稳定土拌和站或沥青混合料拌和楼通常提供约 10km 左右路段混合料,并通常安装在该路段中间位置附近。假设水泥稳定碎石混合料密度为 2.45t/m^3,沥青混合料密度为 2.5t/m^3。混合料采用双后轴重型自卸式货车运输,假设单次运输混合料约 20t,车货总重约 30t,平均单轴重 10t。则由此可假设作用在各结构层上施工车辆 BZZ-100kN 轴载累计作用次数符合表 6-3。

单幅 5km 基层所需混合料数量及运输车辆数　　表 6-3

公路等级	结构层	层厚(cm)	混合料数量(t)	车货总重 30t 车辆数(辆)	BZZ－100kN 轴载累计作用次数(次)
高速、一级公路	下基层	18	24 806	1 240	3 720
	上基层	18	24 806	1 240	3 720
	下面层	10	13 750	688	2 063
	中面层	6	8 250	413	1 238
	上面层	4	5 500	275	825
二级公路	基层	18	13 781	689	2 067
	下面层	5	3 906	195	586
	上面层	4	3 125	156	469

④由假设③可知,通常 10km 为施工作业单元,正常施工每天约 600～700m,因此,可假设两结构层施工间隔为 15d。

⑤水泥稳定碎石力学参数符合"1. 力学计算模型与材料力学参数"规律。

2. 力学计算模型及计算参数

(1)计算模型

典型路面结构各阶段水泥稳定碎石(底)基层力学计算简化模型如图 6-2 所示。

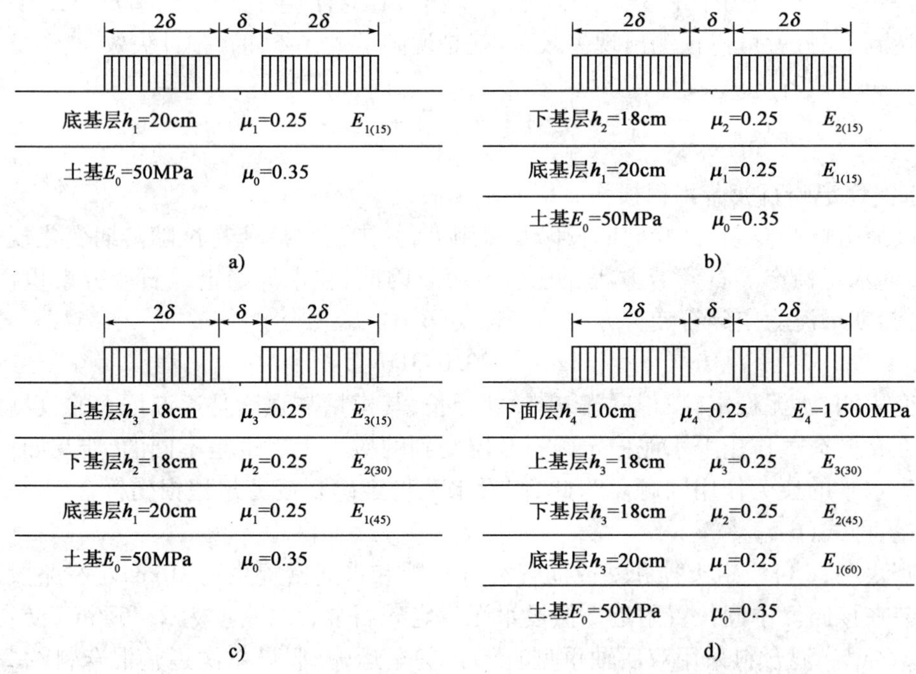

图 6-2

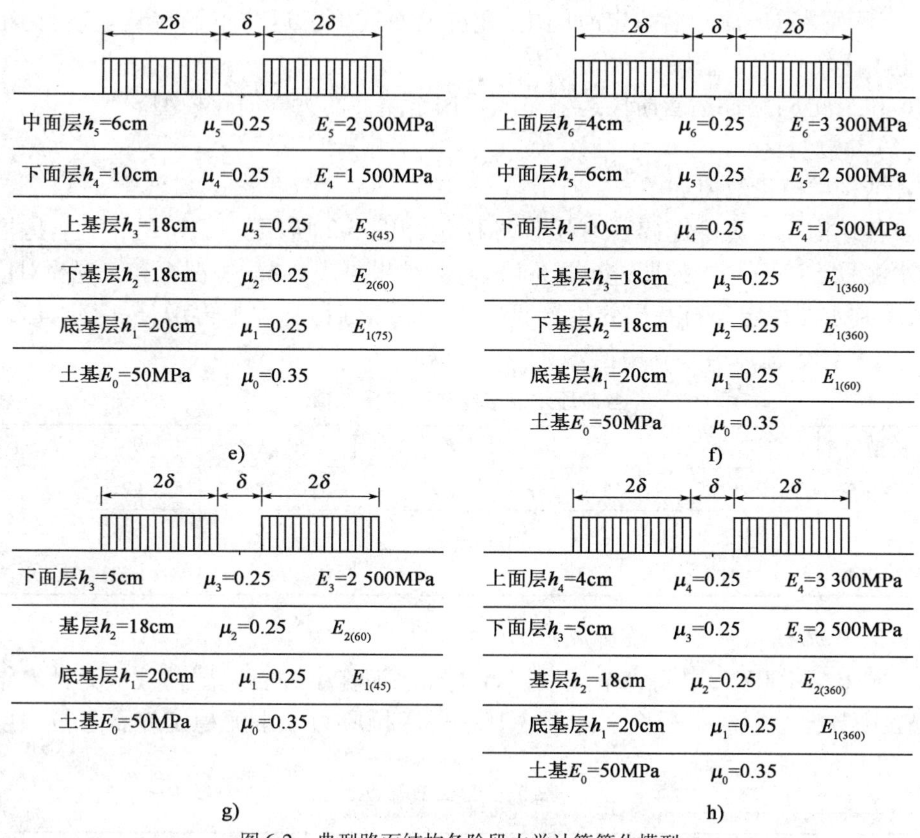

图 6-2　典型路面结构各阶段力学计算简化模型

a)工况 1；b)工况 2；c)工况 3；d)工况 4；e)工况 5；f)工况 6；g)工况 7；h)工况 8

图 6-2 中工况 1 ~ 工况 6 是针对高速、一级公路典型路面结构水泥稳定碎石基层各阶段力学计算模型。图 6-2 中工况 1、工况 2、工况 7 和工况 8 是针对二级公路典型路面结构水泥稳定碎石基层各阶段力学计算模型。各工况说明如下：

工况 1：水泥稳定碎石底基层碾压成型并养生一定龄期（通常 7 ~ 10d）后，允许水泥稳定碎石下基层施工运输车辆在其上通行，工况 1 就是下基层施工车辆作用于基层的力学简化模型；

工况 2：水泥稳定碎石下基层碾压成型并养生一定龄期（通常 7 ~ 10d）后，允许水泥稳定碎石上基层施工运输车辆在其上通行，工况 2 就是上基层施工车辆作用于基层的力学简化模型；

工况 3：水泥稳定碎石上基层碾压成型并养生一定龄期（通常 7 ~ 10d）后，允许下面层施工运输车辆在其上通行，工况 3 就是下面层施工车辆作用于基层的力学简化模型；

工况 4 和工况 6：下面层碾压成型后一定时间内，允许中或上面层施工运输车辆在其上通行，工况 4 就是中面层施工车辆作用于基层的力学简化模型，工况 6 是上面层施工车辆作用于基层的力学简化模型；

工况 5：中面层碾压成型后一定时间内，允许上面层施工运输车辆在其上通行，工况 5 就是上面层施工车辆作用于基层的力学简化模型；

工况7:下面层碾压成型后一定时间内,允许上面层施工运输车辆在其上通行,工况6就是上面层施工车辆作用于基层力学简化模型;

工况6和工况8:路面运营阶段运输车辆作用于路面的力学简化模型。

(2)计算参数

沥青各结构层模量取值如图6-2所示。

各阶段各结构层水泥稳定碎石基层计算模量如图6-2所示。图中 $E_{x(t)}$ 中 x 是指结构层位,t 是指水泥稳定碎石基层龄期,按式(6-1)计算,结果见表6-4。工况6和工况8对应路面运营阶段,考虑到水泥稳定碎石基层养生龄期超过360d之后,基本不再增长,因此,运营阶段模量取为360d,具体数值取表6-6中值。

各阶段水泥稳定碎石模量取值 表6-4

材料类型	$E_{(15)}$	$E_{(30)}$	$E_{(45)}$	$E_{(60)}$	$E_{(75)}$	$E_{(360)}$
水泥稳定石灰岩碎石	2 252	2 696	2 947	3 122	3 255	4 150
水泥稳定花岗岩碎石	2 018	2 426	2 658	2 819	2 942	3 500
水泥稳定砂岩碎石	1 241	1 419	1 516	1 583	1 633	1 900

3.各工况水泥稳定碎石基层荷载应力

计算荷载BZZ-100kN,层间完全连续。各工况水泥稳定碎石基层荷载应力计算结果见表6-5。根据表中数据绘制成水泥稳定碎石底基层层底拉应力和水泥稳定碎石弯拉强度随龄期变化规律,如图6-3所示。

各工况水泥稳定碎石基层荷载应力 表6-5

材料类型	不同工况水泥稳定碎石底基层拉应力(MPa)							
	工况1	工况2	工况3	工况4	工况5	工况6	工况7	工况8
水泥稳定石灰岩碎石	0.892	0.375	0.202	0.159	0.135	0.129	0.314	0.292
水泥稳定花岗岩碎石	0.843	0.366	0.198	0.154	0.130	0.122	0.304	0.275
水泥稳定砂岩碎石	0.692	0.313	0.169	0.125	0.103	0.095	0.248	0.220

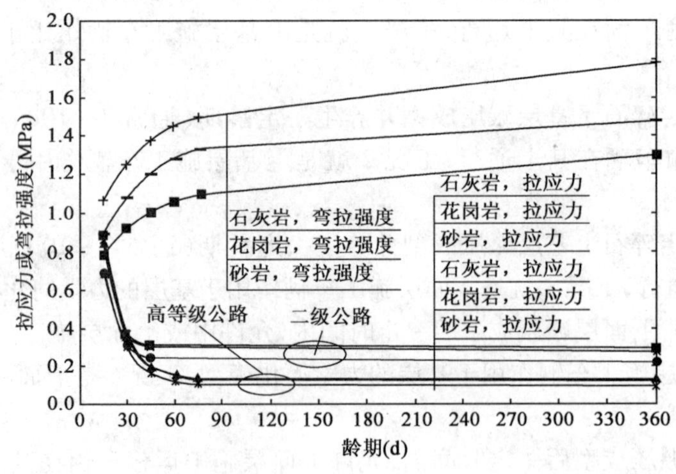

图6-3 层底拉应力和材料弯拉强度随龄期变化规律

从图 6-3 可知，随着龄期增长，结构层增加，水泥稳定碎石基层层底拉应力急剧下降；而水泥稳定碎石材料弯拉强度随着龄期增加而不断增长。这表明水泥稳定碎石基层更容易在施工期发生破坏，应加强施工期施工运输车辆超载控制。

4. 基于疲劳破坏的强度标准

通过试算，当 7d 疲劳强度达到表 6-6 中数值时，可防止水泥稳定碎石基层在设计年限内发生疲劳破坏，即水泥稳定碎石累积疲劳损伤达到 $0.95 < \sum \frac{n_i}{N_i} \leqslant 1.0$，见表 6-7。各龄期劈裂强度、弯拉强度和疲劳次数分别按式(6-2)、式(6-4)和式(6-6)计算。

7d 劈裂强度　　表 6-6

公路等级	指标	水泥稳定石灰岩碎石	水泥稳定花岗岩碎石	水泥稳定砂岩碎石
高速、一级公路	7d 劈裂强度(MPa)	≥0.70	≥0.64	≥0.55
二级公路	7d 劈裂强度(MPa)	≥0.68	≥0.62	≥0.54

水泥稳定碎石疲劳损伤　　表 6-7

材料类型	公路等级	工况	龄期(d)	拉应力(MPa)	劈裂强度(MPa)	弯拉强度(MPa)	应力水平	疲劳次数	轴载作用次数	疲劳损伤	$\sum \frac{n_i}{N_i}$
水泥稳定石灰岩碎石	高速、一级公路	1	15	0.892	0.908	1.273	0.701	3 900	3 720	9.54E-01	0.954
		2	30	0.375	1.073	1.522	0.246	1.4E+14	3 720	2.66E-11	
		3	45	0.202	1.166	1.662	0.122	1.9E+21	2 063	1.07E-18	
		4	60	0.159	1.230	1.759	0.090	1.9E+24	1 238	6.53E-22	
		5	75	0.135	1.279	1.834	0.074	2.2E+26	825	3.68E-24	
		6	360	0.129	1.500	2.338	0.055	1.8E+29	2.5E+07	1.37E-22	
	二级公路	1	15	0.892	0.885	1.239	0.720	2 089	2 067	9.89E-01	0.989
		2	30	0.375	1.047	1.481	0.253	7.5E+13	586	7.83E-12	
		7	45	0.314	1.137	1.618	0.194	3.6E+16	469	1.30E-14	
		8	360	0.292	1.463	2.276	0.128	5.5E+20	2.5E+7	4.57E-14	
水泥稳定花岗岩碎石	高速、一级公路	1	15	0.843	0.858	1.201	0.702	3 736	3 720	9.96E-01	0.996
		2	30	0.366	1.050	1.470	0.249	1.1E+14	3 720	3.39E-11	
		3	45	0.198	1.160	1.624	0.122	1.8E+21	2 063	1.15E-18	
		4	60	0.154	1.238	1.733	0.089	2.8E+24	1 238	4.44E-22	
		5	75	0.13	1.297	1.816	0.072	4.3E+26	825	1.92E-24	
		6	360	0.122	1.435	2.009	0.061	2.0E+28	2.5E+7	1.27E-21	
	二级公路	1	15	0.843	0.837	1.171	0.720	2 104	2 067	9.82E-01	0.982
		2	30	0.366	1.024	1.434	0.255	6.2E+13	586	9.47E-12	
		7	45	0.304	1.132	1.585	0.192	4.7E+16	469	9.91E-15	
		8	360	0.275	1.400	1.960	0.140	6.8E+19	2.5E+7	3.65E-13	

续上表

材料类型	公路等级	工况	龄期(d)	拉应力(MPa)	劈裂强度(MPa)	弯拉强度(MPa)	应力水平	疲劳次数	轴载作用次数	疲劳损伤	$\sum\frac{n_i}{N_i}$
水泥稳定砂岩碎石	高速、一级公路	1	15	0.692	0.705	0.987	0.701	3857	3 720	9.64E-01	0.964
		2	30	0.313	0.840	1.176	0.266	2.3E+13	3 720	1.59E-10	
		3	45	0.169	0.916	1.282	0.132	2.9E+20	2 063	7.01E-18	
		4	60	0.125	0.969	1.356	0.092	1.2E+24	1 238	1.03E-21	
		5	75	0.103	1.009	1.413	0.073	2.8E+26	825	2.94E-24	
		6	360	0.095	1.130	1.582	0.060	2.6E+28	2.5E+7	9.80E-22	
	二级公路	1	15	0.691	0.686	0.961	0.719	2134	2 067	9.69E-01	0.969
		2	30	0.313	0.818	1.145	0.273	1.3E+13	586	4.68E-11	
		7	45	0.248	0.892	1.248	0.199	2.1E+16	469	2.23E-14	
		8	360	0.22	1.100	1.540	0.143	4.5E+19	2.5E+7	5.55E-13	

考虑到水泥稳定碎石真实劈裂强度约等于室内标准养生振动成型试件抗压强度的0.92倍,得到水泥稳定碎石7d劈裂强度标准,并按式(6-3)转化成7d抗压强度标准,见表6-8。

基于疲劳破坏的强度标准 表6-8

公路等级	指标	水泥稳定石灰岩碎石	水泥稳定花岗岩碎石	水泥稳定砂岩碎石
高速、一级公路	7d劈裂强度(MPa)	≥0.65	≥0.60	≥0.50
	7d抗压强度(MPa)	≥7.0	≥6.6	≥6.6
二级公路	7d劈裂强度(MPa)	≥0.63	≥0.57	≥0.50
	7d抗压强度(MPa)	≥6.7	≥6.2	≥6.6

三、水泥稳定碎石强度标准

1.VTM法设计标准

综上所述,提出水泥稳定碎石强度设计标准,见表6-9。

水泥稳定碎石强度设计标准 表6-9

设计指标	不同材料类型水泥稳定碎石强度标准		
	水泥稳定石灰岩碎石	水泥稳定花岗岩碎石	水泥稳定砂岩碎石
压实度(%)	≥98	≥98	≥98
7d劈裂强度(MPa)	≥0.65	≥0.60	≥0.50
7d抗压强度(MPa)	≥7.0	≥6.6	≥6.6

2.VTM法与规范设计标准对比

表6-10列出JTG D50—2006《公路沥青路面设计规范》对水泥稳定类材料配合比设计的7d无侧限抗压强度代表值要求。

水泥稳定类材料压实度及 7d 抗压强度　　表 6-10

层　　位	特 重 交 通		重、中交通		轻 交 通	
	压实度(%)	抗压强度(MPa)	压实度(%)	抗压强度(MPa)	压实度(%)	抗压强度(MPa)
基层	≥98	3.5~4.5	≥98	3.0~4.0	≥97	2.5~3.5
底基层	≥97	≥2.5	≥97	≥2.0	≥96	≥1.5

比较表 6-9 和表 6-10 中数据可知，规范法按层位提出不同抗压强度指标，VTM 法则按集料岩性提出不同抗压强度指标；并增加劈裂强度指标。规范法强度标准是建立在重型击实试验方法和静压法成型试件基础上，而 95% 保证率下 VTM 法试件 7d 无侧限抗压强度为静压法成型试件的 2.26 倍，因此，VTM 法 7d 无侧限抗压强度标准与规范法特重、重、中交通强度标准 ×2.26 基本相当。

第二节　抗裂型水泥稳定碎石强嵌挤骨架密实级配

一、水泥稳定碎石结构类型及其对性能影响

1. 水泥稳定碎石结构类型

材料组成结构决定其性能。水泥稳定碎石组成结构取决于矿质颗粒特性（包括矿料颗粒的大小、形状、级配、岩性等）、水泥剂量、含水率和矿料排列方式（受成型方式影响）等。按组成结构特点，水泥稳定碎石可分为悬浮密实结构、骨架密实结构和骨架空隙结构三类，如图6-4所示。

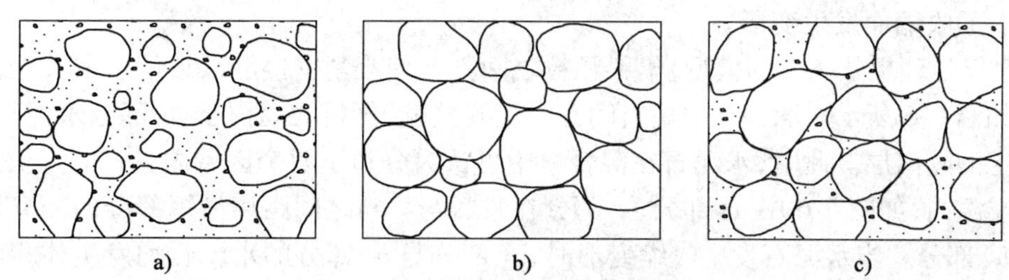

图 6-4　水泥稳定碎石典型结构示意图

a) 悬浮密实结构；b) 骨架空隙结构；c) 骨架密实结构

(1) 悬浮密实结构

如图 6-4a) 所示，这种结构混合料按照密实级配原理构成，集料尺寸由大到小连续存在。按粒子干涉理论，为避免次级集料对前级集料密排的干涉，前级集料之间必须留出比次级集料粒径稍大的空隙供次级集料排布。按此组成的水泥稳定碎石，经过多级密躁虽然可以获得最大密实度，但是各级集料均为次级集料所隔开，不能直接靠拢而形成骨架，有如悬浮于次级集料之间。

(2) 骨架空隙结构

如图 6-4b) 所示，由于矿质混合料递减系数较大，粗集料所占比例较高，细集料则很少，甚至没有。按此组成的混合料，粗集料可以相互靠拢形成骨架，但由于细料数量少，不足以填满

粗集料之间的空隙,因此形成骨架空隙结构。

(3)骨架密实结构

如图6-4c)所示,骨架密实结构是综合以上两种类型组成的结构。基层混合料既有一定数量的粗集料形成骨架,同时又有相当数量的细集料可填充骨架的空隙,因此形成骨架密实结构。

2. 水泥稳定碎石结构对性能的影响

水泥石浆具有较集料大得多的温缩和干缩系数,水泥稳定碎石收缩可认为是由水泥石的收缩引起的。水泥石自身收缩及引起水泥稳定碎石收缩过程可用图6-5和图6-6模式表述。

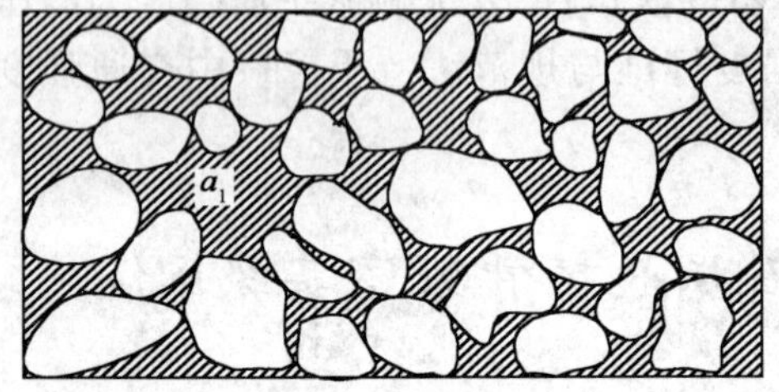

图6-5　理想结构状态

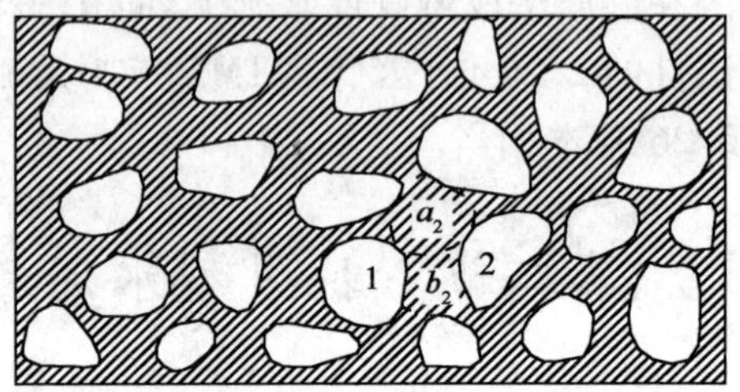

图6-6　实际结构状态

图6-5模式为集料处于压实状态,集料颗粒之间相互嵌挤,形成稳定的框架结构。水泥石则以独立的形式存在框架结构形成的空隙内,互不接触。当水泥石发生收缩时,水泥石变形受集料框架限制,而局限于集料空隙间产生收缩应力,稳定的框架结构承担水泥石产生的收缩应力,各自独立的框架内的水泥石收缩变形也不会发生连续叠加。而以原生矿物为主的集料与次生矿物含量多的水泥石相比,具有较小的线膨胀系数,因而在这种情况下,水泥稳定碎石不会因水泥石的收缩而发生变形。

图6-5仅是理想状态下的模型,集料颗粒之间不会相互紧密接触以致使水泥石全部隔断,实际状态如图6-6所示。图6-6中集料间并不相互接触,集料之间由于 b_2 部分水泥石的存在而产生一定的隔离层。此时,水泥石在混合料中可认为分布于两个区域内:一部分是在被集料所包围的空隙内,如图6-6中 a_2 部分;一部分在集料与集料之间距离最短部分的隔离层内,如图6-6中 b_2 部分。当水泥石发生收缩变形时,a_2 部分与 b_2 部分的水泥石均发生体积收缩,收缩量分别为 Δa_2 和 Δb_2,且 $\Delta a_2 > \Delta b_2$,此时 a_2 部分的水泥石虽不像图6-5中 a_1 部分水泥石那样受到稳定框架限制,但也受集料与 b_2 部分水泥石组成类似框架型结构的制约和影响,该类似框架型结构在水泥石收缩下产生一定的变形,其变形量等于 Δb_2,此时虽然 $\Delta a_2 > \Delta b_2$,但变形后的 b_2 部分水泥石与集料组成的类似框架已处于稳定状态,不再产生收缩变形。集料1和2之间的相对位移量等于 Δb_2,因受 b_2 部分水泥石抗变形能力的制约,集料1、2之间的位移不受 Δa_2 部分水泥石的影响,即水泥稳定碎石体积变化由 b_2 部分水泥石引起的,各集料之间的隔离层水泥石的收缩量叠加值就是水泥稳定碎石体积变化量。当一定长度的叠加值超过水泥稳定碎石极限拉应变时,便产生收缩裂缝。

由此可见,减少水泥稳定碎石基层的收缩裂缝可通过减少各集料隔离层间水泥石体积的措施来实现,即减少集料间隔离层的厚度。由于隔离层在现实中不可消除,所以要使水泥稳定碎石具有较好的抗裂性,隔离层厚度越小越好。对于图6-5理想状态而言,隔离层厚度为零,所以水泥稳定碎石收缩变形很小,水泥石在混合料中仅以一种形式存在于集料间的框架内,即图中阴影 a_1 部分。相对于理想状态而言,超出集料框架空隙以外的水泥石称为"富余"水泥石,而正是由于"富余"水泥石的存在,在实际状态下,水泥石以两种形式分布于集料间:一部分存在于集料围成的空隙 a_2 内,另一部分则以 b_2 形式存在于集料的隔离层内。"富余"水泥石的多少是影响水泥稳定碎石收缩变形大小的重要因素。

"富余"水泥石增加,则集料间的隔离层厚度增加,收缩变形增大,水泥稳定碎石的收缩变形就加剧。因此,减少水泥稳定碎石的收缩裂缝,就应尽量减少"富余"水泥石的存在。那么如果混合料中的粗集料形成骨架,而用水泥石与细集料形成的水泥石砂浆填充粗集料的空隙,使"富余"水泥石在收缩时受到细集料的约束,同时控制水泥石的用量,这样就能有效地减少水泥稳定碎石混合料产生的裂缝,如图 6-7 所示。

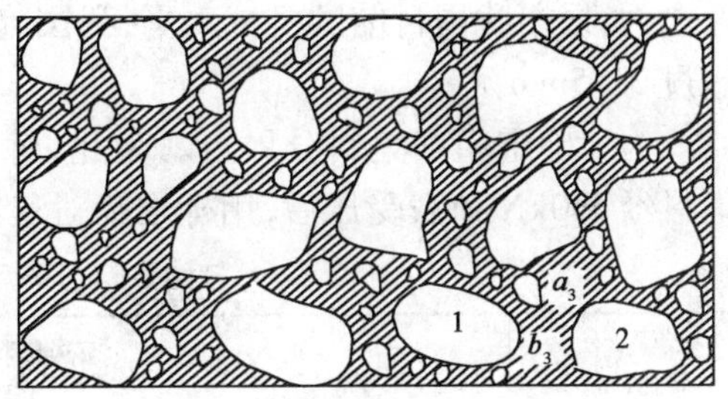

图 6-7　约束结构

综上所述,要使水泥稳定碎石收缩变形量减小,就必须尽可能地使水泥石存在于集料框架内,而集料是否能较好地形成框架,框架是否稳定,是否具有足够的抵抗水泥石收缩变形的能力,则成为减少水泥稳定碎石收缩变形的先决条件。

二、强嵌挤骨架密实级配确定方法

1. 粗细集料分界点研究

水泥稳定碎石强度主要来源于两方面:集料颗粒的内摩阻力和填充料的黏结力。除了使水泥稳定碎石中的粗集料紧密排列,形成良好的骨架结构之外,密实的水泥砂浆应填满骨架间隙,并将骨架黏结成为整体。这样的结构形式是水泥稳定碎石充分发挥优良路用性能的必要条件,也是进行材料组成设计的指导思想。

(1)理论分析

假定集料的基本颗粒为规则的球体或球冠,且各分级颗粒粒径都相等。采用简单的球体来代替不规则的矿质集料,矿料的性状虽然与球体不同,但其排列和填充的关系与球体基本相似。由此可建立集料嵌锁平面模型,如图 6-8 所示。

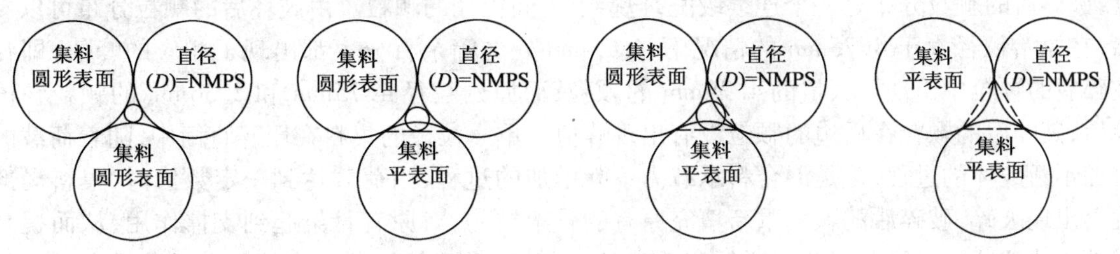

图 6-8　集料嵌挤平面模型

理论上混合料不仅要有足够的粗集料形成空间骨架,而且要有一定数量的细料填充于骨架间的空隙,使混合料具有较高的密实度并且形成一种骨架密实结构,以获得较高的内摩阻力和黏结力。粗集料公称最大粒径不同,填充空隙所需要的细集料最大粒径是不相同的。当不同形状的粗集料形成嵌挤骨架，细集料填充于其间时，细集料的最大直径分别为0.15D、0.2D、0.24D、0.29D。而只有集料全为圆形时，分界点的相应筛孔为0.15D，其他3种性状分别为D的0.20、0.24、0.29倍。如不考虑集料全是圆形的状况，则此3者平均应为0.243倍，更接近0.25倍。因此，通过分析集料嵌锁平面模型，考虑不同集料性状组合后，粗细集料分界点宜定为最大公称尺寸0.25倍。

(2)试验研究

考虑到集料粒径愈大，拌和机、平地机和摊铺机等施工机械愈容易损坏，混合料愈容易产生粗细集料离析现象，铺筑层的平整度也愈难达到高的要求；但是最大粒径愈小，石料的加工量愈大，根据我国目前的机械水平，我国施工规范规定高等级公路基层所用集料的最大粒径不超过31.5mm。

为了确定粗细集料分界点。为此，对19～2.36mm各单一粒径的集料进行压碎试验。在集料经350kN荷载受压后，用标准筛对集料压碎后的颗粒分布进行筛分，其结果见表6-11。

各档集料压碎后在各个筛孔的筛余百分率 表6-11

筛孔(mm)	各档集料压碎后在各个筛孔的筛余百分率(%)					
	19	16	13.2	9.5	4.75	2.36
19	20.3	—	—	—	—	—
16	12.5	10.1	—	—	—	—
13.2	9.3	16.4	11.6	—	—	—
9.5	12.0	17.8	24.9	27.9	—	—
4.75	18.2	22.6	25.7	33.8	56.0	—
2.36	12.0	15.0	17.0	18.6	25.9	66.1
1.18	7.1	8.2	9.5	9.5	9.8	20.1
0.6	1.8	1.8	2.1	2.1	1.9	3.5
<0.6	6.8	8.1	9.2	8.4	6.4	10.3

从表中数据可看出，不同粒径的颗粒在承受了350kN的压力后都出现了不同程度的破碎，破碎后的颗粒分布是一个连续级配，包括了不同粒径的颗粒。由破坏后的颗粒分布可以看出，在原始粒径大于4.75mm的情况下，4.75mm处的筛余百分率都出现了相应的峰值，即在破碎后的颗粒中出现了大量的4.75mm的颗粒；而原始粒径4.75mm和2.36mm的颗粒在试验后，破碎后的颗粒在后边的颗粒没有出现峰值。单一粒径的集料在压碎直筒中，随着荷载的增加不断破坏的过程，也是混合料承载力不断增加的过程，当荷载达到一定数值时，集料局部就会出现破碎，破碎后的颗粒重新填充原有的骨架结构，对原有骨架起到支撑作用，从而提高了结构的承载力。因此当荷载增加到350kN时，破碎后的颗粒所组成的混合料也具有最大的承载力，而由破碎后颗粒的通过百分率在筛孔4.75mm处出现峰值这一特点，可以设想到4.75mm以上颗粒应是骨架的主要受力部分，大量的4.75mm颗粒支撑着大粒径颗粒，重新构成了更为稳定的骨架结构，从而使混合料具有更高的承载力，而小于4.75mm的颗粒只能起到填充作用。这可由原始粒径是4.75mm和2.36mm颗粒的压碎结果中看出来，在其压碎后的

级配中筛余通过率在小于最大粒径后面没有出现峰值现象，而含量最大的颗粒仍是原始粒径颗粒，表明主要的受力结构仍是原始的 4.75mm 和 2.36mm 的颗粒，也即小于 4.75mm 的颗粒破碎后就不能形成新的稳定的骨架结构，而只能在原始的或形成的骨架中起到填充作用。这与上述理论分析基本吻合（0.25 × 19mm = 4.75mm）。由此断定 4.75mm 以上的颗粒应是构成骨架的主要部分，也应是粗细集料的划分标准。

2. 强嵌挤骨架密实级配确定原则

①粗集料形成骨架，而不是传统做法将粗集料悬浮在细集料和结合料形成的“砂浆”中，较强的骨架对于改善水泥稳定碎石混合料的强度、抵抗干缩或温缩裂缝有比较明显的作用。

②结合料数量足以对集料形成较好的裹覆，并可将骨架空隙施以紧密填充，这有利于提高结构的耐久性，也是充分发挥优良路用性能的必要条件，而不是像习惯做法那样，使用较多的细集料和较少的结合料导致的填充率低、裹覆性较差，影响结构的整体性和耐久性。

③确定骨架密实型级配，必须考虑易于铺筑和压实，而且比较经济。

④为了能够较好地模拟施工现场振动压路机对道路材料的压实作用，采用振动法确定矿料级配。

3. 强嵌挤骨架密实级配确定方法

①采用逐级填充方法确定粗集料级配。所谓逐级填充是将工程所用最大粒径 D_0 集料（一般为 19 ~ 31.5mm 粒径碎石）作为主骨料，以后各级的规格以工程习惯划分为 9.5 ~ 19mm、4.75 ~ 9.5mm，每级粒径集料的用量尽可能地填充前一级的空隙而对前一级或前 n 级的骨架不构成干涉为原则。

②采用 I 法确定细集料的级配。变化 I 值，研究不同级配细集料的强度、CBR、干燥收缩和温度收缩等性能。

③采用室内强度试验确定粗、细集料最佳比例，并结合成型试件断面情况和工程实践施工情况，确定最终矿料级配。

4. 强嵌挤骨架密实级配确定步骤

（1）粗集料级配确定步骤

为了模拟施工现场振动压路机对水泥稳定碎石的压实作用，在粗集料级配确定时采用振动法进行试验研究。具体过程如下：

①将一定质量主骨料（规格记为 D_0，一般为 19 ~ 31.5mm）装入圆柱体试模中，并将试模移至 VTM 上振动击实 100s。振实完毕量测其振实后的高度，利用公式 $\rho = M/V$ 计算其振实密度。

②记 D_0 的用量为 100，D_0 的下一级粒径记为 D_1（9.5 ~ 19mm），以 D_0 用量的 5% 为步长，将粒径为 D_1 的集料掺入到 D_0 中。每次掺入后振实，测定振实密度，建立填充数量与振实密度关系曲线。在振实密度关系曲线上选取振实密度最大的一组或几组 D_1 用量，作为 D_1 用量。

③D_1 的下一级粒径记为 D_2（4.75 ~ 9.5mm），同样以 D_0 用量的 5% 为步长，将粒径为 D_2 的集料与粒径为 D_0、D_1 的混合料（已经按照前述方法确定出二者的比例）拌和均匀后进行振实，测定振实后的体积并计算其振实密度，建立填充数量与振实密度关系曲线。同样，在振实密度关系曲线上选取振实密度最大的一组或几组 D_2 用量，作为 D_2 用量。

④根据上述两级填充试验，最后分别得到各级粒径的最佳填充比例，即粗集料的级配。

(2)细集料级配确定步骤

细集料在混合料中主要功能为填充粗集料骨架空隙，从而影响着混合料成型后的路用性能。因此，细集料级配应着重考虑其强度，采用I法确定：

$$P_x = 100(I)^x \tag{6-7}$$

$$x = 3.32\lg(D/d) \tag{6-8}$$

式中：P_x——希望计算的某级集料的通过量(%)；

I——通过百分率的递减系数；

d——希望计算的某级集料粒径(mm)；

D——矿质混合料的最大粒径(mm)。

细集料级配研究中，把水泥、细集料和水组成的混合料称为水泥砂浆。固定水泥掺量，通过变化I值，考察砂浆的7d无侧限饱水抗压强度或CBR和收缩性能等，最终确定I值，由此确定细集料的级配。

(3)细集料与粗集料比例确定步骤

按照前述的设计思想，在水泥稳定碎石中，以粗集料形成骨架嵌挤，使其空隙率最小，以水泥砂浆填充骨料的空隙，形成密实结构，使整体混合料获得最大的密实度。因此，在固定水泥剂量前提下，可变化粗、细集料比例进行混合料强度试验，根据强度最大原则确定水泥稳定碎石的级配。

三、强嵌挤骨架密实级配的确定

1.粗集料级配

(1)Ⅰ级振实试验

取D_0(31.5~19mm)集料20kg，将D_1(19~9.5mm)集料按D_0集料用量的5%逐级递增，用内掺法掺到D_0集料中进行振实试验，试验结果如图6-9所示。图中在D_1以D_0用量的5%为步长进行逐级填充时，当D_0用量与D_1用量的比例为100∶60时，混合集料的振实密度达到最大值，当D_0用量与D_1用量的比例为100∶65时，振实密度变小，说明掺加D_1用量超过60%时骨架结构又逐渐被撑开。

(2)Ⅱ级振实试验

在Ⅰ级填充的基础上，进行Ⅱ级填充。分别以D_0、D_1用量比例为100∶55、100∶60和100∶65作为Ⅱ级振实试验的主体，取D_0+D_1集料25kg，变化D_2(9.5~4.75mm)集料用量并振动，分别可得D_2集料的用量与振实密度关系，结果如图6-10所示。图中不同组合的粗集料经振动后，其振实密度在各组都会出现一个峰值。当D_0与D_1粒径集料的用量比例分别为100∶55、100∶60、100∶65时，达到最大振实密度所对应D_2粒径集料用量分别为D_0和D_1总量的30%、25%和25%。这说明了粗集料在某个组合时，能够在振动的过程中相互运动并在相互嵌挤作用达到最大时停止移动，此时粗集料的振实密度达到最大。根据Ⅱ级振动试验的结果，D_0+D_1、D_2的比例在100∶25时，混合料的振实密度为最大，也是集料之间互嵌挤作用最强的组合。因此，粗集料的级配比例确定为50∶30∶20。

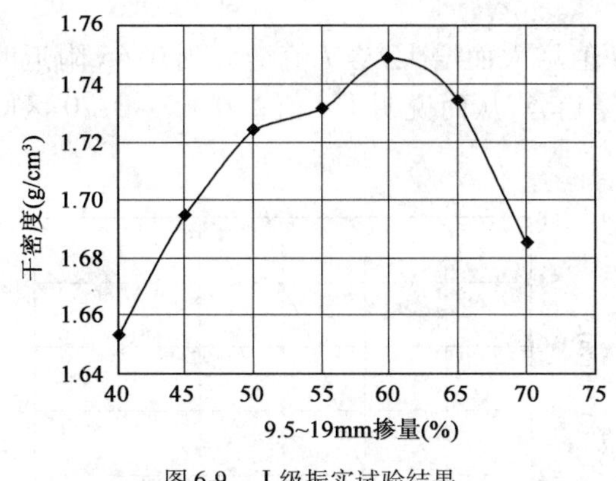

图 6-9 Ⅰ级振实试验结果

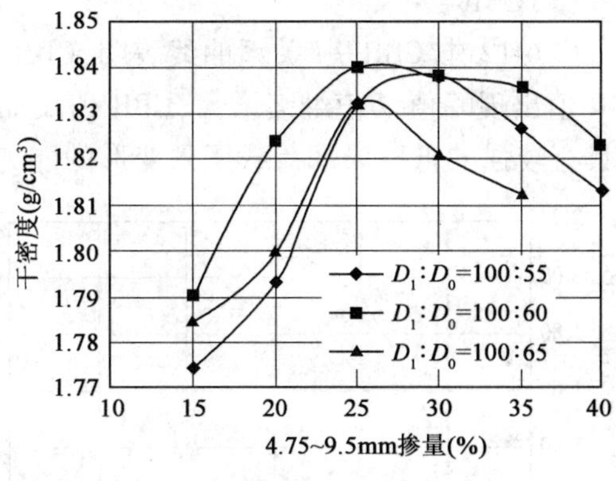

图 6-10 Ⅱ级填充振实试验结果

(3)粗集料级配

表 6-12 列出了基于振动法确定粗集料级配和相关规范中骨架密实级配。

粗集料级配对比情况 表 6-12

级配来源	级配编号	通过下列筛孔(mm)的质量百分率(%)				备 注
		31.5	19	9.5	4.75	
施工级配	SG	100	82.5	35	0	《施工规范》级配中值
设计规范	SG	100	68.5	28.7	0	《设计规范》级配中值
振实试验	ZY	100	50	20	0	$D_0:D_1:D_2=50:30:20$

2. 细集料级配

(1)细集料级配的初定

表 6-13 根据式(6-7)、式(6-8)计算得到不同 I 值所对应的细集料级配。根据表中细集料级配，按内掺法固定水泥掺量为 5%，通过振动击实试验确定水泥砂浆的最大干密度和最佳含水率，成型 $\phi15\text{cm}\times h15\text{cm}$ 的圆柱体试件，测试 7d 无侧限饱水抗压强度、CBR 和收缩性能。

细 集 料 级 配 表 6-13

I 值	通过下列筛孔(mm)的质量百分率(%)						
	4.75	2.36	1.18	0.6	0.3	0.15	0.075
0.55	100	55	30.3	16.6	9.2	5	2.8
0.60	100	60	36	21.6	13	7.8	4.7
0.65	100	65	42.3	27.5	17.9	11.6	7.5
0.70	100	70	49	34.3	24	16.8	11.8
0.75	100	75	56.3	42.2	31.6	23.7	17.8

(2)无侧限抗压强度

水泥砂浆和粗集料混合后的主要作用就是填充粗集料骨架，并使粗集料形成整体，因此要求有足够的强度来确保骨架结构的稳定性。水泥砂浆 7d 无侧限抗压强度的试验结果如图 6-11 所示，当 I 值小于 0.65 时，其强度随着 I 值的增大而增大；当 I 值大于 0.65 时，其强度反而呈下降趋势。说明在 I 值为 0.65 时细集料形成的水泥砂浆具有较高的黏结力。

(3)CBR

图6-12中CBR—I关系曲线表明,CBR值随I值增大而增大,当I值增大到0.65附近时CBR值出现峰值;I值继续增大,CBR值反而呈下降趋势,从而说明了I值在0.65~0.70区间时具有较强的抵抗局部荷载压入变形的能力。

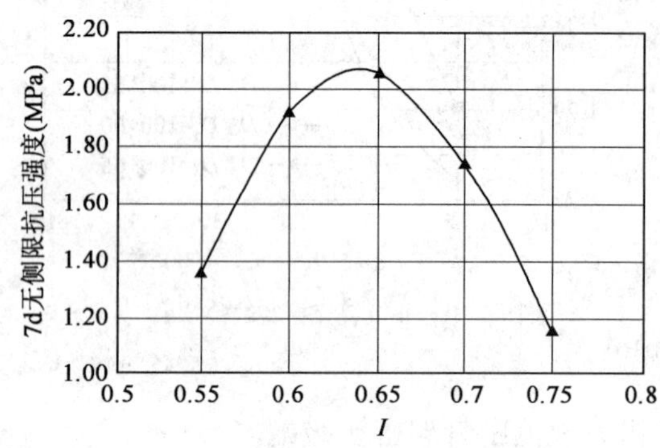

图6-11　7d无侧限抗压强度与I值的关系

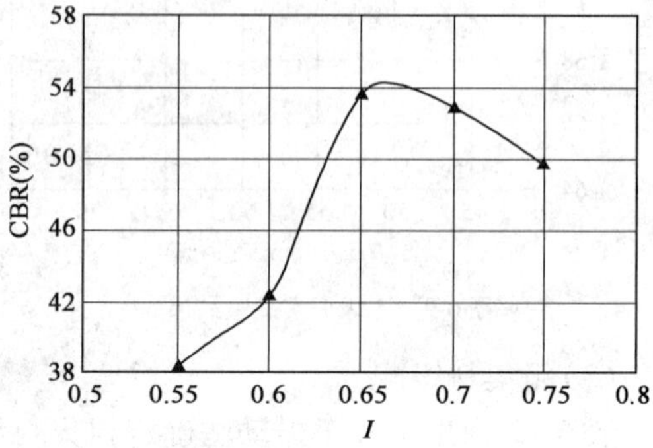

图6-12　CBR与I值的关系

(4)收缩性能

不同级配细集料的90d龄期温缩性能和7d龄期干缩性能试验结果见表6-14。

收缩性能试验结果　　表6-14

I值		0.55	0.60	0.65	0.70	0.75
温缩性能	平均温缩系数$\alpha_{d\max}$($\times10^{-6}$)	9.9	10.1	8.6	9.8	11.6
干缩性能	平均干缩应变α_d($\times10^{-6}$)	302.1	265.6	231.3	295.0	348.8
	试件失水率$\Delta\alpha_w$(%)	4.4	3.7	4.4	5.5	5.9
	干缩系数α_d($\times10^{-6}$)	68.5	72.6	52.7	53.5	59.6

由表6-14可以看出,温缩系数、干缩系数随着I值的变化而变化,在0.65~0.70之间两者均达到最小值。

(5)细集料级配

综上所述,出现7d无侧限抗压强度和CBR的峰值、较小的收缩系数值时,I值都在0.65附近。因此,细集料的级配按I法确定,I值取为0.65。

3.粗细集料比例

粗集料级配选取$D_0:D_1:D_2=50:30:20$,细集料级配取为$I=0.65$,不同粗细集料比例矿料级配及相应水泥稳定碎石7d抗压强度试验结果见表6-15,试验时水泥剂量为3.5%。

矿料级配与水泥稳定碎石7d无侧限抗压强度　　表6-15

粗、细集料比例	通过下列筛孔(mm)质量百分率(%)							抗压强度(MPa)
	31.5	19.0	9.5	4.75	2.36	0.6	0.075	
55:45	100.0	72.5	56.0	45.0	29.3	12.4	3.4	5.9
60:40	100.0	70.0	52.0	40.0	26.0	11.0	3.0	7.4
65:35	100.0	67.5	48.0	35.0	22.8	9.6	2.6	9.2
70:30	100.0	65.0	44.0	30.0	19.5	8.3	2.3	7.1
75:25	100.0	62.5	40.0	25.0	16.3	6.9	1.9	6.3

由表 6-15 可以看出，在水泥砂浆基体中加入粗集料，随着粗集料的增加，水泥稳定碎石强度逐渐增大。当其含量增大到 65% 时，强度达到最大值。当继续增加粗集料的含量，水泥稳定碎石强度开始下降。对此解释：当粗集料含量较少时，水泥砂浆黏结强度起主要贡献，粗集料分散在砂浆中，成为悬浮密实结构，如图 6-13a）所示；随着粗集料含量增大，粗集料之间的摩阻力逐渐增大，而黏结力几乎不变，因而表现为强度在初始阶段随着粗集料含量增大而增大。随着粗集料含量继续增大，水泥砂浆黏结力和粗集料摩阻力得以充分发挥，即强度达到最大值，此时混合料结构成为骨架密实结构如图 6-13b）所示。继续增大粗集料含量时，这时细集料不足以填充粗集料空隙，混合料成为骨架空隙结构，如图 6-13c）所示，水泥砂浆含量不足以稳定骨架结构，强度主要由骨架结构的嵌挤作用提供，因而强度反而下降。对于不同性质的粗集料，粗集料最佳含量是不一样的，它主要与粗集料松散堆积时的空隙率有关。

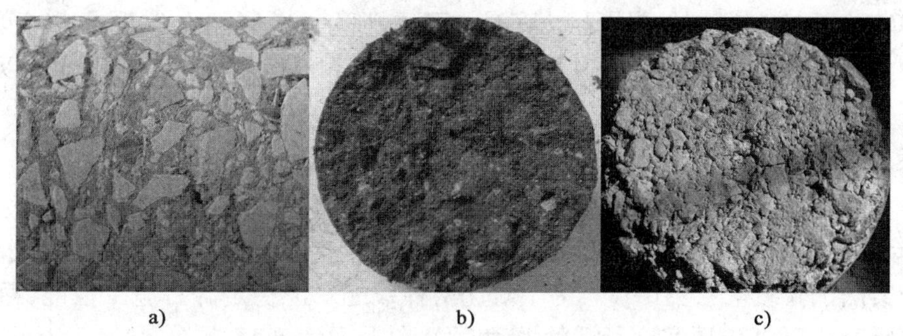

a)　　b)　　c)

图 6-13　水泥稳定碎石不同结构类型

a）悬浮密实结构；b）骨架密实结构；c）骨架空隙结构

四、强嵌挤骨架密实级配与骨架密实级配对比

1. 两种骨架密实级配组成特点对比

根据试验结果（表 6-15）和成型试件的骨架密实情况，并结合大量工程实践经验、施工和易性，提出基于振动法的水泥稳定碎石强骨架密实级配范围见表 6-16。表中还列出 JTG D50—2006《公路沥青路面设计规范》中骨架密实级配。对比表中两种级配可看出，与 GF 级配相比，GM 级配具有“三多一少”的特点：9.5mm 以上集料、4.75mm 以下集料和 0.075mm 以下集料用量多，4.75 ~ 9.5mm 集料用量少。

水泥稳定碎石的两种骨架密实级配　　表 6-16

级配类型	通过下列筛孔（mm）质量百分率（%）						
	31.5	19.0	9.5	4.75	2.36	0.6	0.075
GM	100 ~ 90	70 ~ 60	46 ~ 38	36 ~ 28	28 ~ 18	18 ~ 10	6 ~ 2
GF	100	86 ~ 68	58 ~ 38	32 ~ 22	28 ~ 16	15 ~ 8	3 ~ 0

2. 两种级配矿料嵌挤力对比

CBR 值能直接反映矿料嵌挤力大小，因此采用 CBR 值对比研究这两种级配矿料嵌挤能力。已有研究表明，CBR 颗粒流数值模拟结果误差可控制在 7% 以内，故采用数值模拟技术研究这两种级配矿料 CBR,数值模拟结果见表 6-17,所用集料为蓝田普化镇河马道石料场花岗岩。

GM 与 GF 级配混合料的 CBR 值(%) 表 6-17

级配类型	CBR		
	上限	中值	下限
GM	445	478	480
GF	402	418	446
CBR_{GM}/CBR_{GF}	1.11	1.14	1.08

从表 6-17 中数据可以看出,与 GF 级配矿料相比,GM 级配矿料的 CBR 值提高了 8% ~ 14%,表明 GM 级配矿料具有较强嵌挤力。这主要是因为 GM 级配中 9.5mm 以上集料较多,形成具有较大嵌挤力的骨架结构,而 4.75 ~9.5mm 集料相对较少,避免对 9.5mm 以上集料形成的骨架产生干涉作用。

3. 两种级配水泥稳定碎石性能的对比

下列研究中采用蓝田花岗岩和尧柏 P. O42.5 缓凝水泥,水泥剂量均取为 4%。

(1)振动击实特性

振动击实法试验结果见表 6-18。为了对比两种级配水泥稳定碎石施工性能,通过振动成型试件方法研究达到 98% 压实度所需的振动时间,结果见表 6-18。

最大干密度与最佳含水率 表 6-18

级配类型	振动击实试验					成型压实度 98% 试件所需振动时间(s)	
	$\rho_{d\max}$(g/cm^3)			ω_0(%)			
	GM	GF	ρ_M/ρ_G	GM	GF	GM	GF
上限	2.36	2.35	1.004	5.1	4.9	32	42
中值	2.40	2.35	1.021	4.9	4.7	62	62
下限	2.37	2.33	1.017	4.7	4.3	62	92
平均值	—	—	1.014	—	—	52	65

表 6-18 中数据表明,不同骨架密实类型结构组成对水泥稳定碎石最大干密度与最佳含水率具有较大影响。在相同压实功作用下,与 GF 级配水泥稳定碎石相比,GM 级配水泥稳定碎石最大干密度平均提高大约 1.4%,主要原因是 4.75mm 以下集料、0.075mm 以下集料较多,对粗集料形成骨架空隙起到较好的填充作用。其次,与 GF 级配相比,GM 级配水泥稳定碎石成型 98% 压实度试件所需时间较短,说明 GM 级配水泥稳定碎石更易于压实。

(2)抗压强度

表 6-19 列出两种级配水泥稳定碎石不同龄期的无侧限抗压强度测试结果及其比值。表中数据表明,与 GF 级配水泥稳定碎石相比,GM 级配水泥稳定碎石 7d 抗压强度提高了 3% ~ 13%、极限强度提高了 8% ~16%,这一结果基本上与矿料嵌挤力模拟结果一致。这充分表明 GM 级配能更好形成强嵌挤力。

两种级配水泥稳定碎石无侧限抗压强度及其比值　　表 6-19

级配类型	GM				GF				下列龄期(d)GM 级配与GF 级配强度比值			
	下列龄期(d)强度(MPa)				下列龄期(d)强度(MPa)							
	7	14	28	∞	7	14	28	∞	7	14	28	∞
上限	9.20	10.64	10.97	11.90	8.92	9.82	10.36	10.97	1.03	1.08	1.06	1.08
中值	8.70	10.75	12.19	15.22	8.05	9.80	11.49	13.91	1.08	1.10	1.06	1.09
下限	6.28	8.66	11.19	16.76	5.57	7.82	10.06	14.50	1.13	1.11	1.11	1.16

(3)劈裂强度

表 6-20 列出两种级配水泥稳定碎石 28d 和 60d 劈裂强度测试结果。表中 R_M 指 GM 级配水泥稳定碎石劈裂强度,R_G 指 GF 级配水泥稳定碎石劈裂强度。

劈裂强度　　表 6-20

级配类型	28d			60d		
	GM(MPa)	GF(MPa)	R_M/R_G	GM(MPa)	GF(MPa)	R_M/R_G
上限	0.98	0.85	1.15	—	—	—
中值	0.99	0.90	1.10	1.06	0.98	1.08

表 6-20 数据表明,在掺入同等水泥剂量的条件下,与 GF 级配水泥稳定碎石相比,GM 级配水泥稳定碎石 28d、60d 劈裂强度提高了 8% ~15%,基本上与 CBR 以及抗压强度一致。

第三节　基于 VTM 抗裂型水泥稳定碎石设计方法

水泥稳定碎石应具有足够的强度、稳定性、较小的收缩(温缩及干缩)变形和较强的抗冲刷能力,并应具有良好的施工及易性及抗离析性能。水泥稳定碎石设计就是根据这些要求,通过试验确定出各组成材料之间的质量比例、最大干密度和最佳含水率。水泥稳定碎石设计主要内容包括:原材料选择、矿料级配、水泥剂量、最大干密度和最佳含水率等。

一、原材料技术要求

1. 水泥

水泥稳定碎石从加水拌和、运输、摊铺和碾压等各工序必须在水泥初凝时间内完成,为了保证水泥稳定碎石有足够时间完成整个施工作业,要求采用缓凝水泥,并规定水泥初凝时间不小于 4h,终凝时间在 6h 以上。

快硬、早强水泥中铝酸三钙矿物含量偏高,而铝酸三钙遇水水化反应快、水化热高、干缩性大,水泥稳定碎石使用快硬、早强水泥不仅不能保证在初凝时间内完成施工,而且容易造成严重温缩裂缝和干缩裂缝。水泥受潮后,导致烧失量增加,引起水泥强度下降和黏结性降低。因此,严格限制快硬水泥、早强水泥以及受潮变质水泥的使用。

采用散装水泥时,水泥出炉后必须停放 7d 以上,且安定性检验合格后才能使用。为了降低水化反应速率,严防温差开裂,散装水泥运至工地的入罐温度不得高于 50℃,若高于此温度且必须使用时,必须采取降温措施。冬季施工,低温使得水泥水化反应过慢,凝结时间过长,规定水泥进入拌缸温度不得低于10℃,目的在于保证水泥尽快达到抗冻临界强度。

2. 粗集料

表6-21给出集料岩性和压碎值对水泥稳定碎石7d无侧限抗压强度。

集料对水泥稳定碎石7d无侧限抗压强度 表6-21

岩性		石灰岩							花岗岩	砂岩
产地		柞水	镇安	铜川	兴县	保德	安康	汉阴	蓝田	富县
压碎值(%)		17.9	21.3	22.7	21.6	22.8	21	23.6	21.8	26.5
不同水泥剂量(%)对应7d无侧限抗压强度(MPa)	3.0	9.08	7.77	6.32	7.2	8.4	7.16	7.8	—	3.06
	3.5	10.18	8.85	6.90	9.0	9.6	7.63	8.3	—	3.57
	4.0	10.94	9.84	7.50	9.9	11.1	7.94	8.3	8.7	4.08
	4.5	—	—	8.45	11.2	11.4	—	—	—	4.59

表6-21数据表明,压碎值越大,水泥稳定碎石7d无侧限抗压强度越小;优先选用石灰岩集料,其次是花岗岩集料,不宜采用砂岩集料。

为保证生产的碎石具有良好的粒形、减少针片状含量,粗集料生产过程中二次破碎禁止采用鳄式破碎机。碎石技术指标要求见表6-22。

碎石技术要求 表6-22

项目	表观密度(t/m^3)	压碎值(%)	针片状(%)	
			大于9.5mm	4.75~9.5mm
质量要求	≥2.6	≤25	≤15	≤20

所用碎石最大粒径≤37.5mm,并按粒径1号料19~37.5mm、2号料9.5~19mm、3号料4.75~9.5mm和4号料0~4.75mm这4种规格备料。各种规格集料必须符合表6-23的要求。

集料规格要求 表6-23

料号	规格(mm)	通过下列筛孔尺寸(mm)的质量百分率(%)						
		37.5	31.5	19	16	9.5	4.75	2.36
1号料	19.0~37.5	100	70~90	0~15	0~5	—	—	—
2号料	9.5~19.0	—	100	80~100	—	0~15	0~5	—
3号料	4.75~9.5	—	—	—	100	80~100	0~10	0~5

3. 细集料

细集料采用采石场破碎石料时通过4.75mm的筛下部分,其规格必须符合表6-24的要求。

石屑规格要求 表6-24

料号	规格(mm)	通过下列筛孔尺寸(mm)的质量百分率(%)			
		9.5	4.75	0.6	0.075
4号料	0~4.75	100	90~100	30~50	10~20

细集料应洁净、干燥、无风化、无杂质,其质量应符合表 6-25 的规定。细集料的洁净程度,以砂当量表示。

石屑技术要求　　表 6-25

项　目	表观密度(t/m^3)	砂当量(%)	>0.3mm 部分坚固性(%)
质量标准	≥2.5	≥60	<12

4. 水

采用无污染水或饮用水。遇到可疑水源,应按表 6-26 进行检验,合格后方可使用。

水技术要求　　表 6-26

项　目	PH 值	SO_4^{2-} 含量(mg/mm^3)	含盐量(mg/mm^3)
质量标准	≥4	<0.002 7	≤0.005

二、设计指标

水泥稳定碎石设计时,主要考虑水泥稳定碎石混合料的施工和易性、力学强度和抗裂性能。

1. 施工和易性

水泥稳定碎石施工和易性(抗离析性能和易压实性能)主要与矿料级配有关。研究成果与工程实践表明:混合料中 19mm、4.75mm 和 0.075mm 通过量对基层力学性能、抗裂性能和抗冲刷性能影响显著,19mm 通过量决定了骨架嵌挤状况和施工抗离析性能,过少难以形成骨架结构,过多容易离析;4.75mm 通过量决定了混合料密实程度和对骨架结构的影响,过少难以对粗集料骨架空隙充分填充而形成骨架空隙结构,过多则容易撑开粗集料骨架而形成悬浮密实结构;0.075mm 通过量影响压实基层毛细孔和施工性能,过少则粗集料表面水泥砂浆不足而导致水泥石—集料界面存在薄弱面影响强度和抗裂性能,同时因为粗集料表面砂浆少、吸附力小而容易导致施工离析,过多则也会增加收缩裂缝和压实基层表面镜面现象。在总结各单位工程实践和科研成果的基础上,提出多级嵌挤骨架密实级配,见表 6-27。与 JTG D50—2006《公路沥青路面设计规范》中提出的骨架密实级配相比,多级嵌挤骨架密实级配具有密实度高、易于压实,以及后期强度高等优点。

强嵌挤骨架密实级配　　表 6-27

级配类型	通过下列筛孔(mm)质量百分率(%)						
	31.5	19.0	9.5	4.75	2.36	0.6	0.075
GM	100 ~ 90	70 ~ 60	46 ~ 38	36 ~ 28	28 ~ 18	18 ~ 10	6 ~ 3

2. 力学强度

水泥稳定碎石设计强度根据不同集料岩性选择,振动法成型试件的压实度、7d 无侧限抗压强度代表值必须符合表 6-28 要求。

水泥稳定碎石强度设计标准　表6-28

设计指标	水泥稳定石灰岩碎石	水泥稳定花岗岩碎石	水泥稳定砂岩碎石
压实度(%)	≥98	≥98	≥98
7d 饱水劈裂强度(MPa)	≥0.65	≥0.60	≥0.50
7d 饱水抗压强度(MPa)	≥7.0	≥6.6	≥6.6

有人担心,如此高的强度标准会不会影响基层开裂性能？众所周知,影响强度和抗裂性能的因素,在特定原材料下,主要有水泥剂量、级配类型、密实度和含水率。水泥剂量越大,无侧限抗压强度越高,抗裂性能越差;骨架密实级配具有良好的力学性能和抗裂性能;密实度越高,强度越大、抗裂性能越好;含水率越大,越容易出现收缩开裂。第四章成果研究表明:①水泥剂量在3%～5%时,水泥剂量增大1%,水泥稳定碎石强度提高17%;且随水泥剂量增大,水泥对强度提高作用逐渐减弱,水泥剂量超过5%时,水泥剂量增加1%,极限强度提高不超过10%。②密实度提高1%,水泥稳定碎石强度提高11%以上,而振动法设计水泥稳定碎石密度提高至少在3%以上。③多级嵌挤骨架密实级配水泥稳定碎石强度可提高11%以上。因此,在限制设计水泥剂量前提下,通过改善级配、提高基层密实度提高水泥稳定碎石强度,并不会影响基层收缩开裂,相反这些措施反而会提高基层抗裂性能,减少收缩裂缝。

此外,实体工程应用表明,除砂岩外,花岗岩、石灰岩等,3.0%～4.0%剂量水泥稳定碎石7d无侧限抗压强度普遍在7.0MPa以上,有工程甚至高达10MPa以上,证明提出VTM法强度标准在一般工程中是能达到的。

3.抗裂性能

水泥稳定碎石抗裂性能很大程度上取决于原材料、矿料级配和水泥剂量。在相同矿料级配条件下,原材料性能差,则达到设计强度要求时水泥剂量就大,材料抗裂性能就差。总结工程实践和科研成果的基础上,提出水泥稳定碎石强嵌挤骨架密实级配(表6-27)和最大设计水泥剂量不大于4.5%,确保水泥稳定碎石基层具有足够的抗裂性能。

三、设计步骤

①根据工地实际使用集料的筛分结果,确定各规格集料组成比例,合成集料级配必须符合表6-27规定。

②按下列4种水泥剂量配制同一种矿料级配、不同水泥剂量的混合料:

底基层用:2.5%,3.0%,3.5%,4.0%;

基层用:3.0%,3.5%,4.0%,4.5%。

③振动击实试验方法确定各水泥剂量混合料最佳含水率和最大干密度。

④按表6-28中规定压实度分别计算不同剂量水泥稳定碎石混合料试件应有的干密度。按计算的干密度和最佳含水率,采用振动压实成型试件法制备不同剂量水泥稳定碎石 $\phi15$cm $\times h15$cm 圆柱体试件,每组试件不小于6个。

⑤试件放入温度20±2℃,相对湿度在95%以上养护室内养生6d,取出后浸于20±2℃恒温水槽中,并使水面高出试件顶约2.5cm。

⑥将浸水24h的试件取出,用软布吸去试件表面的水分,并量高称重后,立即进行无侧限

抗压强度和劈裂强度试验,强度代表值按式(6-9)计算:

$$R_{0.95} = \overline{R} - 1.645 \cdot S \tag{6-9}$$

式中:$R_{0.95}$——保证率 95% 的强度代表值(MPa);

$\overline{R}$——该组试件强度的平均值(MPa);

S——该组试件强度的标准差(MPa)。

⑦根据表 6-28 的强度标准和最大水泥剂量要求,选择合适水泥剂量。若达不到表 6-28 的强度标准和最大水泥剂量要求要求,重新调整配合比或更换原材料进行设计。

四、施工配合比确定

试验室配合比设计时,可严格控制集料清洁度、混合料级配、拌和含水率、拌和均匀性及压实度等,而拌和站集料清洁度、矿料级配控制、搅拌方式以及现场摊铺碾压等存在较大变异性。因此,试验室配合比应通过稳定土拌和站实际拌和检验和不小于 200m 试验段的验证,结合实际施工水平,并根据摊铺、压实以及 7d 的现场芯样情况,确定矿料级配和标准密度。

视拌和设备水泥剂量控制精度,结合施工中原材料变化和施工变异性等因素,工地实际采用水泥剂量可增加 0% ~0.5%。为确保水泥稳定碎石抗裂性能,工地实际采用水泥剂量不得超过 0.5%。

含水率过大,既会影响混合料可能达到的密度和强度,又会明显增大混合料的干缩性和基层表面提浆,使结构层容易产生干缩裂缝并影响层间结合;含水率过小,也会影响混合料可能达到的密度和强度;同时,混合料级配对施工性能、力学性能和抗裂性能影响显著。因此,每天开盘前,必须检测原材料级配和天然含水率,检验矿料级配准确性和稳定性,并视施工季节、气温和运距等变化,确定拌和含水率。为了弥补碾压过程中水分的损失,拌和含水率不超过最佳值 +0.5%,确保碾压时含水率接近于最佳含水率,且波动最小。

第七章 基于 VTM 水泥稳定碎石施工技术

再理想的设计也必须通过精细施工来实现,施工实现和检验是非常重要的。与传统方法设计水泥稳定碎石相比,基于 VTM 设计抗裂型水泥稳定碎石具有水泥剂量低、粗集料用量多和细集料用量多等组成特点以及最大干密度大、最佳含水率小的结构特点。粗集料用量多容易离析,因此,控制好混合料离析是施工关键;水泥剂量低、最佳含水率小,要求各环节安排必须紧凑,尽量缩短从拌和到碾压成型所需时间;最大干密度大,这是降低水泥剂量低的理论基础,因此,必须加强压实和确保压实度。此外,加强施工过程中各环节的控制和现场检测,确保矿料级配、水泥剂量和压实度满足设计,对于生产高质量水泥稳定碎石基层是非常重要的。本章主要阐述基于振动法水泥稳定碎石施工技术。

第一节 施工组织与准备

一、施工组织

为使各参建单位相关人员详细了解基于振动法水泥稳定碎石设计施工特点、技术质量要求、施工工艺与措施等,以便于科学地组织施工,提高水泥稳定碎石基层工程质量。水泥稳定碎石基层开工前,建设单位应当组织设计、施工、监理等单位进行技术交底。

施工单位应建立严密的施工管理体系和质量保证体系,组建工地试验室、安全生产调度指挥中心及相关规章制度等,并根据设计文件、合同任务及实际条件,编制周密的施工组织计划,包括制定施工方案、工艺流程、进度计划、机械劳力配置及材料供应等。开工前,项目部应对所有施工人员集中学习培训、组织分工、定人定岗,建立岗位责任制,并进行详细技术交底。未经培训的人员不得上岗。监理工程师必须负责督促实施并参加该项工作。

二、人员、设备和材料的准备

1. 人员

每一作业面人员配备应满足表 7-1 要求。

每作业面人员配备 表 7-1

人 员 类 别	人数	职责或作业要求
现场施工总负责	1	全面组织管理指挥作业面施工
现场技术负责	1	在总工领导下具体负责现场施工技术,及时处理各种技术、质量问题
质检工程师	2	在总工领导下负责现场质量自检、试验检测及申报各种质量自检资料
专业测量工程师	2	现场施工放样、挂线等,进行几何尺寸自检并申报相关资料
机械工程师	2	现场机械调度调试;拌和站标定调试

续上表

人员类别	人数	职责或作业要求
试验人员	4	前场压实度、钻芯等试验检测，后场各项指标测定等。施工单位前场 2 名，监理 1 名；施工单位后场 2 名，拌和站监理 1 名
辅助人员	15	前场下承层平整度缺陷处理、清扫，交通管制 2 名；摊铺机辅助人员 6 名，试验检测 2 名，测量 2 名；后场试验检测 3 名
合计	27	项目经理部制定机械操作要领，并下发机械操作手，对压路机、平地机、辅助人员等进行全面培训。管理处、监理随机检查。表中人员在向高级驻地办公室上报《单项工程开工报告》中必须具体到姓名、分工等

2. 检测设备

水泥稳定碎石试验检测仪器应满足表 7-2 要求。

工地试验室基层主要检测仪器　　表 7-2

检测室	仪器设备名称	数　量	仪器规格		
			测量范围	分度值	准确度
集料室	电子天平	2 台	0 ~ 5kg	0.1g	0.1g
	台称台	1 台	50kg	—	—
	浸水天平	1 台	0 ~ 3kg	0.1g	0.1g
	烘箱	2 台	0 ~ 300℃	1℃	1℃
	游标卡尺	1 台	0 ~ 150mm	—	—
	标准筛	1 套	—		
	压碎值试验仪	1 台	—		
水泥室	负压筛析仪	1 台	负压可调范围为 4 ~ 6kPa		
	雷氏夹膨胀测定仪	1 台	标尺最小刻度为 0.5mm		
	标准法维卡仪	1 台	—		
	水泥净浆搅拌机	1 台	—		
	胶砂搅拌机	1 台	—		
	振实台	1 台	—		
	水泥抗折抗压试验机	1 台	—		
无机结合料室	垂直振动压实仪	1 台	—		
	重型击实仪	1 台	—		
	压力机或路强仪	1 台	200kN 以下		
	反力框架	1 台	400kN 以上		
	脱模器	1 台	—		
	测钙仪或滴定设备	1 台	—		
养生室	养护室控制器	1 台	50℃	0.1℃	1℃
现场检测室	电子台秤	2 台	0 ~ 30kg	—	5g
	取芯机	1 台	功率不小于 4kW		
	灌砂仪	2 套	灌砂筒直径≥15cm		
	3m 直尺平整度仪	1 台	—		
	全站仪	1 台	—		
	自动安平水准仪	1 台	—		

3. 施工机械

水泥稳定碎石从加水拌和至碾压结束整个施工作业必须确保连续不间断地进行,且必须在水泥初凝时间内完成。否则,会因水泥水化时间差异而形成薄弱面,并在温差或湿度变化作用下产生收缩裂缝。因此,考虑总工期要求,安排每个施工作业面施工机械配置,确保满足连续正常施工需要,且主要设备的易损零部件应有适量储备。

稳定土拌和设备宜采用500型以上,实际产量不得超过额定产量的80%,并保证实际出料能力应超过实际摊铺能力的10%~15%;进料斗不得少于5个,料斗间安装距离不宜短于50cm,并用挡板加高隔开,以防止不同规格集料窜仓;拌和含水率必须采用涡轮流量传感器控制,料斗、罐仓必须装配高精度电子动态计量器;必须配备带活门漏斗的成品料仓,由漏斗出料直接装车运输;每台拌和设备至少配置2个容量80~100t水泥钢制罐仓,罐仓内必须配有水泥破拱器,以防水泥起拱停流,并配置与拌和设备相匹配的足够数量装载机。

摊铺机型号、性能及新旧程度对摊铺效果尤其是摊铺均匀性有直接影响。骨架密实级配混合料摊铺时容易发生粗细集料离析。工程实践表明,DT1600型、ABG425型、XP951型以上摊铺机具有良好的抗离析能力。因此,建议摊铺机宜采用DT1600型、ABG425型、XP951型以上或性能相当摊铺机,摊铺机新旧程度70%以上、性能一致。

基层充分压实是保障工程质量最基本工序,有利于提高水泥稳定碎石力学强度,这是降低水泥剂量理论基石,并达到提高抗裂性能目的。振动法设计水泥稳定碎石具有最佳含水率低、水泥剂量小、最大干密度大等特点,这给压实机械与压实工艺提出较高的要求。压实若不及时,则随着混合料水分蒸发及水泥水化,压实越来越困难。因此,必须有足够数量的20t以上振动压路机、2台胶轮压路机和1台双钢轮压路机和1台小型手扶式振动压路机,使之与拌和设备及摊铺机生产能力相匹配,确保混合料从拌和开始到碾压终了的时间不超过水泥初凝时间。

为确保基层纵向压实度均匀,必须应配备足够数量自卸运输汽车以形成不间断的供料车流,使得摊铺碾压作业能连续不间断进行。避免基层纵向压实度不均匀导致基层纵向存在薄弱面而产生干缩或温缩裂缝。

压实成型基层通过洒水养生获得强度增长,并减少基层干缩裂缝。因此,必须配备足够数量的8~10t洒水车,确保养生期间基层表面始终处于湿润状态。同时,文明工地建设也需要有一定数量洒水车,确保施工现场不扬尘。

4. 材料

在实地调研的基础上,本着就地取材原则,选择原材料。工地试验室应对计划使用的原材料进行质量检验,并在驻地监理旁站下进行水泥稳定碎石配合比设计。合格后报驻地监理或中心试验室验证、审批,并根据实验室配合比备料。

各种材料运至现场后必须抽样检验,合格后方可使用,不得以供应商提供的检测报告或商检报告代替现场检测。并将相同料源、规格、品种的原材料作为一批,分批量检验和储存。

所有材料进出场应称量、登记、签发。试验检测合格材料和未检测材料必须分开存放,试验检测不合格材料必须及时清理出场。

为确保连续施工和工程质量均匀性,施工前宜至少储备正常施工14d所需的集料用量和水泥供应。供应不足时或运距较远时，应储备使用包装水泥，并准备水泥仓库、拆包及输送入罐设备。水泥仓库应覆盖和设置顶棚防雨，并应设置在地势较高处，严禁水泥受潮。

不同厂家水泥，应清仓再灌，并分罐存放。不同规格的集料之间应有隔离设施，并设标识牌，严禁混杂。采用如图 7-1b）或图 7-1c）所示方式进行堆料，避免人为增大集料的变异性。细集料堆放时，必须采取严密覆盖或搭棚保护，防止雨淋，以利于混合料拌和时控制细集料用量及拌和含水率。集料堆放场地必须做硬化处理，且应有良好排水设施。

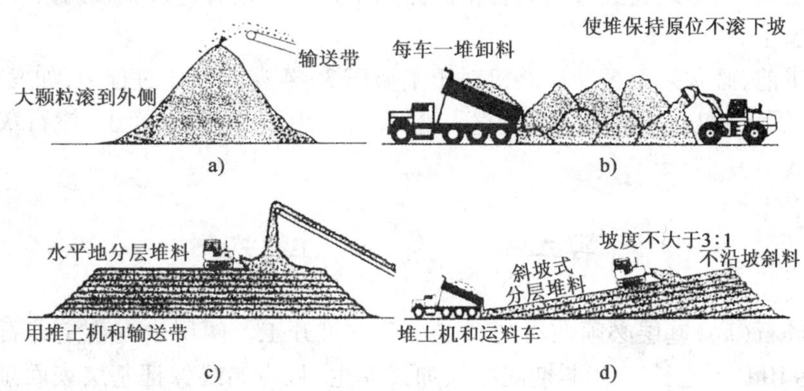

图 7-1　堆料方式对集料离析影响

a）料堆中颗粒离析；b）采用许多小料堆；c）水平式分层堆料；d）斜坡式分层堆料

三、拌和场和施工便道设置

1. 拌和场

拌和场宜选择在摊铺路段的中间位置。内部布置应满足原材料储运、混合料运输、供水、供电等使用要求，并尽量紧凑，减少占地，如图 7-2 所示。

图 7-2　稳定土拌和场布置情况

拌和场应保障拌和、清洗、养生用水的供应，并保证水质。供水量不足时，应设置与日拌和用水量相适用的蓄水池。

拌和场必须硬化。稳定土拌和设备下宜采用厚度不薄于 200mm 的混凝土铺装层，并应设置污水排放管沟、积水坑和清洗拌和设备的废水处理回收设备。

2. 施工便道设置

场外施工便道应按施工组织设计的要求合理布设。施工便道宽度小于 4.5m 时，应每隔 200m 设置 20m 会车道，以确保施工时运送混合料的道路基本平整、畅通，不得延误运输时间。

拌和场外300m及高速公路进出口300m范围内的便道要求用硬化处理，以防止扬尘和积水，确保运输车辆轮胎的洁净。

原材料和混合料运输车辆不应相互干扰。施工中交通运输设专人进行管制，保证施工有序、安全进行。

四、下承层检测与修整

路面底基层施工，必须在经过验收合格的路床上进行。没有通过验收的路段路床，不得进行路面底基层施工。

底基层施工前，必须采用振动压路机对土基碾压3～4遍。碾压过程中，如发现土过干、表层松散，应适当洒水；如土过湿，发生"弹簧"现象，应采用挖开晾晒、换土、掺石灰或水泥等措施进行处理。

第二节　施 工 工 艺

水泥稳定碎石（底）基层必须在得到开工令后方可开工。两层水泥稳定碎石施工间隔时间不得短于7～10d、不宜长于30d，期间必须加强养生，且应始终保证基层表面湿润。为了确保水泥稳定碎石各工序紧密衔接，尽量缩短从拌和到碾压终了之间的延迟时间，宜采用流水作业法施工。

一、混合料拌和

拌和设备及布置位置经批准后，应立即进行设备的安装、检测、调试、标定与试拌。正式拌制混合料之前，必须先调试所用的设备，使混合料的颗粒组成和含水率都达到规定的要求。原材料颗粒组成发生变化时，应重新调试设备。

每天开始搅拌前，应检查集料的含水率，计算当天的施工配合比。外加水与天然含水率的总和要略高于最佳含水率，但不得超过最佳值+0.5%；每天出料时，取样检查配合比是否符合设计要求。在充分估计施工富余强度时要从缩小施工偏差入手，不得以加大水泥剂量方式提高（底）基层强度。正式生产后，按规定频率检查拌和情况，抽检其配合比、含水率是否变化。高温作业时，早晚与中午的拌和含水率要有区别，要按温度变化及时调整，保持现场摊铺碾压含水率接近于最佳含水率。

拌和机由漏斗出料装车。装车时车辆应前后移动，分3次装料，减少粗细集料离析，如图7-3a）所示。

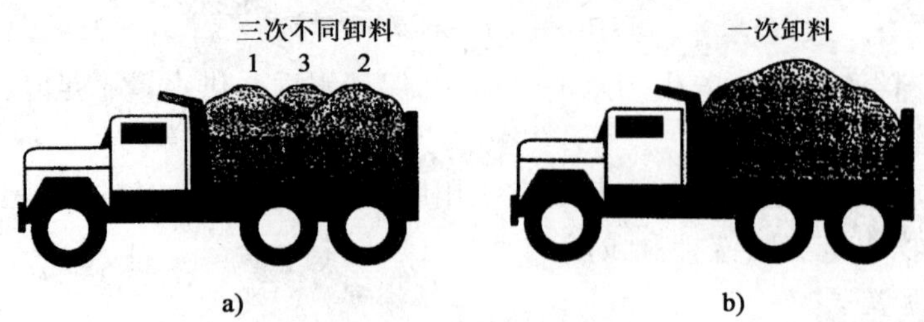

图7-3　装料方法

a）正确装料方法；b）不合适装料方法

二、混合料运输

运输车辆数量必须满足拌和出料与摊铺需要,并略有富余。

每天开工前,要检验运输车辆的完好情况。装料前应将车厢清洗干净。

车上的水泥稳定碎石混合料必须覆盖,减少水分损失,并尽快将拌成的混合料运送到铺筑现场。如运输车辆中途出现故障,必须立即以最短时间排除。当有困难时,车内混合料不能在水泥初凝时间内运到工地,必须予以废弃。

车辆严禁超载运输混合料,以免造成底基层极限破坏。

三、混合料摊铺

1.摊铺机调整及相应防离析措施

为防止水泥稳定碎石离析,必须调整摊铺机及采取下列措施:

①调整螺旋分料器离地高度,分料器不得安装在高位。

②调整分料器与前挡板刮板和熨平板之间间隙,间隙不得大于25cm。

③必须采取措施降低前挡板刮板离地高度,如设塑料挡板或传输带等,如图7-4a)所示。

a)

b)

图7-4　设与不设挡板对离析的影响

a)设挡板后比较均匀;b)不设挡板粗集料下滚

④前挡板刮板两端安装合适废旧传输带,以防止两端混合料自由滚落。如图7-5a)所示,端部未设挡板而产生粗集料下滚。

a)

b)

图7-5　设与不设挡板对离析的影响

a)不设挡板粗集料下滚;b)设挡板后比较均匀

2.摊铺前准备工作

摊铺前,必须做好下列准备工作:

①施工前一天测量放样，按摊铺机宽度与传感器间距，直线段上间隔10m、平曲线上间隔5m做出标记，打好导向控制线支架和挂好导向控制线（控制摊铺厚度）。控制线的钢丝拉力应不小于800N。

②每天摊铺前，应检查摊铺机各部分运转情况。

③调整好传感器臂与导向控制线的关系，严格控制基层厚度和高程，保证路拱横坡度满足设计要求。

④摊铺前，应将下承层适当洒水湿润，然后洒水泥。水泥用量1袋/100m^2（50kg/100m^2）。

⑤在基层或底基层边缘采用型钢立模支撑，且有一定超宽，以保证基层或底基层边缘压实度。

3. 摊铺作业要点

摊铺时，必须遵照下列要求进行摊铺作业：

①采用多机梯队立模作业，外侧摊铺机在前、内侧摊铺机在后，一前一后保证速度、摊铺厚度、松铺系数、路拱坡度、摊铺平整度、振动频率等的一致，摊铺接缝平整。

②摊铺机以匀速、不停歇为宜，摊铺速度宜控制在1.5～2.0m/min。

③螺旋分料器必须匀速不间歇地旋转送料，且全部埋入混合料中。

④螺旋分料器转速应与摊铺速度相适应，保证两边缘料位充足。

⑤铺筑弯道路段时，应及时调整左右两侧分料器的转速，保证两侧供料均衡；弯道超高基层摊铺应确保超高部位的供料充足。

⑥摊铺过程中，摊铺机必须开启振动器和夯锤。振动器振动频率不得低于30Hz（4级），夯锤冲击频率不得低于20Hz（冲程不低于6mm），以保证初始压实度和减少含水率损失。

4. 摊铺后作业要点

摊铺过后，必须做好下列两项工作：

①设专人立即对所摊铺混合料表面进行检查。局部粗集料集中部位，必须在碾压前采用过4.75mm筛的湿混合料进行弥补，并翻拌均匀。

②碾压前，必须沿着侧模处将水泥浆灌入基层边缘混合料中，保证水泥稳定碎石（底）基层边缘强度。

四、碾压

1. 压路机类型及其作用机理

压实基层常用压路机类型有：轮胎压路机、单钢轮振动压路机和双钢轮振动压路机，如图7-6所示。

图7-6 基层常用压路机类型

a）轮胎压路机；b）单钢轮振动压路机；c）双钢轮压路机

轮胎压路机:和钢轮压实相比,轮胎压实的优点是在于它的揉搓作用和能使被压实材料有良好的封闭性,如图 7-7 所示。轮胎在压实作业时能与混合料同时变形,压力作用时间长,接触面积大,能在一个封闭空间有揉和作用,压实效果好;充气轮胎的柔性作用,可以在保证路面平整度的同时,保护路基层粗集料不被压碎;在充气轮胎的柔性压实和机体质量的垂直压实联合作用下,反复揉搓滚压混合料,使密实性大大提高,使铺筑层获得均匀的压实度,保证基层碾压质量。在摊铺后混合料较为松散状态下使用轮胎压路机搓揉作用效果明显,因此,建议初压和终压采用轮胎压路机。

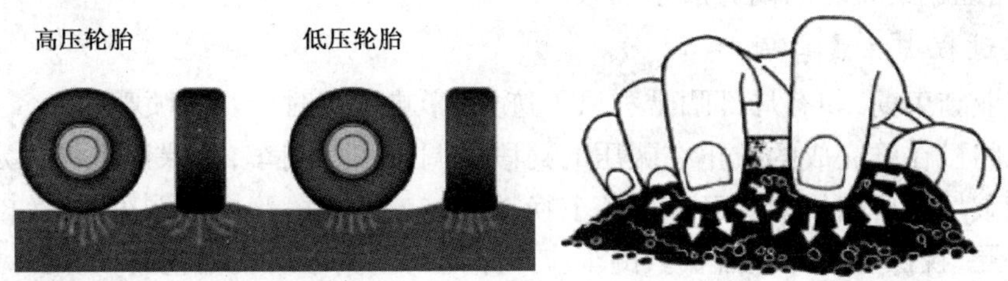

图 7-7　轮胎压路机压实原理

振动压路机:振动压路机是利用振动器所产生的高频振动传给被压材料,使其发生接近自身固有振动频率的振动,使被压材料具有很大的流动性,而使颗粒靠近、密实度增加,达到压实目的,如图 7-8 所示。影响振动压路机压实效果的机械技术参数主要有:静质量与线压力,振动压路机的压实影响深度大致与振动轮的质量成正比;频率和振幅,试验表明,当振动频率为 30 ~ 45Hz 时的压实效果最好,在整个频率范围内,增大振幅可明显增加压实效果,但振动频率过高反而会降低压实效果。因此,复压采用单钢轮振动压路机。

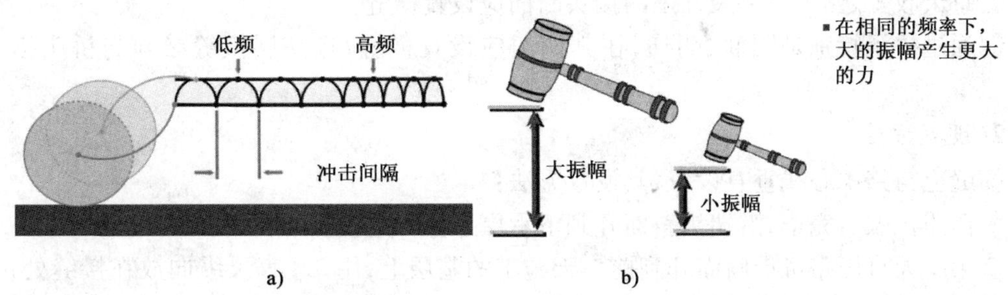

图 7-8　振动压路机压实原理

a)频率 & 冲击间隔;b)轮子的移动

双钢轮振动压路机:双钢轮振动压路机用于初压和终压,双钢轮压路机初压目的在于消除轮胎压路机轮迹,双钢轮压路机终压目的在于消除单钢轮压路机复压轮迹。

2. 压实作业要点

直线段碾压时,压路机应从外侧向路中心碾压;平曲线有超高路段,由低侧向高侧、自内向外碾压。建议初压、复压和终压按下列方式进行:

①初压:采用 26t 以上胶轮压路机在前、双钢轮压路机在后,并紧跟每台摊铺机进行碾压。碾压重叠 1/2 轮宽,碾压速度应为 1.5 ~ 1.7km/h,碾压遍数不少于 2 遍。

②复压:采用 20t 以上的振动压路机,2 台振动压路机为一组(前后间距可控制在 5m 以

内)，统一速度，同步前进、同步后退负责对 1 台摊铺机摊铺混合料的碾压。每组压路机振碾组合方式：弱振 1 遍 ~ 强振 1 遍 ~ 弱振 1 遍 ~ 强振 1 遍，压完半幅为 1 遍，碾压遍数总共 8 遍。碾压重叠 1/2 轮宽，碾压速度为 1.8 ~ 2.2km/h。

③终压：采用双钢轮压路机或胶轮压路机或两种压路机组合，碾压方式和碾压遍数应以弥合表面微裂纹、松散以及消除轮迹为停压标准。

初压、复压和终压作业应密切衔接配合、一气呵成，中间不得停顿、等候和拖延，也不得相互干扰，以保证在最短时间内完成全部碾压作业。

3. 压实过程中注意事项

碾压作业结束前，如有局部晒干和风干迹象，影响压实时应及时喷雾。

严禁压路机在已完成的或正在碾压的路段上调头和急刹车，以保证水泥稳定碎石(底)基层表面不受破坏。压路机应在已压段落上换挡。在未碾压段落换挡倒车时，换挡要轻且平顺，不要拉动基层，且位置错开成齿状。倒车应原路返回。倒车出现拥包时，应配专人进行铲平处理。压路机应停在已碾压好的路段上，且停车错开 3m 以上，以免破坏基层结构。

碾压作业必须在水泥初凝前完成，并达到规定压实度，基层表面无明显轮迹和微裂纹。否则，必须进行返工处理。

五、接缝处理

1. 设置条件或位置

摊铺时必须连续作业不中断，若遇下列情况必须设置横向施工缝：

①因故中断时间超过 2h，则应设横缝。

②每天收工之后，第 2 天开工的接头断面应设置横缝。

③通过桥涵特别是明涵、明通，在其两边应设置横缝，且基层横缝必须与桥头搭板尾端吻合。

2. 设置方法

横缝应与路中心线垂直设置，其设置方法：

①压路机碾压完毕，沿端头斜面开到下承层上停机过夜。

②第 2 天将压路机沿斜面开到前一天施工的基层上，用 3m 直尺纵向放在接缝处，确定出基层面离开 3m 直尺的点作为接缝位置，沿横向断面垂直挖除坡下部分混合料，清理干净后，摊铺机从接缝处起步摊铺。

③压路机沿接缝横向碾压，由前一天压实层上逐渐推向新铺层，碾压完毕再纵向正常碾压。

④碾压完毕，接缝处纵向平整度应符合表 7-4 规定。

六、养生与交通管制

每一段碾压完成且平整度、压实度、厚度等质量检查合格后，压实基层表面应及时覆盖透水无纺土工布并洒水养生。养生用洒水车必须采用喷雾式喷头，严禁采用高压式喷管，以免破坏基层结构。

压实完毕，水泥稳定石灰岩碎石至少养生 7d、水泥稳定花岗岩碎石至少养生 10d 后方能铺筑上层。养生 14d 后,可移走覆盖的透水无纺土工布,但在铺筑上层之前,应始终保证基层表面湿润。

土工布覆盖的养生期间,应采取硬隔离措施封闭交通,严禁一切车辆通行。覆盖养生结束后,基层上禁止一切超载车辆通行,同时应采取措施避免车辆集中快速行驶,以保护(底)基层骨料不受破坏。

第三节　施工质量管理与验收

根据全面质量管理要求,建立健全有效的质量保证体系,实行全过程质量控制,确保施工质量及其稳定性。

按计划落实质检仪器和人员,各工序结束后应及时检查验收。经检验合格后,方可进行下一个工序。凡经检验不合格的段落,应及时采取措施补救。

所有与工程建设有关的原始记录、试验检测数据,必须齐全且真实可靠;对已采取措施返工补救的项目,可在原始记录和数据上注明,但不得丢弃。

一、试验段铺筑

正式开工之前,必须铺筑长度不短于 200m 的试验段。试验段应选择在验收合格的路基或底基层上。

试验段分为试拌及试铺两个阶段,通过试验段应达到下列目的:

①通过试拌,检验拌和设备性能及确定合理拌和工艺,检验拌和参数:上料速度、拌和容量、拌和均匀所需时间、生产使用的混合料配合比等。检查混合料含水率、集料级配、水泥剂量、7d 无侧限抗压强度。

②通过试铺,检验主要机械的性能和生产能力及辅助施工机械配置的合理性,检验摊铺工艺和质量;模板架设固定方式或基准线设置方式,确定标准施工方法,包括:摊铺方法(松铺系数、摊铺速度、摊铺厚度、梯队作业时摊铺机的间隔距离)、压实工艺(压实机械组合、压实顺序、碾压速度和遍数)。拌和、运输、摊铺和碾压机械的协调和配合。确定每一作业段的合适长度。

③使工程技术及工作人员熟悉并掌握各自的操作要领。

④按施工工艺要求检验施工组织形式和人员编制。

⑤建立原材料、混合料、施工等全套技术性能检验手段,熟悉检验方法。

⑥检验通信联络和生产调度指挥系统。

试铺过程中,施工人员应认真做好记录,监理工程师或质监部门应监督检查试验段的施工质量,及时与施工单位商定并解决问题。试验段铺筑后 10d 内,施工单位提出试验段总结报告,上报监理和业主批复,取得正式开工认可。

二、施工过程质量控制与检查

1. 基本要求

水泥剂量采用滴定法检验,要求拌和出料后立即取样并在 10min 内送达工地试验室进行滴定试验。同时,必须记录每天实际水泥用量、集料用量和实际工程量,计算日均水泥剂量。

基层裂缝采用聚酯土工布处理：灌缝并洒完透层油后，在裂缝两侧各50cm范围内洒SBR黏层油并铺上宽度100cm土工布，压实后再洒一层SBR黏层油使土工布完全浸透。要求采用聚酯土工布单位面积质量不小于120g/m^2。

2. 实测项目

施工单位应按表7-3和表7-4要求对原材料、混合料、施工质量及外形尺寸进行自检，监理工程师按所列频度的20%进行抽检。

质量检验项目和频度 表7-3

名　称	检查项目	质 量 标 准	频　度
集料	含水率	确定天然含水率及拌和加水量	每天拌和前测2个样品；每2 000m^{3}测2个样品；发现异常时，随时检测
	级配	符合表6-23和表6-24要求	
	视密度	符合表6-22和表6-25要求	材料组成设计时测2个样品；碎石种类变化时测2个样品；发现异常时，随时检测
	针片状	符合表6-22要求	
	压碎值	符合表6-22要求	
水泥	强度	符合国家技术标准	材料组成设计时测2个样品；厂家或标号变化时重测
	凝结时间	初凝时间≥4h，终凝时间≥6h	
	安定性	符合国家技术标准	
混合料	级配	符合表6-27要求	每200m检查1次；异常时，随时检测
	水泥剂量	设计水泥剂量0%～+0.5%	每200m检查1次，至少6个样品
	含水率	碾压时不超过最佳含水率+0.5%	每200m检查1次；发现异常时随时检测
	均匀性	无粗细集料离析现象	随时检测
施工质量	压实度	符合表6-28要求	每200m每车道2处或每作业段检查6次以上
	强度	符合表6-28要求	每工作班上下午各1组，每组9个试件

外形检查项目、频度和质量标准 表7-4

序　号	检 查 项 目		质 量 标 准		频　度
			底 基 层	基　层	
1	纵断高程(mm)		+5，−15	+5，−10	每20延米1个断面，每断面3～5个点
2	宽度(mm)		+0以上	+0以上	每40延米1处
3	横坡度(%)		±0.3	±0.3	每100延米3处
4	平整度(mm)	最大间隙	12	8	每200延米2处，每处连续10ft
		标准差	—	3.0	连续式平整度仪
5	厚度(mm)	代表值	−10	−8	每2 000m^{2}6个点
		合格值	−25	−10	

三、交工检查验收

1. 基本要求

①原材料应符合设计要求。

②水泥剂量和矿料级配应按设计控制准确。

③摊铺时应注意消除离析现象。

④混合料应在最佳含水率状态下碾压至要求的压实度。从加水拌和到碾压终了的时间不得超过水泥初凝时间。

⑤碾压检查合格后应立即覆盖洒水养生,养生期应符合指南要求。

⑥养生至第 7d 取芯检查,芯样必须完整。否则,应进行返工处理。

2. 实测项目

水泥稳定碎石基层和底基层实测项目见表 7-5。

水泥稳定碎石基层和底基层实测项目　　表 7-5

序号	检查项目		规定值或允许偏差		检查方法和频度	权值
			底基层	基层		
1	压实度(%)	代表值	97	98	按 JTG F80/1—2004《公路工程质量检验评定标准》(第一册)土建工程附录 B 检查,每 200m 每车道 2 处	3
		极值	93	94		
2	平整度(mm)		≤12	≤8	3m 直尺,每 200m 测 2 处 ×10ft	2
3	纵断高程(mm)		+5,-15	+5,-10	水准仪,每 200m 测 4 个断面	1
4	宽度(mm)		符合设计要求		尺量,每 200m 测 4 处	1
5	厚度(mm)	代表值	-10	-8	每 200m 每车道 1 点	3
		合格值	-25	-15		
6	横坡度(%)		±0.3	±0.3	水准仪,每 200m 测 4 断面	1
7	无侧限抗压强度代表值(MPa)		≥6.0	≥6.5	按 JTG F80/1—2004《公路工程质量检验评定标准》(第一册)土建工程附录 G 检查,每工作班制备 1 组试件,1 组试件 9 个	3

3. 外观鉴定

①表面平整密实、无坑洼、无明显离析。

②施工接茬平整、稳定。

第八章　工程应用和经济及社会效益

第一节　工 程 应 用

一、典型实体工程

1. 工程概况

(1)柞水至小河段高速公路

国家高速公路包(头)至茂(名)线柞水至小河段高速公路全长 71.67km。基层结构为 18cm 水泥稳定级配碎石上基层(5%)+18cm 水泥稳定碎石下基层(5%)+20cm 水泥稳定碎石底基层(4.0%)。自 2007 年 11 月开始,柞小高速公路水泥稳定碎石(底)基层全面采用该技术,至 2008 年 6 月(底)基层全部完工。

(2)十天高速公路安康东段

国家高速公路十(堰)至天(水)线安康至蒲溪立交段全长约 22km。基层结构为 18cm 水泥稳定级配碎石上基层(5%)+18cm 水泥稳定碎石下基层(5%)+20cm 水泥稳定碎石底基层(4.0%)。自 2008 年 11 月开始,该项目水泥稳定碎石(底)基层全面采用该技术,至 2009 年 11 月(底)基层全部完工。

(3)青兰高速公路陕西境内段

国家高速公路青(岛)至兰(州)线陕西境内段全长 192km。基层结构为 18cm 水泥稳定级配碎石上基层(5%)+18cm 水泥稳定碎石下基层(5%)+20cm 水泥稳定碎石底基层(4.0%)。自 2009 年 5 月开始,该工程全面应用该技术,2010 年 4 月(底)基层全部完工。

(4)承唐高速公路承德段

国家高速公路长(春)至深(圳)线承唐高速公路承德段全长 82.3km,双向 6 车道,路基宽 32m。基层结构为 17cm 水泥稳定级配碎石上基层(5%)+17cm 水泥稳定碎石下基层(5%)+18cm 水泥稳定碎石底基层(3.5%)。自 2009 年 5 月开始,该工程全面应用该技术,至 2010 年 8 月(底)基层全部完工。

2. 配合比概况

(1)矿料级配

各高速公路使用矿料级配情况见表 8-1。

不同公路水泥稳定碎石矿料级配范围　　表 8-1

工程项目	通过下列筛孔尺寸(mm)质量百分通过率(%)							
	31.5	26.5	19	9.5	4.75	2.36	0.6	0.075
柞小路	100	90~100	66~82	47~57	28~38	18~28	8~16	0~7

续上表

工程项目	通过下列筛孔尺寸(mm)质量百分通过率(%)							
	31.5	26.5	19	9.5	4.75	2.36	0.6	0.075
十天路	100	90~100	66~76	40~50	28~38	18~28	10~18	0~6
青兰路	90~100	—	60~72	40~48	28~38	18~28	8~16	2~6
承唐路	90~100	—	58~68	40~46	28~36	18~28	8~16	2~6

(2)最大干密度和7d无侧限抗压强度

各公路水泥稳定碎石最大干密度及最佳含水率以及7d无侧限抗压强度试验结果见表8-2。

不同公路水泥稳定碎石最大干密度和7d无侧限抗压强度　　表8-2

项目名称	标　段	水泥剂量(%)	ρ_{dmax} (g/cm^3)	w_0 (%)	$\overline{R}_c$ (MPa)	C_v (%)	$R_{c0.95}$ (MPa)	备　注
柞小路	32	3.0	2.44	4.0	9.4	4.7	8.7	石灰岩
		3.5	2.44	4.2	10.4	4.7	9.6	
		4.0	2.44	4.2	11.3	6.0	10.2	
		4.5	2.44	4.2	11.9	5.8	10.7	
十天路	LM1	3.0	2.40	4.0	9.0	3.7	8.5	石灰岩
		3.5	2.40	4.1	9.6	1.7	9.3	
		4.0	2.41	4.2	11.2	2.2	10.8	
		4.5	2.42	4.3	12.7	2.7	12.1	
青兰路	LM4	3.0	2.44	4.1	9.2	5.7	8.3	石灰岩
		4.0	2.45	4.3	10.5	5.0	9.6	
		5.0	2.45	4.3	11.2	4.7	10.3	
承唐路	LM1	3.0	2.44	4.1	9.01	9.62	7.6	石灰岩
		3.5	2.45	4.3	10.10	4.50	9.3	
		4.0	2.46	4.4	11.53	4.86	10.6	
		4.5	2.46	4.5	12.89	7.08	11.4	
	LM2	3.0	2.431	4.1	8.8	9.2	7.5	
		3.5	2.439	4.2	10.2	4.1	9.5	
		4.0	2.450	4.3	11.1	6.1	10.0	
		4.5	2.463	4.5	11.9	5.6	10.8	
	LM3	3.0	2.44	4.1	6.73	3.86	6.31	
		3.5	2.44	4.4	7.75	5.25	7.08	
		4.0	2.45	4.4	8.49	6.57	7.57	
		4.5	2.45	4.7	9.47	5.95	8.54	

(3)水泥剂量

考虑到稳定土拌和站拌和均匀性,结合表8-2中7d无侧限抗压强度,除承唐高速公路

LM3 标水泥剂量采用 4.0% 之外，其他公路基层水泥剂量均为 3.0%。

3. 工程应用效果

(1)混合料摊铺及碾压后表面效果

现场摊铺、碾压过程中均未出现明显的离析现象，如图 8-1 所示。碾压后的基层表面粗糙、均匀，比较致密，如图 8-2 所示，对施工车辆开放交通后，基层表面均匀、密实现象，如图 8-3 所示。

图 8-1　摊铺后表面效果

图 8-2　碾压后表面效果

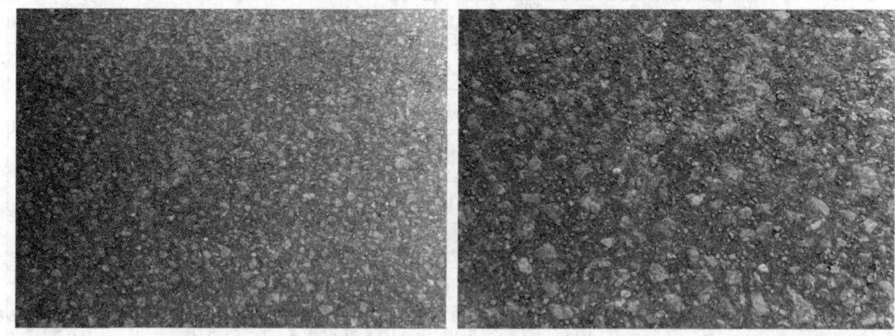

图 8-3　开放交通后

(2)碾压设备及碾压工艺

不同公路采用碾压方式基本上相同，包括初压、复压和终压。初压使用胶轮压路机或振动压路机灭振碾压 1 遍；复压要使用振动压路机挂振碾压 6 ~ 8 遍；终压使用胶轮压路机或光轮压路机静压 1 ~ 2 遍。虽然各施工单位的施工设备不尽相同，现场具体施工工艺也有差异，但振碾 6 ~ 8 遍后，水泥稳定碎石混合料压实度均能达到 99% 以上，这说明现有的碾压设备能够满足振动法设计的水泥稳定碎石混合料压实要求。

(3)芯样表观情况及强度

部分代表性芯样如图8-4所示。从图8-4芯样表观来看,与规范法中骨架密实级配相比,VTM法骨架密实结构形成得比较好。

图8-4　两种骨架密实级配水泥稳定碎石芯样对比

a)规范骨架密实级配;b)VTM法骨架密实级配

部分现场芯样7d无侧限抗压强度测试结果见表8-4。表中$R_{c(x)}$表示现场芯样95%保证率无侧限抗压强度代表值,$R_{c(V)}$表示振动方法成型的试件95%保证率无侧限抗压强度代表值。从表8-2和表8-3中数据可以看出,振动法比静压成型方法更好地模拟现场实际施工效果。

振动方法成型试件和现场芯样7d无侧限抗压强度对比　表8-4

项目名称	柞小路	十天路	承唐路	青兰路
$R_{c(x)}$(MPa)	8.1	8.5	6.7	8.4
$R_{c(V)}$(MPa)	9.9	9.3	7.3	9.6
$R_{c(V)}/R_{c(x)}$	1.23	1.09	1.09	1.14

(4)裂缝情况

柞水至小河段高速公路:2007年11月上旬开始,采用VTM法水泥稳定碎石设计施工技术铺筑基层,至2007年12月上旬共铺筑(底)基层20多km。在没有任何过冬措施下,水泥稳定碎石(底)基层经历了2008年1~2月严冬-10℃左右低温的考验,于2008年4月对已铺筑水泥稳定碎石基层进行裂缝调查,除发现21条施工缝外,未见有任何裂缝。2008年11月柞小高速公路通车至今,沥青路面未发现有任何裂缝。

十天高速公路安康东段:2009年11月5日按(JTG D50—2006)《公路沥青路面设计规范》中骨架密实级配和传统试验方法设计施工水泥稳定碎石基层500m;从2009年12月9日开始,按VTM法设计施工水泥稳定碎石基层,至2009年12月15日完成约5km左右,期间白天日均气温不高于8℃,晚上气温-1~-2℃。2010年3月下旬,对500m规范法段落和5km的VTM法段落进行裂缝调查,结果表明,规范法段落基层裂缝间距6~21m不等,而VTM法段落基层没发现有裂缝。2010年6月通车至今,路面仍未发现裂缝。

青兰高速公路陕西境内段:VTM法水泥稳定碎石基层于2009年4月中旬开始施工,至铺筑下面层前,未发现基层有裂缝。2010年11月通车至今,路面未发现裂缝。

承唐高速公路承德段:VTM法水泥稳定碎石基层于2009年5月中旬开始施工,至铺筑下面层前,未发现基层有裂缝。而同期施工承朝高速公路水泥稳定碎石基层在下面层铺筑之前发现有收缩裂缝。承唐高速公路承德段2010年11月通车至今,路面未发现裂缝。

实体工程应用效果表明,基于振动法水泥稳定碎石设计施工技术不仅有效地提高水泥稳定碎石基层力学强度,而且有效地解决了一直困扰道路工程界水泥稳定碎石收缩裂缝的技术难题。

二、其他实体工程

(1)国家高速沪(上海)陕(西)线西安至商州高速公路

建设里程124km,项目总投资120亿元。基层结构为18cm水泥稳定级配碎石上基层+18cm水泥稳定碎石下基层+20cm水泥稳定碎石底基层。该公路基层全面应用该技术,自2010年5月至2011年7月基层全部完工。

(2)省级高速榆(林)商(洛)线神府高速公路

路线主线全长56.039km(不含黄河特大桥0.799km),石马川连接线19.907km,府谷连接线10.834km。基层结构为18cm水泥稳定级配碎石上基层+18cm水泥稳定碎石下基层+20cm水泥稳定碎石底基层。该公路基层全面应用该技术,自2010年5月至2011年7月基层全部完工。

(3)省级高速榆(林)商(洛)线榆绥高速公路

路线全长118.809km。基层结构为18cm水泥稳定级配碎石上基层+18cm水泥稳定碎石下基层+20cm水泥稳定碎石底基层。该公路基层全面应用该技术,自2011年4月开始基层施工。

西商高速公路、神府高速公路水泥稳定碎石基层施工完毕至铺筑下面层前,未发现基层有裂缝;榆绥高速公路于2011年5月开始铺筑基层,目前未发现基层有裂缝。这证明该技术实践操作性强,能有效解决水泥稳定碎石收缩裂缝技术难题,完全适合推广应用。

第二节　经济及社会效益

一、经济效益

力学强度及其影响因素研究表明：水泥稳定碎石采用强嵌挤骨架密实级配，强度可提高10%；密度提高1%，水泥稳定碎石强度可提高11%，振动法可提高水泥稳定碎石密度平均为3.0%，由此提高水泥稳定碎石强度为30%。因此，基于VTM法水泥稳定碎石设计施工技术，可提高水泥稳定碎石强度约59%左右。而以传统设计方法设计施工水泥稳定碎石基层强度为基准（目前，高速公路水泥稳定碎石基层施工水泥剂量一般在5.0%～5.5%，底基层为4.5%～5.0%），那么振动法设计水泥剂量2.5%～3.0%即可满足要求，考虑施工拌和均匀性，水泥稳定碎石基层水泥剂量采用3.0%。由此可知，采用VTM法设计施工水泥稳定碎石基层，可节约水泥剂量30%～45%。此外，该技术的应用，减少路面裂缝、减少坑槽维修费用、减少通行费损失等。因此，该技术直接经济效益显著。

传统方法设计施工的水泥稳定碎石基层裂缝间距一般在20～30m。而水泥稳定碎石基层裂缝间距至少在100m以上甚至不出现开裂，有效地缓解沥青路面早期破坏，提高了路面行驶质量，减少了车辆损耗、油耗等运营成本，延长了路面大中修时间间隔，间接经济效益巨大。

二、社会效益

该技术应用，最大程度地减少水泥稳定基层沥青路面的开裂，解决沥青路面早期损坏问题，确保沥青路面使用品质和车辆的行驶质量，延缓大修期的时间和降低车辆运营成本；而且也可减少因养护工作带来的交通不畅问题。这不仅节省公路建设投资，而且树立良好的交通行业社会形象和可持续发展，无疑具有重大的经济效益和社会效益。

该技术应用，可节约水泥30%～45%。而生产1t水泥熟料因燃煤和石灰石分解大约释放出1tCO_2。因此，该技术有着显著的节能减排效果，环境效益显著。

参 考 文 献

[1] 中华人民共和国行业标准. JTG D50—2006 公路沥青路面设计规范[S]. 北京:人民交通出版社. 2006.

[2] 中华人民共和国行业标准. JTJ 014—97 公路沥青路面设计规范[S]. 北京:人民交通出版社. 1997.

[3] 中华人民共和国行业标准. JTG E51—2009 公路工程无机结合料稳定材料试验规程[S]. 北京:人民交通出版社. 2009.

[4] 章建龙. 水泥稳定碎石振动成型试验研究[D]. 西安:长安大学,2008.

[5] 陈磊. 水泥稳定碎石振动试验方法研究[D]. 西安:长安大学,2009.

[6] 李明杰. 水泥稳定碎石振动试验方法研究及应用[D]. 西安:长安大学,2010.

[7] 李頔. 基于振动法的级配碎石设计标准与设计方法研究[D]. 西安:长安大学,2010.

[8] 沈金安. 国外沥青路面设计方法汇总[M]. 北京:人民交通出版社,2004.

[9] 李美江. 道路材料振动压实特性研究[D]. 西安:长安大学,2002.

[10] 胡立群. 半刚性基层材料结构类型与组成设计研究[D]. 西安:长安大学,2004.

[11] 徐江萍. 水泥粉煤灰稳定碎石基层沥青路面抗裂性能研究[D]. 西安:长安大学,2006.

[12] 周卫峰,赵可,等. 水泥稳定碎石混合料配合比的优化[J]. 长安大学学报(自然科学版),2006(1):24-28.

[13] 胡立群,沙爱民,等. 骨架空隙结构水泥稳定碎石配合比设计及路用性能[J]. 公路交通科技,2006(6):22-26.

[14] 沙爱民. 半刚性路面材料结构与性能[M]. 北京:人民交通出版社,1998.4.

[15] 岳伟民. 水泥粉煤灰稳定碎石基层配合比设计方法及路用性能研究[D]. 西安:长安大学,2005.

[16] 孟庆营,周卫峰,等. 水泥稳定碎石混合料静压法与振动法成型方法对试验结果的影响[J]. 公路交通科技,2007(1):21-25.

[17] 徐江萍,徐晓刚. 水泥粉煤灰稳定碎石基层材料路用性能研究[J]. 中外公路,2005(3):15-18.

[18] 申爱琴. 水泥与水泥混凝土[M]. 北京:人民交通出版社,2000.

[19] 蒋应军. 水泥稳定碎石基层收缩裂缝防治研究[D]. 西安:长安大学,2001.

[20] 许志鸿,任惠清,等. 半刚性基层材料的设计参数[J]. 华东公路,1998(2):28-33.

[21] 黄卫,钱培舒. 半刚性基层材料特性的试验研究[J]. 华东公路,1995(1):60-63.

[22] 孙连中. 压实度超百的原因及其避免措施[J]. 交通标准化,2007(10):133-134.

[23] 许笑慧. 低剂量水泥稳定碎石路面基层[J]. 华东公路,2005(6):25-26.

[24] 邓学钧,黄晓明. 路面设计原理与方法[M]. 人民交通出版社. 2001.

[25] 周新锋. 水泥稳定碎石混合料配合比设计及路用性能研究[D]. 西安:长安大学,2005.

[26] 中华人民共和国行业标准. JTJ 034—2000 公路路面基层施工技术规范[S]. 北京:人民交通出版社. 2000.

[27] 姚祖康.水泥混凝土路面设计理论和方法[M].北京：人民交通出版社，2003.

[28] 郑木莲. 多孔混凝土排水基层[D].西安:长安大学，2004.

[29] 田波,牛开民,刘英. 多孔贫混凝土排水基层材料疲劳试验研究[J] .公路交通科技，2007(4)：75-78.

[30] 高镇同,熊峻江. 疲劳可靠性[M]. 北京:北京航空航天大学出版社,2000.12.

[31] 石小平等. 水泥混凝土的弯曲疲劳特征[J] .土木工程学报,1990,23(4):11-22.

[32] 王瑞敏. 混凝土结构疲劳性能研究[D]. 大连:大连理工大学,1989.

[33] 林燕清,欧进萍. 混凝土多级等幅疲劳变形发展规律的实验研究[J] .哈尔滨建筑大学学报,1999(2).

[34] 赵光仪等. 高强混凝土的抗拉疲劳性能[J] .土木工程学报,1993(12)

[35] 王艳,倪富健,李再新. 水泥稳定碎石混合料疲劳性能[J]. 交通运输工程学报，2009，9(4)：10-14.

[36] 沙爱民,贾侃,李小刚. 半刚性基层材料的疲劳特性[J]. 交通运输工程学报，2009，9(3):29-33.

[37] 蒋应军,王富玉,刘斌. 水泥稳定碎石强度特性的试验研究[J]. 武汉理工大学学报，2009，31(15)：52-57.

[38] 蒋应军. 基于振动试验法设计的抗裂型水泥稳定碎石基层应用研究[J] .公路，2008(12) ：36-41.

[39] 张登良. 沥青路面[M]. 北京:人民交通出版社,1998.

[40] 李小刚. 无机结合料稳定类基层疲劳损坏预估模型研究[D]. 西安:长安大学,2006.

[41] 贾侃. 半刚性基层材料的疲劳特性研究[D]. 西安:长安大学,2008.

[42] Hjelmar, Ole; Holm, Jesper; Crillesen, Kim. Utilisation of MSWI bottom ash as sub-base in road construction: First results from a large-scale test site[J]. Journal of Hazardous Materials, v 139, n 3, p 471-480, January 31, 2007.

[43] Pasynkov, B. P.; Skorobogatov, S. M. Some problems of designing structures using recycled tyres for concrete columns, road base and spot footings[C]. Proceedings of the International Conference on Sustainable Waste Management and Recycling: Used/Post-Consumer Tyres, p 113-118, 2004.

[44] Vischer, William. Low-Volume Road Flexible Pavement Design with Geogrid-Reinforced Base [C]. Transportation Research Record, v I, n 1819, p 247-254, 2003.

[45] Khan, R. A.; Shalaby, A. Performance of a road base constructed with shredded rubber tyres[C]. Proceedings, Annual Conference - Canadian Society for Civil Engineering, v 2002, p 2513-2522, 2002.

[46] JIANG Ying-jun, ZHANG Bing-yan, LI Li-wei, CAO Hong-hong. Indoor Test Research on Fatigue Performance of Cement-stabilized Macadam[A] . Proceedings of International Workshop on Energy and Environment in the Development of Sustainable Asphalt Pavements[C] . Xi'an Jiaotong University Press, 2010: 549-554.